迪博内部控制与企业风险管理系列丛书

中国上市公司内部控制报告
（2014）

REPORT ON INTERNAL CONTROL OF LISTED COMPANIES IN CHINA

胡为民 主编

中国财政经济出版社

图书在版编目（CIP）数据

中国上市公司内部控制报告. 2014／胡为民主编. —北京：中国财政经济出版社，2014.12

ISBN 978 – 7 – 5095 – 5870 – 6

Ⅰ. ①中… Ⅱ. ①胡… Ⅲ. ①上市公司 - 企业内部管理 - 研究报告 - 中国 – 2014 Ⅳ. ①F279.246

中国版本图书馆 CIP 数据核字（2014）第 279788 号

责任编辑：王 飏　　　　　　　责任校对：杨瑞琦
封面设计：汪俊宇　　　　　　　版式设计：录文通

中国财政经济出版社 出版

URL：http://www.cfeph.cn
E - mail：cfeph @ cfeph.cn

（版权所有　翻印必究）

社址：北京市海淀区阜成路甲 28 号　邮政编码：100142
营销中心电话：010 - 88190406　北京财经书店电话：64033436　84041336
北京财经印刷厂印刷　各地新华书店经销
710×1000 毫米　16 开　24.5 印张　315 000 字
2015 年 1 月第 1 版　2015 年 1 月北京第 1 次印刷
定价：58.00 元
ISBN 978 – 7 – 5095 – 5870 – 6／F·4738
（图书出现印装问题，本社负责调换）
本社质量投诉电话：010 - 88190744
打击盗版举报热线：010 - 88190492，QQ：634579818

《中国上市公司内部控制报告（2014）》

编委会

主　编：胡为民

副主编：林　斌　　方红星

编委会专家成员（排名不分先后，按姓氏笔画排名）：

王立彦　　王光远　　方红星　　刘永泽　　刘明辉

池国华　　朱荣恩　　陈汉文　　张先治　　李若山

杨有红　　杨雄胜　　周守华　　林　斌　　林钟高

胡为民　　秦荣生　　魏明海

本书系以下课题的阶段性成果：

国家自然科学基金重点项目
"基于中国情境的企业内部控制有效性研究"
（项目批准号 71332004）

国家自然科学基金面上项目
"诚信、C–SOX 与企业价值"
（项目批准号 71272198）

  2014年,是企业内部控制基本规范及配套指引正式实施的第四个年头。根据财政部和证监会关于主板上市公司分类分批实施企业内部控制规范体系的时间要求,近年来,我国企业内部控制规范实施范围不断扩大,已从境内外同时上市公司逐渐扩大到中央和地方国有控股上市公司以及总市值和平均净利润符合要求的部分非国有控股主板上市公司,2014年将进一步扩大到所有主板上市公司。同时,随着内部控制监管法规的不断出台以及企业对内部控制认识的不断加深,企业内部控制工作的规范性也不断加强,内部控制信息披露的数量和质量都呈现稳步上升趋势。多数尚未纳入实施范围的主板中小板和创业板上市公司,也自愿积极开展和披露企业内部控制相关信息。

  内部控制信息披露有助于监管机构、投资者、研究人员以及其他企业利益相关者了解上市公司内部控制的现状及有效性,对于企业自身提高内部控制意识、预防和减少舞弊现象也具有重要意义。本书以2014年1月证监会和财政部联合发布的《公开发行证券的公司信息披露编报规则第21号——年度内部控制评价报告的一般规定》为主要依据,对2013年中国上市公司内部控制现状进行全景式介绍和分析,旨在为相关人员了解和研究上市公司内部控制提供借鉴。

全书共分为七章。第一章依据企业公开披露的2013年度内部控制评价报告、内部控制审计报告等相关信息,全面介绍了中国上市公司2013年度内部控制披露现状,包括内部控制评价报告、内部控制评价缺陷、内部控制咨询机构聘请以及内部控制审计报告的披露情况;第二章具体分析了截至2013年度,纳入强制实施范围的1052家主板上市公司的内部控制体系执行情况;第三章从行业的角度,选取了银行业和建筑业两个典型行业进行分析,并与美国相关行业上市公司内控实施情况对比,以期为企业、监管机构等提供借鉴;第四章以辖区为视角,选取了北京和上海两个典型辖区进行分析,探讨辖区上市公司内部控制实施的特点;第五章以"迪博·中国上市公司内部控制指数"为工具,介绍了2013年度中国上市公司内部控制评级总体情况,以及分行业、分辖区评级情况;第六章选取了2013年度公众较为关注的三个内部控制典型案例进行深入分析,以期为企业实施内部控制提供警示,也为监管层和研究者提供参考;第七章在前述章节的基础上,分析总结了我国上市公司内部控制体系建设和信息披露中存在的主要问题,并提出了相应的政策建议。

本书的主要特点是实用性强,通过采用定量与定性分析相结合、案例与实证研究相结合的研究方法对我国上市公司内部控制信息披露状况和内部控制水平进行较为系统和科学客观的研究,力图为企业开展内部控制规范建设和内部控制评价提供更为可靠的借鉴参考,为相关人士进行中国上市公司内部控制与风险管理研究提供最全面、最真实、最权威的信息。本书适用于监管机构的相关人士,公司董事、监事、高级管理人员,内部控制和风险管理职能部门、内部控制咨询和审计机构的相关人士,注册会计师,第三方研究机构以及对企业内部控制和风险管理感兴趣的朋友阅读和参考。

本书在编写过程中得到了财政部、证监会、国资委、银监会等相关部委领导的大力支持与指导，中国会计学会的有关领导以及内部控制专业委员会的各位专家学者也给予了学术上的指导，迪博公司数据库研发中心的张丽、阳尧、陈赛霞、黄珊、刘芬等参与了相关章节的编写，中国财政经济出版社的蔡丽兰为本书的出版付出了极大地心血，在本书付印之际，诚挚的感谢为本书出版作出贡献的各位领导、专家学者、同事和朋友！由于本书付梓仓促，如有疏漏之处，诚请各位专家和读者朋友批评指正。

目 录

第一章 总论 …………………………………………………… 1
    一、样本选取与数据来源 …………………………………… 2
    二、内部控制评价报告 ……………………………………… 6
    三、内部控制评价缺陷 ……………………………………… 11
    四、内部控制审计报告 ……………………………………… 30

第二章 纳入强制实施范围的上市公司内部控制体系执行情况 ……… 46
    一、2013 年度纳入强制实施范围的上市公司名单 …………… 47
    二、纳入强制实施范围的上市公司基本情况 ………………… 47
    三、纳入强制实施范围的上市公司内部控制评价报告披露
        情况 …………………………………………………… 52
    四、纳入强制实施范围的上市公司内部控制评价缺陷披露
        情况 …………………………………………………… 60
    五、纳入强制实施范围的上市公司内部控制审计情况 ……… 72

第三章　各行业上市公司内部控制报告 ········· 82
　　一、基本介绍 ········· 83
　　二、银行业上市公司内部控制报告 ········· 88
　　三、建筑业上市公司内部控制报告 ········· 110

第四章　各辖区上市公司内部控制报告 ········· 151
　　一、基本介绍 ········· 152
　　二、北京辖区上市公司内部控制报告 ········· 155
　　三、上海辖区上市公司内部控制报告 ········· 188

第五章　中国上市公司内部控制指数 ········· 221
　　一、样本选取与数据来源 ········· 222
　　二、上市公司内部控制评级总体情况 ········· 222
　　三、分行业上市公司内部控制评级情况 ········· 224
　　四、分辖区上市公司内部控制评级情况 ········· 277

第六章　上市公司内部控制典型案例分析 ········· 322
　　一、G公司内部控制典型案例 ········· 323
　　二、S公司内部控制典型案例 ········· 337
　　三、C公司内部控制典型案例 ········· 345

第七章　上市公司实施内部控制存在的问题及政策建议 ········· 356
　　一、对企业内部控制的认识 ········· 357
　　二、上市公司内部控制建设和运行过程中存在的问题 ········· 358
　　三、上市公司内部控制信息披露方面存在的问题 ········· 361

四、中小板、创业板上市公司内部控制建设和运行存在的
问题 ………………………………………………………… 362
五、政策建议 ……………………………………………………… 364

附录一： 关于 2012 年主板上市公司分类分批实施企业内部控制规范
体系的通知 ………………………………………………… 366

附录二： 公开发行证券的公司信息披露编报规则第 21 号——年度内部
控制评价报告的一般规定 ………………………………… 369

附录三： 证监会和财政部《公开发行证券的公司信息披露编报规则
第 21 号——年度内部控制评价报告的一般规定》参考
格式 ………………………………………………………… 373

第一章

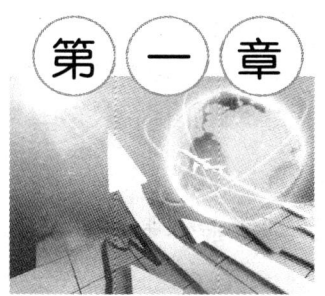

总 论

一、样本选取与数据来源

(一) 样本选取

截至 2014 年 4 月 30 日,沪、深交易所 A 股上市公司共有 2 516 家,其中,2013 年 12 月 31 日前上市的公司共 2 468 家,2014 年 1 月 1 日至 2014 年 4 月 30 日上市的公司 48 家。但*ST 国恒(000594)、ST 成城(600247)、博汇纸业(600966)、岭南园林(002717),4 家公司在本书收集数据截止日①前还未披露年报,所以在样本选取时剔除了这 4 家公司,因此,本书的总分析样本为 2 512 家沪、深交易所 A 股上市公司。

(二) 数据来源

本书中数据来源于上市公司公开披露的年报、内部控制评价报告、内部控制审计报告、财务重述报告、诉讼报告等。本书中的所有详细数据都已收录至 DIB 内部控制与风险管理数据库(www.ic-erm.com),如有需要,可联系作者查阅。

本书中的内部控制评价报告和内部控制审计报告是否披露,以能否在交易所和巨潮资讯网上查找到单独披露的内部控制评价报告或内部控制审计报告为准,如果公司在年报中注明有在交易所或巨潮资讯网中披露该报告,但实质上在交易所以及巨潮资讯网中未披露该报告,本书将默认为未披露。同时,部分上市公司存在延迟披露的问题,本书的数据截止日为 2014 年 5 月 17 日,在截止日之后披露的数据不纳入本报告的分析范围。如有读者需要延迟披露和 B 股上市公司的数据,请联系作者了解数据详情(www.ic-erm.com)。

---

① 本书的数据截止日选为 2014 年 5 月 17 日。

(三) 名词释义

1. 内部控制评价报告

本书中的内部控制评价报告包含上市公司依据《企业内部控制基本规范》、《企业内部控制配套指引》、《公开发行证券的公司信息披露编报规则第21号——年度内部控制评价报告的一般规定》以及沪、深交易所的相关规定披露的内部控制评价报告、内部控制自我评价报告、内部控制自我评估报告、董事会关于内部控制的自我评价报告、董事会关于内部控制有效性的自我评价报告、董事会关于内部控制及其有效性认定的自我评价报告、与财务报表相关的内部控制自评报告、关于内部控制有关事项的说明等此类上市公司关于内部控制的自我评价报告。同时，根据上市公司内部控制评价报告披露格式的类型，本书将内部控制评价报告格式划分为以下三类：

（1）规范的格式。指上市公司按照《公开发行证券的公司信息披露编报规则第21号——年度内部控制评价报告的一般规定》的格式要求披露内部控制评价报告。该规定明确了内部控制评价报告的构成要素，如重要声明、内部控制评价结论、内部控制评价工作情况、其他内部控制相关重大事项说明等。对于内部控制评价结论，规定要求披露财务报告内部控制是否有效的结论，并披露是否发现非财务报告内部控制重大缺陷；对于内控评价工作情况，规定要求区分财务报告内部控制和非财务报告内部控制，分别披露重大、重要缺陷认定标准、缺陷认定及整改情况。

（2）以前的格式。指上市公司参照财政部2012年2月23日颁布的《关于印发企业内部控制规范体系实施中相关问题解释第1号的通知》（财会〔2012〕3号）中提供的企业内部控制评价报告的格式来编制和披露内部控制评价报告。

（3）其他的格式。指上市公司采用除《公开发行证券的公司信息披露编报规则第 21 号——年度内部控制评价报告的一般规定》和《关于印发企业内部控制规范体系实施中相关问题解释第 1 号的通知》(财会［2012］3 号) 外的其他规定要求的格式来出具内部控制评价报告，如上市公司参照深交所的《中小企业板上市公司规范运作指引》、《创业板上市公司规范运作指引》、沪深交易所《上市公司内部控制指引》等规范的格式要求披露内部控制评价报告。

本书将在以下章节按照上述分类标准，对上市公司内部控制评价报告格式的规范性进行详细分析。

2. 内部控制审计报告

本书中内部控制审计报告包含下几类：

（1）规范的内部控制审计报告：指会计师事务所依据《企业内部控制基本规范》和《企业内部控制配套指引》中的《企业内部控制审计指引》出具的《内部控制审计报告》。该报告披露格式按照财政部颁布的《企业内部控制审计指引》中的审计报告的模板。会计师事务所审计的依据为《企业内部控制审计指引》和中国注册会计师执业准则，审计对象主要是上市公司管理层依据《企业内部控制基本规范》、《企业内部控制配套指引》及相关规定是否在所有重大方面保持了有效的财务报告内部控制。审计内容较为广泛，除了关注企业整体内部控制、评价是否存在缺陷，重点关注与财务报告相关的内部控制是否有效之外，还需要披露审计过程中发现的非财务报告的内部控制重大缺陷。

（2）中小板的内部控制审计报告：中小板部分公司披露的是第（1）种即规范的内部控制审计报告，也有部分公司披露的报告名称虽然也叫内部控制审计报告，但其内容不同：首先上市公司出具该报告的法规依据为深圳证券交易所《中小企业板上市公司规范运作指引》中第 7.8.4 节的规定："上市公司在聘请会计师事务所进行年度审计的同时，应当至少每两年要求会计师事务所对内部控制设计与运行的有效性进行一次审计，出具内部控制审计报告。会计师事务所在内部控制审计报告中，应当对财务报告的内部控制有效性发表审计意见，并披露在内部控制审计过程中注意到的非财务报告内部控制的重大缺陷。本所另有规定的除外。"；其次，会计师事务所出具该报告的审计依据为《中国注册会计师其他鉴证业务准则第 3101 号——历史财务信息审计或审阅以外的鉴证业务》；最后，会计师事务所审计的对象是中小板上市公司管理层是否按照深圳证券交易所《中小企业板上市公司规范运作指引》的规定于 2013 年 12 月 31 日在所有重大方面保持了有效的财务报告内部控制。

（3）内部控制鉴证报告：内部控制鉴证报告在名称、格式与内容上都与规范的内部控制审计报告不一致。2013 年主板、中小板、创业板都有部分公司出具内部控制鉴证报告，其格式并不统一。内部控制鉴证报告中的会计师事务所的审计依据为《中国注册会计师其他鉴证业务准则第 3101 号——历史财务信息审计或审阅以外的鉴证业务》，会计师事务所审计仅针对上市公司是否按照《企业内部控制基本规范》和《企业内部控制配套指引》等相关规定在所有重大方面保持了与财务报表相关的内部控制。内部控制鉴证报告仅对财务报表相关的内部控制发表意见，其规定相对宽松。

（4）内部控制专项报告：内部控制专项报告在名称、格式与内容上也都与规范的内部控制审计报告不一致。主板、中小板、创业板中都有部分公司出具了内部控制专项报告。内部控制专项报告是会计师事务所依据《中国注册会计师审计准则》，并结合财务报表审计目的而进行的，其目的是对财务报表整体发表审计意见，而不是对内部控制的专门审核，并不是专为发现内部控制缺陷、欺诈及舞弊而进行的。审计的对象是上市公司在《关于内部控制有关事项的说明》中所述的与财务报表编制相关的内部控制的相关情况是否与会计师事务所对上市公司在财务报表的审计发现存在重大的不一致。

（5）内部控制审核报告：内部控制审核报告中涵盖以下三类报告：第一类为名称在报告首页上，称为"内部控制审核报告"，但其实质上的内容与内部控制鉴证报告一致。第二类为名称是"内部控制审核报告",会计师事务所出具该报告的审计依据为《中国注册会计师其他鉴证业务准则第3101号——历史财务信息审计或审阅以外的鉴证业务》或《内部控制审核指导意见》(有些公司仅写《内部控制审核指导意见》);审计的对象是上市公司是否按照财政部《内部会计控制规范——基本规范(试行)》及相关具体规范设定的标准于2013年12月31日在所有重大方面保持了与会计报表相关的有效的内部控制。第三类为名称是"内部控制自我评价报告的审核评价意见",会计师事务所出具该报告的审计依据为《中国注册会计师其他鉴证业务准则第3101号——历史财务信息审计或审阅以外的鉴证业务》,审计的对象是上市公司是否在所有重大方面有效地保持了按照《企业内部控制基本规范》建立的与财务报表相关的内部控制。

(6) 其他类型:指除上述五类报告类型以外的其他类型的内部控制审计报告。如报告名称为"关于内部控制的专项报告",会计师事务所在对上市公司进行财务报表审计的同时,根据《企业内部控制基本规范》、《深圳证券交易所上市公司内部控制指引》等的要求对上市公司内部控制评价报告所反映的内部控制建设情况进行核实评价等,其目的仅仅是对上市公司内部控制自我评估报告所反映的内部控制建设情况进行逐一核实,并不是对上市公司内部控制整体情况的专门鉴证,也不代表对上市公司内部控制建设情况的整体评价。

本书将上述六类报告统称为内部控制审计报告,在以下章节中详细分析时将分类描述各类报告的情况。

二、内部控制评价报告

(一) 内部评价报告总体披露情况

截至2014年5月17日,有2 336家上市公司披露了2013年度内部控制评价报告,披露比例为92.99%;176家未披露内部控制评价报告,占比7.01%,如图1-1所示。

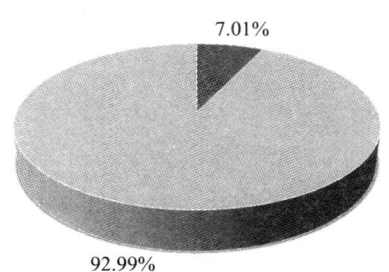

图1-1 内部控制评价报告披露情况

数据来源:DIB迪博内部控制与风险管理数据库 www.ic-erm.com

2013年,主板上市公司共1 415家,其中披露了内部控制评价报告的上市公司1 241家,占比87.70%;未披露内部控制评价报告的上市公司174家,原因如表1-1所示。

表1-1 2013年主板上市公司未披露内部控制评价报告的原因

未披露原因	公司数量(家)	占比
按照《关于2012年主板上市公司分类分批实施企业内部控制规范体系的通知》,披露2014年年报时才需披露内部控制评价报告	50	28.74%
因进行破产重整、借壳上市或重大资产重组而豁免披露	34	19.54%
未披露具体原因	84	48.28%
其他①	6	3.45%

数据来源:DIB迪博内部控制与风险管理数据库 www.ic-erm.com

---

① 其他情况:1. 年报说明已披露,但未找到该内部控制评价报告;2. 未编制内部控制评价报告。

（二）内部控制评价结论

依据《公开发行证券的公司信息披露编报规则第 21 号——年度内部控制评价报告的一般规定》（以下简称《规定》）的要求，上市公司应在年度内部控制评价报告中披露对财务报告内部控制有效性的评价结论以及是否发现非财务报告内部控制重大缺陷。因此，本报告将内部控制评价结论划分为以下五种类型：内部控制整体有效，财报内控有效、非财报内控无效，财报内控无效、非财报内控有效，内部控制整体无效，未出具结论。

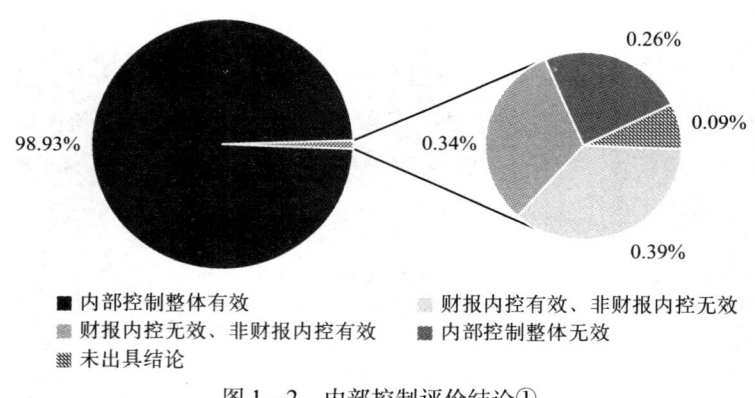

图 1-2　内部控制评价结论①

数据来源：DIB 迪博内部控制与风险管理数据库 www.ic-erm.com

2013 年，在 2 336 家披露了内部控制评价报告的上市公司中，2 311 家上市公司的内部控制评价结论为整体有效，占比 98.93%；25 家上市公司内部控制评价结论为其他，占比 1.07%。其中，有 6 家上市公司内部控制评价结论为整体无效，占比 0.26%，9 家上市公司评价结论为财报内控有

---

① 因采取四舍五入法，此处加总之和为 100.01%，不等于 100%。

效、非财报内控无效,占比 0.39%,8 家上市公司评价结论为财报内控无效、非财报内控有效,占比 0.34%,2 家上市公司评价结论为未出具结论,占比 0.09%。

(三) 内部控制评价报告格式的规范性

2013 年,在 2 336 家披露了内部控制评价报告的上市公司中,1 762 家上市公司按照"规范的格式"进行披露,占比 75.43%;339 家上市公司按照"以前的格式"进行披露,占比 14.51%;235 家上市公司按照"其他的格式"进行披露,占比 10.06%,如图 1-3 所示。

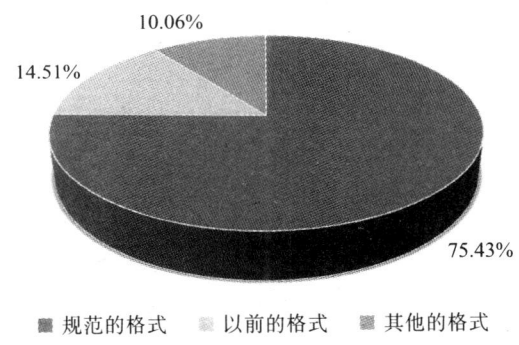

图 1-3　内部控制评价报告格式的规范性情况
数据来源:DIB 迪博内部控制与风险管理数据库 www.ic-erm.com

(四) 内部控制评价范围

在 2 336 家披露了内部控制评价报告的上市公司中,1 930 家上市公司披露了评价范围,占比 82.62%;406 家上市公司未披露评价范围,占比 17.38%,如图 1-4。

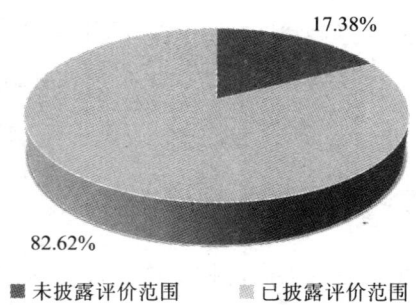

图 1-4　内部控制评价范围的情况
数据来源：DIB 迪博内部控制与风险管理数据库 www.ic-erm.com

（五）监事会及独立董事关于内部控制评价报告的意见

在 2 336 家披露了内部控制评价报告的上市公司中，292 家上市公司披露了监事会对内部控制评价报告意见，占比 12.50%；2 044 家上市公司未披露监事会对内部控制评价报告意见，占比 87.50%，如图 1-5 所示。

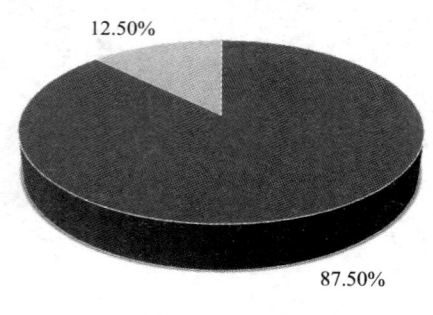

图 1-5　披露了监事会关于内部控制评价报告的意见的情况
数据来源：DIB 迪博内部控制与风险管理数据库 www.ic-erm.com

在 2 336 家披露了内部控制评价报告的上市公司中，121 家上市公司披露了独立董事对内部控制评价报告意见，占比 5.18%；2 215 家上市公司未披露监事会对内部控制评价报告意见，占比 94.82%，如图 1-6 所示。

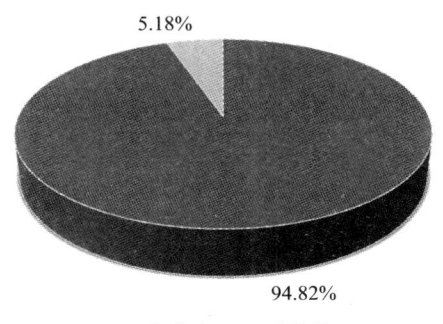

图1-6 披露了独立董事关于内部控制评价报告的意见的情况
数据来源：DIB迪博内部控制与风险管理数据库 www.ic-erm.com

三、内部控制评价缺陷

（一）内部控制评价缺陷认定标准的披露情况

在2 336家披露了内部控制评价报告的上市公司中，1 789家上市公司披露了内部控制缺陷认定标准，占比76.58%；547家[①]未披露内部控制缺陷认定标准，占比23.42%，如图1-7所示。由于《规定》要求上市公司分别就财报内控、非财报内控以及定性、定量的缺陷认定标准进行披露，今年的缺陷认定标准披露质量比去年有明显的提升。2013年，在披露了内部控制缺陷认定标准的上市公司中，92.62%（1 657家）的上市公司披露了完整的财报内控缺陷定性及定量认定标准、非财报内控缺陷定性及定量认定标准。

---

① 如果上市公司在内部控制缺陷认定标准一节中仅披露内部控制缺陷的定义，本报告将此种情形认定为未披露内部控制缺陷认定标准。

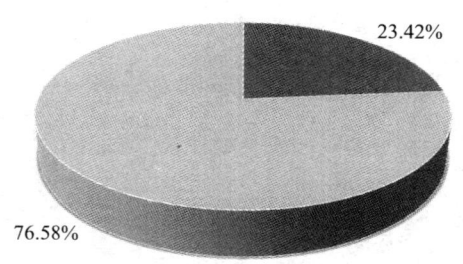

图1-7 内部控制缺陷认定标准披露情况
数据来源：DIB迪博内部控制与风险管理数据库 www.ic-erm.com

（二）披露内部控制评价缺陷的上市公司数量

2013年，在2 336家披露了内部控制评价报告的上市公司中，319家① 上市公司披露了内部控制缺陷，占比13.66%；2 017家上市公司未披露内部控制缺陷，占比86.34%，如图1-8所示。

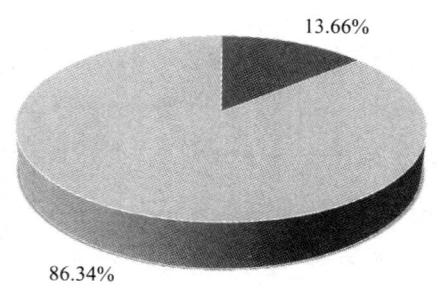

图1-8 内部控制评价缺陷披露情况
数据来源：DIB迪博内部控制与风险管理数据库 www.ic-erm.com

---

① ＊ST超日（002506）内部控制评价结论描述有非财报重大缺陷，但在报告中披露的是非财报重要缺陷，本书将此缺陷按照重要缺陷分类。

319家①披露了内部控制缺陷的上市公司中,35家上市公司披露了重大缺陷,在披露内部控制评价报告的上市公司中占比1.50%;51家上市公司披露了重要缺陷,在披露内部控制评价报告的上市公司中占比2.18%;245家上市公司披露了一般缺陷,在披露内部控制评价报告的上市公司中占比10.49%,具体情况如表1-2所示。

表1-2　　　　　　　内部控制缺陷分等级披露情况

缺陷等级	上市公司数量（家）	占比
披露内部控制重大缺陷	35	1.50%
披露内部控制重要缺陷	51	2.18%
披露内部控制一般缺陷	245	10.49%

数据来源：DIB迪博内部控制与风险管理数据库 www.ic-erm.com

(三) 内部控制缺陷数量

319家上市公司披露其自身存在内部控制缺陷,缺陷数量总计2 259项,其中,重大缺陷66项,占比2.92%;重要缺陷116项,占比5.14%;一般缺陷2 077项,占比91.94%,如图1-9所示。

(四) 内部控制缺陷内容

1. 内部控制缺陷内容

319家披露其自身存在内部控制缺陷的上市公司中,273家披露了具体

---

① 29家上市公司仅披露内部控制重大缺陷,4家公司披露了内部控制重大缺陷+重要缺陷,1家公司披露了重大缺陷+一般缺陷;1家公司披露了重大缺陷+重要缺陷+一般缺陷;41家公司仅披露重要缺陷;5家上市公司披露了重要缺陷+一般缺陷;238家公司仅披露一般缺陷。

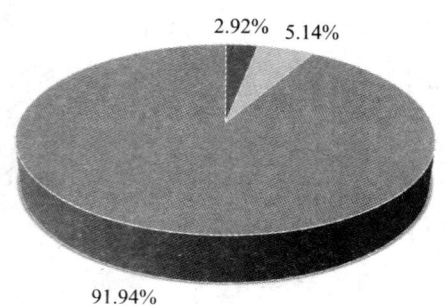

图 1-9 内部控制缺陷数量披露情况①

数据来源：DIB 迪博内部控制与风险管理数据库 www.ic-erm.com

的内部控制缺陷内容，共披露 760 项②内部控制缺陷，具体情况如表 1-3 所示。

表 1-3 　 2013 年披露具体缺陷内容的内部控制缺陷分类

缺陷等级	上市公司数量	内部控制缺陷数量	内部控制缺陷占比
财报重大缺陷	21 家	35 项	4.61%
财报重要缺陷	24 家	40 项	5.26%
财报一般缺陷	63 家	105 项	13.82%
财报缺陷小计		180 项	23.69%
非财报重大缺陷	17 家	19 项	2.50%
非财报重要缺陷	37 家	71 项	9.34%
非财报一般缺陷	176 家	490 项	64.47%
非财报缺陷小计		580 项	76.31%
总计		760 项	100%

数据来源：DIB 迪博内部控制与风险管理数据库 www.ic-erm.com

① 因四舍五入原因，各项占比之和相加为 100.01%，不等于 100%
② 部分上市公司在披露内部控制缺陷时未将缺陷按照重大、重要、一般进行分类，本书按照该公司内部控制缺陷认定标准、《企业内部控制基本规范》等规范对缺陷进行分类。

2. 按照设计缺陷/运行缺陷分类的内部控制缺陷情况

本书将披露的内部控制缺陷分为设计缺陷和运行缺陷，披露的 760 项内部控制缺陷中，174 项内部控制缺陷为设计缺陷，占比 22.89%；504 项内部控制缺陷为运行缺陷，占比 66.32%；82 项内部控制缺陷同时涉及设计缺陷和运行缺陷，占比 10.79%，如图 1-10 所示。

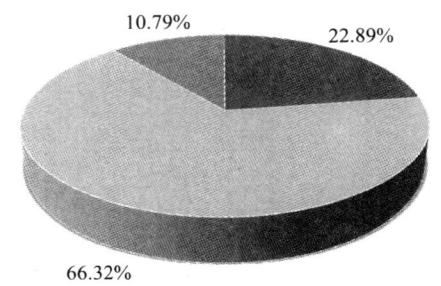

图 1-10　按照设计缺陷/运行缺陷分类的内部控制缺陷情况
数据来源：DIB 迪博内部控制与风险管理数据库 www.ic-erm.com

3. 按照财报内控缺陷/非财报内控缺陷分类的内部控制缺陷情况

本报告按照内部控制评价报告中的财报内控缺陷/非财报内控缺陷分类进行统计，披露的 760 项内部控制缺陷中，180 项内部控制缺陷为财报内控缺陷，占比 23.68%；580 项内部控制缺陷为非财报内控缺陷，占比 76.32%，如图 1-11 所示。

（五）内部控制缺陷整改情况

1. 内部控制缺陷整改数量

在已披露 760 项含具体内容的内部控制缺陷中，513 项内部控制缺陷

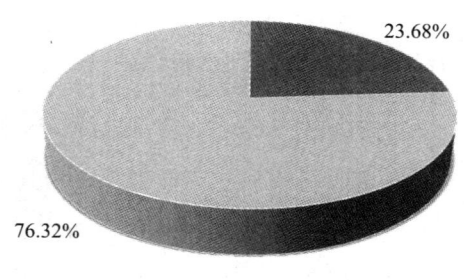

图1-11 按照财报内控缺陷/非财报内控缺陷分类的内部控制缺陷情况

数据来源：DIB迪博内部控制与风险管理数据库 www.ic-erm.com

已开始整改，占比67.50%。247项内部控制缺陷未开始整改，占比32.50%，如图1-12所示。

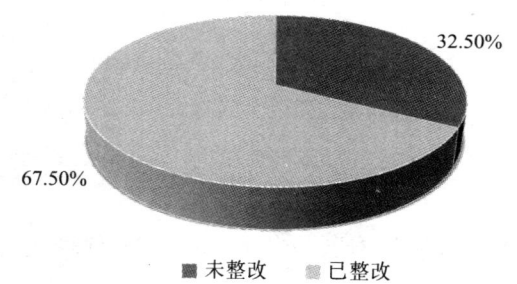

图1-12 内部控制缺陷整改情况

数据来源：DIB迪博内部控制与风险管理数据库 www.ic-erm.com

在已披露具体内容的760项内部控制缺陷中，有69.44%（127项）的财报内部控制缺陷和66.55%的非财报内部控制缺陷已开始整改，具体的缺陷整改数量分布情况如表1-4所示。

表 1-4 按缺陷等级分类的内部控制缺陷整改情况

缺陷等级	已开始整改	占比	未开始整改	占比	缺陷总数
财报重大缺陷	18 项	51.43%	17 项	48.57%	35 项
财报重要缺陷	31 项	77.50%	9 项	22.50%	40 项
财报一般缺陷	78 项	74.29%	27 项	25.71%	105 项
财报缺陷小计	127 项	69.44%	53 项	30.56%	180 项
非财报重大缺陷	13 项	68.42%	6 项	31.58%	19 项
非财报重要缺陷	56 项	78.87%	15 项	21.13%	71 项
非财报一般缺陷	317 项	64.69%	173 项	35.31%	490 项
非财报缺陷小计	386 项	66.55%	194 项	33.45%	580 项
总计	513 项	67.50%	247 项	32.50%	760 项

数据来源：DIB 迪博内部控制与风险管理数据库 www.ic-erm.com

2. 内部控制缺陷整改措施

在 513 项已开始整改的内部控制缺陷中，有 452 项披露了已采取的具体的内部控制缺陷整改措施，占比 88.11%；61 项仅说明缺陷整改的完成情况，未披露具体的缺陷整改措施内容，占比 11.89%，如图 1-13 所示。

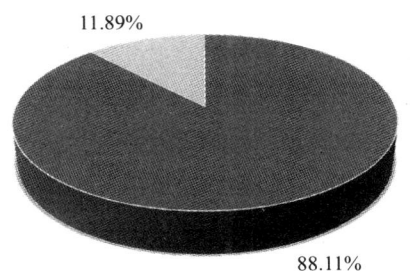

■ 披露了内部控制缺陷整改措施　　■ 未披露内部控制缺陷整改措施

图 1-13 是否披露已采取的内部控制缺陷整改措施情况

数据来源：DIB 迪博内部控制与风险管理数据库 www.ic-erm.com

在未披露具体整改措施的 61 项内部控制缺陷中,存在 1 项非财报重大缺陷和 1 项非财报重要缺陷,均只说明内部控制缺陷已整改完成,未披露具体缺陷整改措施内容,其余均为内部控制一般缺陷。

3. 内部控制缺陷整改有效性

513 项已开始整改的内部控制缺陷中,有 283 项内部控制缺陷已完成整改且整改后运行有效,占比 55.17%;187 项未披露内部控制缺陷整改后的运行有效性结论,占比 36.45%,另有 43 项内部控制缺陷还在整改中未完成整改或整改后尚未运行足够长时间,占比 8.38%。内部控制缺陷整改有效性情况如图 1-14 所示。

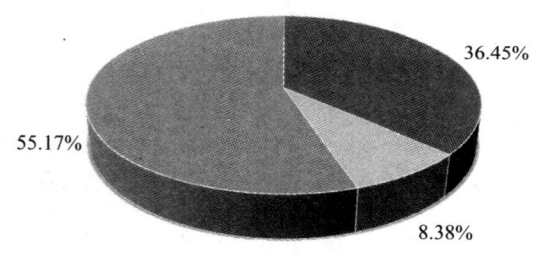

图 1-14 内部控制缺陷整改有效性情况

数据来源:DIB 迪博内部控制与风险管理数据库 www.ic-erm.com

在已开始整改的 513 项内部控制缺陷中,有 38.71%(12 项)内部控制重大缺陷和 60.92%(53 项)的内部控制重要缺陷得到有效整改,仍有 19.35%(6 项)的内部控制重大缺陷和 4.60%(4 项)的内部控制重要缺陷未完成整改或整改后未运行足够长时间。内部控制重大缺陷、重要缺陷及一般缺陷整改有效性情况如表 1-5 所示。

表1-5　　按缺陷等级分类的内部控制缺陷整改有效性情况

	重大缺陷数量	占比	重要缺陷数量	占比	一般缺陷数量	占比
有效整改	12 项	38.71%	53 项	60.92%	218 项	55.19%
未完成整改	6 项	19.35%	4 项	4.60%	33 项	8.35%
未披露整改后运行有效性结论	13 项	41.94%	30 项	34.48%	144 项	36.46%
合计	31 项	100%	87 项	100%	395 项	100%

数据来源：DIB 迪博内部控制与风险管理数据库 www.ic-erm.com

4. 内部控制缺陷整改计划

在 247 项未开始整改的内部控制缺陷中，199 项内部控制缺陷披露了拟采取的具体整改计划，占比 80.57%，48 项未披露拟采取的内部控制缺陷整改计划，占比 19.43%，如图 1-15 所示。

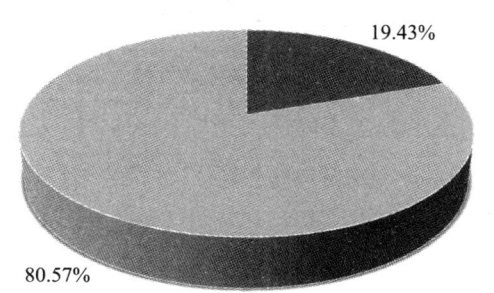

图1-15　拟采取的内部控制缺陷整改计划披露情况

数据来源：DIB 迪博内部控制与风险管理数据库 www.ic-erm.com

在未披露拟采取的具体整改计划的 48 项内部控制缺陷中，包含 1 项财报重大缺陷和 2 项非财报重大缺陷，其余均为一般缺陷。其中，康达尔（000048）披露公司在报告期内存在 2 项非财报重大缺陷，并表示公司已制定了相应的缺陷整改方案及措施,但未披露具体的缺陷整改计划内容。

(六) 内部控制重大缺陷

在 35 家披露存在内部控制重大缺陷的上市公司中,有 34 家上市公司披露了具体的内部控制重大缺陷内容,共计 54 项内部控制重大缺陷。进一步统计发现,上述 54 项内部控制重大缺陷涉及财务报告、资金活动等 15 项业务活动/事项,其中,财务报告出现频数最高,为 12 次,在所披露的内部控制重大缺陷中占比 22.22%;其次为资金活动,出现 7 次,占比 12.96%;销售业务出现 6 次,占比 11.11%;关联交易和组织架构各出现 5 次,占比 9.26%;资产管理和社会责任出现 4 次,占比 7.41%;担保业务出现 3 次,占比 5.56%;对外投资和信息披露各出现 2 次,占比 3.70%;工程项目、合同管理、子公司管控以及信息系统各出现 1 次,占比 1.85%。内部控制重大缺陷涉及的业务/事项分布情况如表 1-6 所示。

表 1-6　　　　　　内部控制重大缺陷涉及的业务/事项

排序	业务/事项	内部控制重大缺陷涉及的业务活动/事项说明
1	财务报告	(1) 会计核算。因未及时进行会计科目确认、计量和相关账务处理、会计记录不规范、不准确等严重影响财务报表的真实准确性,如键桥通讯(002316)对于 2013 年初分次支付给深圳天中亿科技发展有限公司、深圳市瑞博利贸易有限公司、深圳华智圣贸易有限公司、深圳市福田区赛格电子市场兴百易得经营部的共计 255 158 550.00 元资金,未及时进行账务处理,延迟约半年时间才补记入账;世纪游轮(002558)因财务基础薄弱、会计核算不规范导致 2012 年度部分会计科目确认、计量不准确从而出现会计差错。 (2) 会计准则应用。因会计处理未能符合会计准则要求或未采取恰当的会计处理方法导致财务报表存在错报,如江苏三友

续表

排序	业务/事项	内部控制重大缺陷涉及的业务活动/事项说明
1	财务报告	（002044）2013年度能源公司对四条生产线设备资产减值准备计提不足，导致公司《2013年度业绩快报》披露的经营业绩数据存在重大差错；S公司（600315）因内部控制设计缺陷，导致子公司未在2013年12月31日前完成销售返利和运输费用的统计和预提，同时因公司对财务人员的专业培训尚不够充分、对最新会计准则的掌握不够准确、财务报告及披露流程中的审核存在部分运行失效，导致未能及时发现对委外加工业务、销售返利、可供出售的金融资产在长期资产与流动资产的分类、营销类费用在应付账款与其他应付款的分类等会计处理的差错等。 （3）财务报告编制。财务报告流程设计不合理，缺乏对财务报表编制流程的相关控制审核对及监控，如天津磁卡（600800）未建立期末财务报告流程控制制度，财务报表编制流程过程中，各种数据的输入、处理及输出未见相关控制复核，未见管理层人员参与期末财务报告流程，未见管理层及治理层人员对期末财务报告流程进行监控等。
2	资金活动	（1）票据与印章管理。因资金管理环节控制不到位，存在个别员工盗用公司印章、使用假票据、违规占用上市公司资金等情形，给公司造成重大损失，如红宝丽（002165）发生业务员利用假银行承兑汇票抵充应收货款事件，金额高达7 396万元；农产品（000061）下属子公司出纳非法盗用公司印章，以盗开现金支票和转账支票等方式盗取公司资金3 025万元；宏磊股份（002647）公司控股股东的关联企业领用公司应收票据及资金，构成了控股股东违规占用上市公司资金事项等。 （2）应收账款管理。因未能恰当管理借款记录并有效收回公司款项，导致大额应收账款无法如期回收，如*ST超日（002506）在

续表

排序	业务/事项	内部控制重大缺陷涉及的业务活动/事项说明
2	资金活动	销售后对应收账款、其他应收款回收的管理力度不足，未定期与客户进行对账，导致应收账款、其他应收款金额巨大，部分款项不能按期收回，对公司的经营特别是运营资金造成巨大的影响等。 （3）现金管理与募集资金管理。现金支付业务以及募集资金的使用未按规定履行相应的授权审批程序和信息披露义务，如五洲交通（600368）以贸易形式先行支付7.549亿元资金收购南丹县南星锑业公司以及以预付产品代加工款形式向广西堂汉锌铟股份有限公司提供资金3.47亿元的事项均未履行董事会、股东大会审议程序；方兴科技（600552）用募集资金购买了总金额5.8亿元的理财产品而未履行董事会审议程序，受到证监会安徽监管局责令整改处分等。
3	销售业务	（1）销售流程设置。销售流程设置不合理，如风神股份（600469）设置的销售流程中开具发货通知单后即将信息传递到开具销售发票环节，造成公司已开具销售发票确认的收入中部分收入的确认不符合《企业会计准则》收入确认的条件。 （2）客户资信管理。一是销售过程中未按照规定对客户资信进行评估并履行相应的授权审批程序，如宏磊股份（002647）在实行贸易业务过程中，缺乏对贸易供应商和客户资信的书面评审程序；西部矿业（601168）香港公司在2013年存在未按公司内部控制手册所规定的流程完整履行授权审批程序即对部分客户进行授信并赊销销售的情况等。二是对客户资信管理控制不到位，持续调查和管控力度不够。如上海三毛（600689）下属子公司上海三毛进出口有限公司在与美梭案相关的海外销售业务中过分依赖中国进出口信用保险业务，而对海外客户和实际贸易方的调查有所放松，从而被非善意的贸易对象利用贸易习惯，造成公司损失等。

续表

排序	业务/事项	内部控制重大缺陷涉及的业务活动/事项说明
3	销售业务	（3）销售发货管理。发货后未及时取得客户等往来单位对发货情况确认的回单，如迪威视讯（300167）在对外销售货物时，从公司仓库发出给客户的货物，发货后未按实际送货时间取得客户签收确认回单；由供应商直接发货给客户的货物，既未取得供应商直接发货物给客户的依据，亦未取得客户签收确认的回单，有可能导致收入及成本确认不完整的风险、相关债权债务发生纠纷的风险、资产流失的风险及舞弊风险。
4	关联交易	（1）因缺少主动识别、获取及确认关联方信息的机制，导致关联方及交联交易未被及时识别，如科伦药业（002422）和 S 公司（600315）均因在识别关联方关系的内部控制方面存在重大缺陷受到监管机构的处罚；大有能源（600403）全资子公司销售模式转变为通过关联企业销售给终端客户后，大有能源未及时确认关联方及关联方交易等。 （2）关联交易未履行相应的审批程序和信息披露义务。千足珍珠（002173）2008年至2013年4月与亿永国际珠宝有限公司之间的关联交易没有及时履行关联交易的审批手续并进行信息披露。 （3）关联方交易定价、关联交易合同签订等重大事项和程序未完全严格按照规范控制流程实施，并及时履行信息披露程序，如康达尔（000048）等。
4	组织架构	（1）组织机构设计。组织机构设计不合理，内部监督部门独立性缺失，如＊ST 亚星（600319）内部控制制度中设置的直属审计委员会的审计监察部尚未成立，其相应的部门职能暂由企划处、审计处等部门执行，导致审计部门的独立性欠缺，内部监督运行失效。 （2）公司治理。一是重大决策事项未提经董事会集体审议，如通源石油（300164）2013年与陕西蓝海风投资管理有限公司发生股

续表

排序	业务/事项	内部控制重大缺陷涉及的业务活动/事项说明
4	组织架构	权转让交易，产生利润1 008.75万元，占2012年度公司净利润16.88%，已触及董事会决策权限，但未提交董事会审议，同时公司在2013年半年度报告称该处置属总裁权限内，信息披露不真实等；二是对公司实际控制人认定不准确，未如实披露公司实际控制人信息，如青鸟华光（600076）披露公司的实际控制人为北京东方国兴科技发展有限公司，与山东监管局认定的实际控制人为北京北大青鸟有限责任公司不符，受到证监会的立案调查；三是高管薪酬受控于控股股东，缺乏独立性，如泸天化（000912）和川化股份（000155）公司及所属子公司高管薪酬虽由公司及所属子公司支付，但高管薪酬系母公司进行考核确定，而不是由相关公司董事会确定。
6	资产管理	（1）存货。一是未按规定有效执行存货出入库管理，导致存货盘点时实物资产与账面记录存在较大差异，如华锐风电（601558）；二是存货暂估流程不完善，影响存货的发出成本结转与期末计价的准确性，如贵糖股份（000833）。 （2）无形资产。无形资产的转让未履行相关审批程序及信息披露义务，如大有能源（600403）下属全资子公司天骏义海能源煤炭经营有限公司将天峻义海聚乎更矿区一露天首采区采矿权以"零价款"转让给木里煤业集团，这一重大事项未履行相应决策程序，亦未及时披露，大有能源因此遭到证监会的立案调查。
6	社会责任	（1）安全生产。因安全规章制度不健全、安全管理措施执行不到位、在安全生产设备技术方面设计不规范等引发安全生产事故，如*ST亚星（600319）控股子公司潍坊亚星湖石化工有限公司氯化聚乙烯生产装置运行过程中发生爆燃，引起玻璃钢干燥器上部内壁着火蔓延，直接经济损失5 700万元，并造成人员伤亡等。

续表

排序	业务/事项	内部控制重大缺陷涉及的业务活动/事项说明
6	社会责任	（2）环境保护。因未能预防和控制生产经营过程中对外部环境造成的污染导致违反国家环保法律法规，如金晶科技（600586）生产线废气排放超标，受到山东省环保厅责令限期整改处分。
8	担保业务	（1）未履行对外担保的相关审批程序，如*ST超日（002506）2013年对关联方施科特光电材料（昆山）有限公司提供金额为3200万元的担保，该事项未事先履行董事会及股东大会审议程序。 （2）担保业务未及时履行信息披露义务，如泸天化（000912）子公司用银行存单为母公司向云南国际信托有限公司借款3.135亿元提供质押担保，未及时履行信息披露义务等。
9	对外投资	（1）投资计划制定不合理，投资项目缺乏有效的可行性研究。如*ST超日（002506）在进行长期股权投资和固定资产方案时未进行严格的可行性研究与分析，未制定投资计划，未合理确定投资规模，导致盲目投资、投资的现金流量在规模和时间上不能与筹资现金流量保持一致。 （2）境外投资缺乏有效的管理，如*ST超日（002506）对境外电站的投资欠缺管理制度，2013年南意大利9个电站项目已签订股权转让协议并移交给收购方，确认了电站转让损益，该转让事项未进行必要的审计及评估，亦未经董事会及股东大会批准。
9	信息披露	未及时识别需履行信息披露义务的事项或未按相关规定及时履行信息披露义务，如大有能源（600403）全资子公司发生重大采矿权转让事件，公司未能及时识别该信息披露事项并及时履行信息披露义务；四海股份（000611）因未按规定披露濮黎明（时任公司董事长、总经理、原实际控制人）与北京大河之洲集团有限公司签订的股权转让及重组框架补充协议，受到中国证监会内蒙古监管局的处罚。

续表

排序	业务/事项	内部控制重大缺陷涉及的业务活动/事项说明
11	工程项目	工程现场管控存在缺陷,如康达尔(000048)西乡山海上园项目在四证不齐的情况下先开工,监理合同在四证齐全后才签订,影响前期工程部分子项目三方鉴证工程量的及时确认。
11	合同管理	合同的签订未履行授权审批程序,如西部矿业(601168)香港有限公司存在长期贸易合同未按公司规定的流程完整履行授权审批程序即予以签订并执行的情况。
11	子公司管控	子公司管控方面的内部控制制度无法得到有效执行,如瑞泰科技(002066)对子公司管控方面的内部控制制度在对子公司湖南瑞泰的管理过程中无法得到有效执行,导致2013年基本上无法对湖南瑞泰管理层进行管理。
11	信息系统	内部控制交易系统存在设计缺陷,如光大证券(601788)策略投资部2013年8月16日在开展证券自营业务过程中,对策略交易系统和交易控制缺乏有效管理,策略交易系统存在的技术设计缺陷未被及时发现,导致发生"8·16乌龙指事件",对资本市场造成极其恶劣影响。

数据来源:DIB迪博内部控制与风险管理数据库 www.ic-erm.com

(七) 2011—2013年内部控制评价情况对比[①]

1. 2011—2013年内部控制评价报告披露比例趋势分析

2011—2013年,上市公司内部控制评价报告披露比例逐年增长:2011年,内部控制评价报告披露比例仅为78.89%;2012年增长为90.20%;2013

---

① 样本选取情况与2013年度保持一致。

年持续增长，内部控制评价报告披露比例已高达 92.99%，如图 1-16 所示。

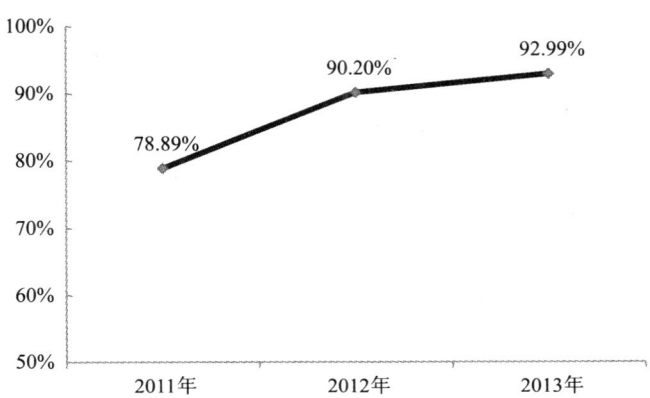

图 1-16　2011—2013 年内部控制评价报告披露比例的趋势图

数据来源：DIB 迪博内部控制与风险管理数据库 www.ic-erm.com

2. 2011—2013 年内部控制评价结论的趋势分析

2011—2013 年，随着企业内部控制规范体系的推进实施，上市公司的内部控制评价结论呈现出差异化的趋势，内部控制评价结论"非整体有效"的比例稍有上升，如图 1-17 所示。

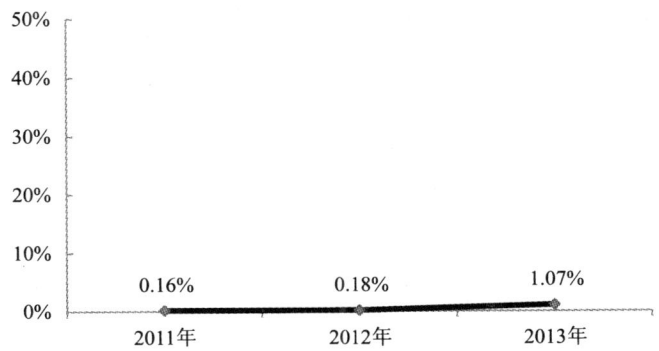

图 1-17　2011—2013 年内部控制评价结论"非整体有效"所占比例的趋势图

数据来源：DIB 迪博内部控制与风险管理数据库 www.ic-erm.com

3. 2011－2013 年内部控制评价缺陷认定标准的趋势分析

2011－2013 年，上市公司内部控制评价缺陷认定标准披露比例增长极快：2011 年为 9.48%；2012 年增长为 33.09%；2013 年已高达 76.58%，如图 1－18 所示。

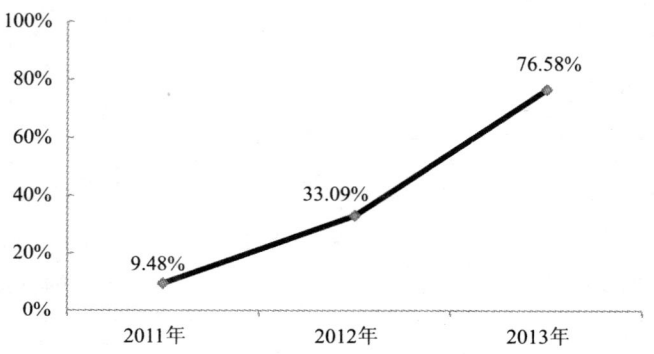

图 1－18　2011－2013 年内部控制评价缺陷认定标准披露比例的趋势图
数据来源：DIB 迪博内部控制与风险管理数据库 www.ic－erm.com

4. 2011－2013 年内部控制缺陷的趋势分析

（1）2011－2013 年内部控制重大缺陷的趋势分析。2011－2013 年，披露内部控制重大缺陷的上市公司比例逐年上升：2011 年，仅 0.16% 的上市公司披露了内部控制重大缺陷；2012 年，该比例上升为 0.31%；2013 年，披露内部控制重大缺陷的比例已达 1.50%，如图 1－19 所示。

（2）2011－2013 年内部控制重要缺陷的趋势分析。2011－2013 年，内部控制重要缺陷的披露比例也呈现逐年上升的趋势：2011 年，仅 0.76% 的上市公司披露了内部控制重要缺陷；2012 年，该比例上升为 1.61%；2013 年，披露内部控制重要缺陷的比例已达 2.18%，如图 1－20 所示。

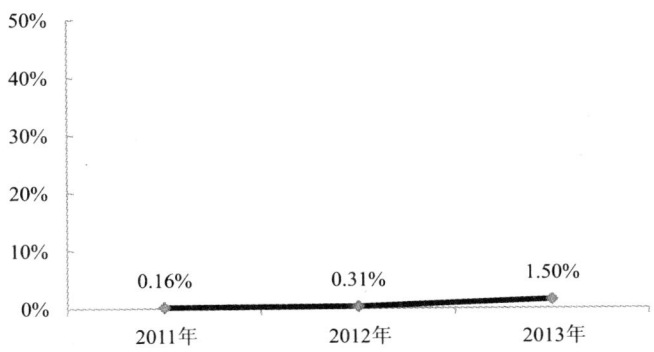

图 1-19　2011-2013 年内部控制重大缺陷披露比例的趋势图
数据来源：DIB 迪博内部控制与风险管理数据库 www.ic-erm.com

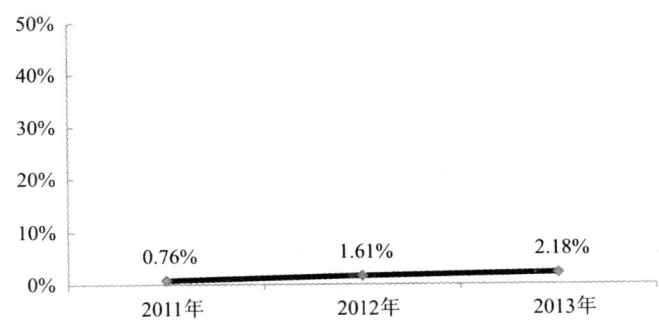

图 1-20　2011-2013 年内部控制重要缺陷披露比例的趋势图
数据来源：DIB 迪博内部控制与风险管理数据库 www.ic-erm.com

（3）2011-2013 年内部控制一般缺陷的趋势分析。2011-2013 年，内部控制一般缺陷的披露比例波动较大：2011 年，12.03% 的上市公司披露了内部控制一般缺陷；2012 年，该比例增长为 22.02%；2013 年，披露内部控制一般缺陷的比例又降至 10.49%，如图 1-21 所示。

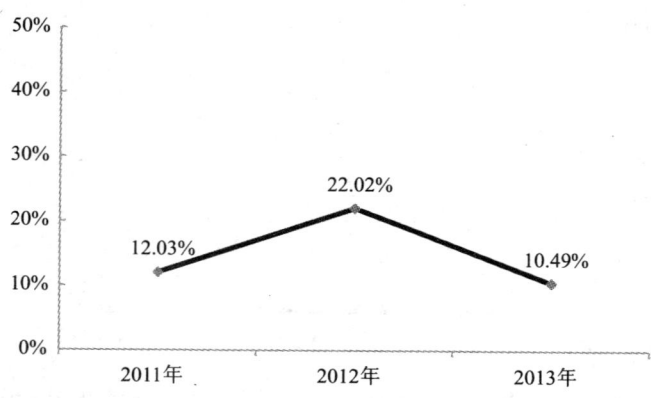

图1-21 2011-2013年内部控制一般缺陷披露比例的趋势图
数据来源：DIB迪博内部控制与风险管理数据库 www.ic-erm.com

四、内部控制审计报告

（一）内部控制审计报告的总体披露情况

1. 2013年度内部控制审计报告披露数量

截至2014年5月17日，共1 804家上市公司披露了内部控制审计报告，占比71.82%，708家上市公司未披露内部控制审计报告，占比28.18%，如图1-22所示。

2013年，1 415家主板上市公司中，有1 091家披露了内部控制审计报告，占比77.10%，324家未披露内部控制审计报告，主板上市公司未披露内部控制审计报告的原因如表1-7所示。

2. 2013年度内部控制审计报告的规范性

2013年，1 804家披露了内部控制审计报告的上市公司中，1 120家披

第一章 总　　论

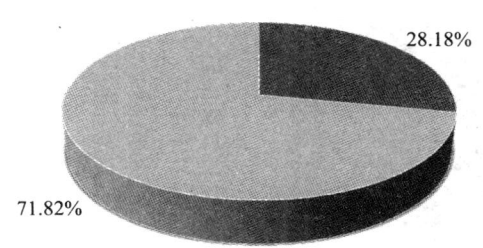

■ 未披露内部控制审计报告　　■ 已披露内部控制审计报告

图 1-22　2013 年内部控制审计报告披露情况

数据来源：DIB 迪博内部控制与风险管理数据库 www.ic-erm.com

表 1-7　主板上市公司未披露内部控制审计报告的原因

未披露原因	公司数量	占比
按照《关于 2012 年主板上市公司分类分批实施企业内部控制规范体系的通知》，披露 2014 年年报时才需披露内部控制审计报告	55	16.98%
因进行破产重整、借壳上市或重大资产重组而豁免披露	59	18.21%
未披露具体原因	187	57.72%
其他①	23	7.10%

数据来源：DIB 迪博内部控制与风险管理数据库 www.ic-erm.com

露的为规范的内部控制审计报告，占比 62.08%；449 家披露的为内部控制鉴证报告，占比 24.89%；137 家披露的为内部控制审核报告，占比 7.59%；68 家披露的为中小板内部控制审计报告，占比 3.77%；26 家披露的为内部控制专项报告，占比 1.44%；4 家披露的为其他类型的内部控制审计报告，占比 0.22%，如图 1-23 所示。

---

① 其他情况：1. 年报说明已披露，但未找到该内部控制审计报告；2. 未进行内部控制审计；3. 延迟披露。

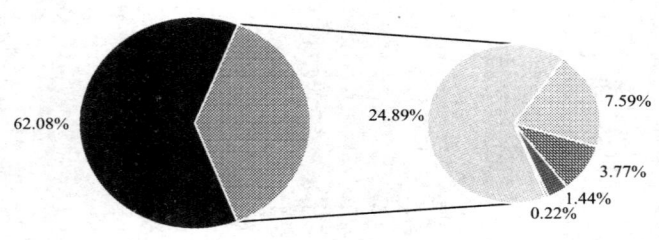

图 1-23　2013 年度内部控制审计报告类型
数据来源：DIB 迪博内部控制与风险管理数据库 www.ic-erm.com

（二）内部控制审计意见

1. 2013 年内部控制审计意见总体情况

2013 年，1 804 家出具了内部控制审计报告的上市公司，其内部控制审计结论如图 1-24 所示：内部控制审计结论为标准无保留意见的上市公司 1 750 家，占比 97.01%；非标意见共 54 家，其中带强调事项段的无保留意见为 39 家，占比 2.16%，否定意见为 12 家，占比 0.67%，保留意见为 2 家，占比 0.11%，无法表示意见为 1 家，占比 0.06%。

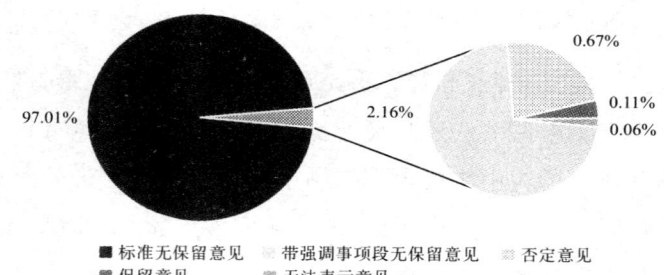

图 1-24　2013 年内部控制审计意见①
数据来源：DIB 迪博内部控制与风险管理数据库 www.ic-erm.com

---

① 因采取四舍五入法，此处加总之和为 100.01%，不等于 100%。

2. 内部控制否定意见

2013年,有12家上市公司因存在内部控制重大缺陷被出具否定意见的内部控制审计报告。其中,9家为主板上市公司且内部控制审计报告类型为规范的内部控制审计报告,2家为中小板上市公司,内部控制审计报告类型分别为内部控制审核报告和内部控制鉴证报告,1家为创业板上市公司且内部控制审计报告类型为内部控制鉴证报告。

上述12家上市公司共披露26项内部控制重大缺陷,进一步统计发现,导致否定意见的内部控制重大缺陷涉及财务报告、销售业务、资产管理、关联交易、资金活动、信息披露、担保业务、对外投资和合同管理等9项业务活动/事项。其中,财务报告出现频率最高,为8次,在所有披露的内部控制重大缺陷中占比30.77%;销售业务和资产管理各出现4次,占比15.38%;关联交易出现3次,占比11.54%,资金活动和信息披露各出现2次,占比7.69%。担保业务、对外投资和合同管理各出现1次,占比3.85%。导致否定意见的内部控制重大所涉及的业务活动/事项分布情况如表1-8所示。

表1-8 导致否定意见的内部控制重大缺陷所涉及的业务活动/事项

排序	业务/事项	导致否定意见的内部控制重大缺陷所涉及的业务活动/事项说明
1	财务报告	(1) 会计核算。会计核算不及时、不规范,如天津磁卡(600800)未按规定按月对账,导致往来账户长期、经常出现差异而未被发现,同时公司还存在未发货提前确认销售收入、未确认成本的情形等。 (2) 会计准则应用。因会计处理不符合会计准则要求或未采取恰当的会计处理方法导致财务报表存在重大差错。如*ST超日(002506)2012年度、2013年度财务报告连续发生重大前期差错更

排序	业务/事项	导致否定意见的内部控制重大缺陷所涉及的业务活动/事项说明
1	财务报告	正；S公司（600315）未能及时发现对委外加工业务、销售返利、可供出售的金融资产在长期资产与流动资产的分类、营销类费用在应付账款与其他应付款的分类等会计处理的差错等。 （3）财务报告流程控制存在缺陷，如天津磁卡（600800）未建立期末财务报告流程控制制度，财务报表编制流程过程中，各种数据的输入、处理及输出未见相关控制复核，未见管理层人员参与期末财务报告流程，未见管理层及治理层人员对期末财务报告流程进行监控等。
2	销售业务	（1）销售流程设置。销售流程设置不合理，如风神股份（600469）设置的销售流程中开具发货通知单后即将信息传递到开具销售发票环节，造成公司已开具销售发票确认的收入中部分收入的确认不符合《企业会计准则》收入确认的条件等。 （2）客户资信管理。未按照规定对客户资信进行评估并履行相应的授权审批程序或销售过程中未对客户资信进行持续评估管理，如西部矿业（601168）下属子公司西矿香港在2013年存在未按公司内部控制手册所规定的流程完整履行授权审批程序即对部分客户进行授信并赊销销售的情况；*ST超日（002506）因销售业务控制未能有效执行客户信用管理导致巨额应收账款长期无法收回等。
3	资产管理	（1）固定资产。一是因未对固定资产实施有效控制导致固定资产账实存在重大不一致，北大荒（600598）控股子公司黑龙江省北大荒米业集团有限公司期末固定资产中有账面价值4 844.23万元未见实物；二是在重大资产的建造、运营管理和处置缺乏有效的控制措施，导致固定资产安全及效益无法得到有效保障，如*ST超日（002506）等。 （2）无形资产。将无形资产转让给其他单位未履行相应的审批程

续表

排序	业务/事项	导致否定意见的内部控制重大缺陷所涉及的业务活动/事项说明
3	资产管理	序及信息披露义务，如大有能源（600403）下属全资子公司天骏义海能源煤炭经营有限公司将天峻义海聚乎更矿区一露天首采区采矿权以"零价款"转让给木里煤业集团，这一重大事项未履行相应决策程序，亦未及时披露，大有能源也因此被中国证监会立案调查。 （3）存货。未对存货等实物资产实施有效控制，导致存货账实不符，如华锐风电（601558）存货等实物资产与账面记录存在重大不一致；北大荒（600598）控股子公司黑龙江省北大荒米业集团有限公司期末存货中有36 968.70万元未见实物等。
3	关联交易	未及时确认关联方及关联方交易并履行相应决策审批程序和信息披露义务，如S公司（600315）关联交易管理中缺少主动识别、获取及确认关联方信息的机制，也未明确关联方清单维护的频率，无法保证关联方及关联方交易被及时识别，并履行相关的审批和披露事宜；大有能源（600403）全资子公司销售模式由直接销售给终端客户变更为通过关联企业销售给终端客户，大有能源未及时确认关联方及关联方交易等。
5	资金活动	（1）应收、应付账款。如北大荒（600598）控股子公司黑龙江省北大荒米业集团有限公司未定期核对往来款项等。 （2）现金管理。未按规定执行现金支付业务授权批准制度，如五洲交通（600368）以贸易形式先行支付7.549亿元资金收购南丹县南星锑业公司以及以预付产品代加工款形式向广西堂汉锌铟股份有限公司提供资金3.47亿元的事项均未履行董事会、股东大会审议程序。

续表

排序	业务/事项	导致否定意见的内部控制重大缺陷所涉及的业务活动/事项说明
5	信息披露	因未按规定披露信息受到监管机构的立案调查，如*ST超日（002506）诉讼事项、关联交易、对外担保等多项信息未能及时披露，并因涉嫌未按规定披露信息被中国证券监督管理委员会上海稽查局立案调查；迪威视讯（300067）也因涉嫌信息披露违规被中国证券监督管理委员会立案调查。
7	担保业务	担保业务未按规定履行授权审批和信息披露等程序，如泰达股份（000652）下属子公司扬州昌和工程开发有限公司在2013年存在为公司其他下属子公司及外部单位提供担保、扬州声谷信息产业发展有限公司在2013年存在为公司其他下属子公司提供担保、扬州广硕信息产业发展有限公司在2013年存在为外部单位提供担保，上述担保均未按照公司内部控制制度的规定履行授权审批、信息披露等程序。
7	对外投资	未对投资项目进行跟踪管理，如天津磁卡（600800）因未指定专门机构或人员对投资项目进行跟踪管理，导致存在账外子公司的情形。
7	合同管理	合同签订未履行相应的授权审批程序，如西部矿业（601168）下属全资子公司中国西部矿业（香港）有限公司在2013年存在对长期贸易合同未经适当授权审批即予以签订并执行的情况，可能导致公司出现资金损失及合同诉讼等风险。

数据来源：DIB迪博内部控制与风险管理数据库 www.ic-erm.com

3. 非财报内部控制重大缺陷

2013 年，共 10 家上市公司在内部控制审计报告中披露了非财务报告的内部控制重大缺陷，共披露 11 项非财报重大缺陷。其中，农产品（000061）等 6 家上市公司内部控制审计意见为标准无保留意见，且单独披露了非财报内部控制重大缺陷；钱江摩托（000913）等 3 家上市公司的内部控制审计意见为带强调事项段无保留意见，且披露了非财报内部控制重大缺陷；大有能源（600403）内部控制审计意见为否定意见，同时披露了非财报内部控制缺陷。

进一步统计分析发现，上述 11 项非财报内部控制重大缺陷涉及社会责任、销售业务、资金活动、资产管理、组织架构、子公司管控和信息系统等 7 项的业务活动/事项，其中，社会责任缺陷出现频数最高，为 4 次，在所有披露的内部控制非财报重大缺陷中占比 36.36%；其次为销售业务，出现 2 次，占比 18.18%；资金活动、资产管理、组织架构、子公司管控和信息系统均出现 1 次，占比 9.09%。

表 1-9　　　内部控制审计报告中披露的非财报重大缺陷涉及
　　　　　　　的业务活动/事项

排序	业务/事项	非财报重大缺陷涉及的业务活动/事项说明
1	社会责任	（1）安全生产。由于安全规章制度、安全措施执行不到位导致企业安全生产方面存在缺陷，如广汇能源（600256）因安全措施执行不到位，导致煤气水贮槽发生燃爆引起火灾事故、梅花集团（600873）因运输车辆故障引发粉尘爆炸事故等。 （2）环境保护。因未能预防和控制生产经营过程中对外部环境造成的污染导致违反国家环保法律法规，如金晶科技（600586）因冬季天然气供应不足，使用部分替代燃料导致废气排放超标，受到山东省环保厅责令限期整改处分。

排序	业务/事项	非财报重大缺陷涉及的业务活动/事项说明
2	销售业务	（1）对海外销售中面临的政治经济风险缺乏有效评估。如钱江摩托（000913）在外销业务中，对终端客户所在国的政治经济风险缺乏系统的评价体系以及时应对因其变化带来的经营风险。 （2）未持续对海外客户进行资信管理控制，如上海三毛（600689）进出口有限公司过分依赖新引入的中国进出口信用保险业务，而对海外客户和实际贸易方的调查有所放松，从而被非善意的贸易对象利用贸易习惯，造成公司损失。
3	资金活动	票据与印章管理不到位，印章保管存缺陷，存在非法盗用公司印鉴的情况，给公司造成重大缺失，如农产品（000061）原出纳通过非法手段盗用公司印鉴，以盗开银行票据等方式，从公司银行账户中挪用资金3 025.00万元，已追回1 412.67万元，剩余款项正在追讨中，该事项可能对公司产生重大财产损失。
3	资产管理	重大无形资产转让事项未履行决策审批程序和信息披露义务，如大有能源（600403）下属全资子公司天峻义海以"0价款"将聚乎更矿区一露天首采区采矿权转让给木里煤业集团，并于2013年5月20日完成采矿权变更，这一重大事项未履行相应决策程序，亦未及时披露。
3	组织架构	组织机构设计不合理，缺乏独立性，如*ST亚星（600319）未设立独立的内部控制审计部门，现设审计部门属于企财部下设机构，内部审计部门独立性欠缺。

续表

排序	业务/事项	非财报重大缺陷涉及的业务活动/事项说明
3	子公司管控	对子公司管控方面的内部控制制度缺乏有效执行的规定,如瑞泰科技(002066)制定的对子公司管控方面的内部控制制度在对子公司湖南瑞泰硅质耐火材料有限公司的管理过程中无法得到有效执行,导致瑞泰科技公司2013年度失去对其子公司湖南瑞泰硅质耐火材料有限公司的控制。
3	信息系统	信息系统存在重大设计缺陷,如光大证券(601788)策略投资部使用的策略交易系统存在的技术设计缺陷,在设计和开发过程中未建立和实施有效的相关控制,且没有纳入公司的信息技术管理体系和风险控制体系,导致2013年8月16日异常交易。

数据来源:DIB迪博内部控制与风险管理数据库 www.ic-erm.com

(三)内部控制审计意见与内部控制自评结论

本报告将内部控制审计意见以及内部控制评价结论进行对比,发现有4家公司的内部控制评价结论与内部控制审计意见存在着显著的差异:其中,北大荒(600598)和泰达股份(000652)内部控制审计意见为否定意见,但内部控制评价结论为整体有效;ST霞客(002015)内部控制审计意见为保留意见,但内部控制评价结论为整体有效;青鸟华光(600076)内部控制审计意见为无法表示意见,其内部控制评价结论也是整体有效。

(四)内部控制审计意见与财务报表审计意见

2013年,62家上市公司的内部控制审计意见与财务报表审计意见存在不一致,占出具内部控制审计报告上市公司总数量的3.44%。其中,深南电 A（000037）等 17 家上市公司内部控制审计意见为标准无保留意见，财务报表审计意见为带强调事项段无保留意见；建峰化工（000950）等 2 家上市公司内部控制审计意见为标准无保留意见，财务报表审计意见为保留意见；泸天化（000912）等 23 家上市公司内部控制审计意见为带强调事项段无保留意见，财务报表审计意见为标准无保留意见；S 公司（600315）等 4 家上市公司内部控制审计意见为否定意见，财务报表审计意见为标准无保留意见。内部控制审计意见与财务报表审计意见不一致的类型详如表 1-10 所示。

表 1-10　　内部控制审计意见与财务报表审计意见对比

内部控制审计意见 \ 财务报表审计意见	标准无保留意见	带强调事项段无保留意见	保留意见	否定意见	无法表示意见
标准无保留意见	N/A	17	2	N/A	N/A
带强调事项段无保留意见	23	N/A	4	N/A	1
保留意见	N/A	1	N/A	N/A	1
否定意见	4	1	6	N/A	1
无法表示意见	N/A	1	N/A	N/A	N/A

数据来源：DIB 迪博内部控制与风险管理数据库 www.ic-erm.com

（五）内部控制整合审计情况

2013 年，在 1 804 家披露了内部控制审计报告的上市公司中，内部控制整合审计的为 1768 家，占比 98.00%；单独审计的上市公司为 36 家，占比 2.00%，如图 1-25 所示。

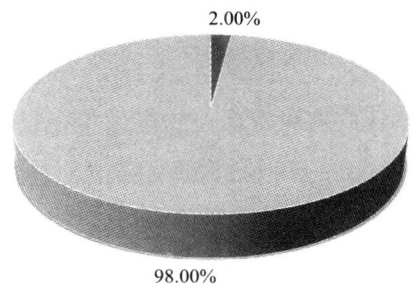

图1-25　内部控制整合审计情况

数据来源：DIB 迪博内部控制与风险管理数据库 www.ic-erm.com

（六）内部控制审计费用

1. 2013 年度内部控制审计费用披露情况

2013 年，在 1 804 家披露了内部控制审计报告的上市公司中，956 家在年报中披露其支付了内部控制审计费用，占比 52.99%；848 家未在年报中披露是否支付了内部控制审计费用，占比 47.01%，如图 1-26 所示。在 956 家披露支付了内部控制审计费用的上市公司中，有 922 家单独披露了内部控制审计费用的数额，34 家未披露具体的内部控制审计费用数额。

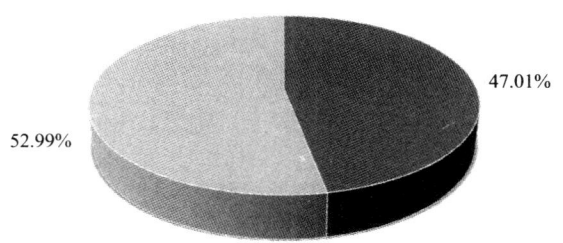

图1-26　内部控制审计费用的披露情况

数据来源：DIB 迪博内部控制与风险管理数据库 www.ic-erm.com

2. 2013 年度内部控制审计费用总额

922 家上市公司单独披露的内部控制审计费用总额为 438 585 870 元，平均每家公司花费的内部控制审计费用为 475 690 元。针对单独披露了内部控制审计费用的上市公司，本书计算出每家上市公司内部控制审计费用占审计费用总额①的比例，结果显示，内部控制审计费用占比的平均值为 27.49%。其中，规范的内部控制审计报告的内部控制审计费用的平均值较高，为 485 848 元，占审计费用总额的 27.80%。

表 1-11　　　　　　内部控制审计费用总额　　　　　（单位：元）

报告类型	内部控制审计费用总额	公司数量	内部控制审计费用平均值	内控审计费用占审计费用总额比例的平均值
规范的内部控制审计报告	435 805 870	897	485 848	27.80%
内部控制鉴证报告	2 190 000	17	128 824	18.98%
内部控制审核报告	340 000	5	68 000	12.20%
中小板内部控制审计报告	250 000	3	83 333	7.07%
总计	438 585 870	922	475 690	27.49%

数据来源：DIB 迪博内部控制与风险管理数据库 www.ic-erm.com

（七）2011-2013 年内部控制审计情况对比②

1. 2011-2013 年内部控制审计报告披露比例趋势分析

2011-2013 年，内部控制审计报告的披露比例逐年上升：2011 年，仅

---

① 审计费用总额为财务报告审计费用和内部控制审计费用之和。
② 数据样本选取同 2013 年度保持一致。

41.32%的上市公司披露了内部控制审计报告；2012年，内部控制审计报告的披露比例增长为61.08%；2013年，内部控制审计报告的披露比例已经增长为71.82%，如图1-27所示。

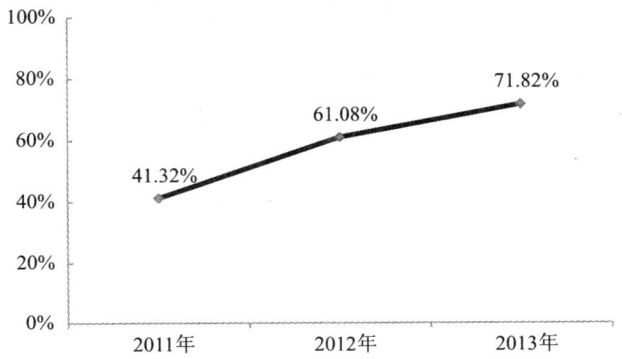

图1-27　2011-2013年内部控制审计报告披露比例的趋势图
数据来源：DIB迪博内部控制与风险管理数据库 www.ic-erm.com

2. 2011-2013年内部控制审计意见趋势分析

2011-2013年，随着企业内部控制规范体系的推进实施，上市公司的内部控制审计意见呈现出差异化的趋势，内部控制非标审计意见所占比例稍有上升，如图1-28所示。

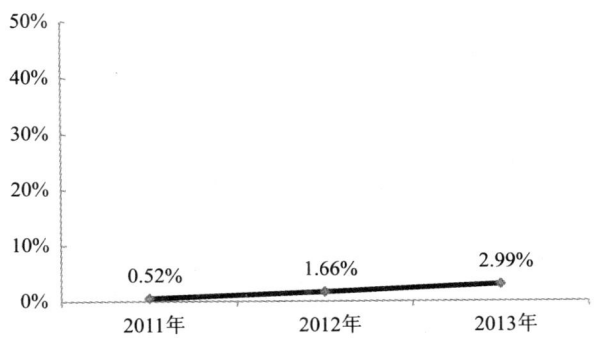

图1-28　2011-2013年内部控制非标审计意见所占比例的趋势图
数据来源：DIB迪博内部控制与风险管理数据库 www.ic-erm.com

3. 2011—2013年内部控制审计费用披露比例趋势分析

2011—2013年,内部控制审计费用的披露比例逐年上升:2011年,披露了内部控制审计报告的上市公司中,仅6.62%的上市公司披露了内部控制审计费用;2012年,披露内部控制审计费用的上市公司比例上升为48.47%;2013年,披露比例进一步上升为52.99%,如图1—29所示。

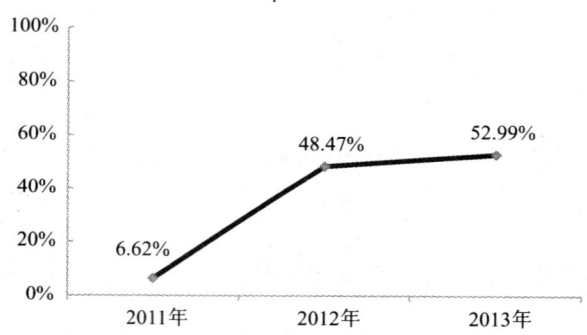

图1—29 2011—2013年内部控制审计费用披露比例的趋势图
数据来源:DIB迪博内部控制与风险管理数据库 www.ic-erm.com

4. 2011—2013年内部控制审计费用占比平均值趋势分析

2011—2013年,上市公司内部控制审计费用占审计费用总额比例的平均值波动不大:2011年,上市公司内部控制审计费用占比的平均值为24.33%;2012年,该比例增长为29.11%;2013年,内部控制审计费用占比的平均值又降至27.49%,如图1—30所示。

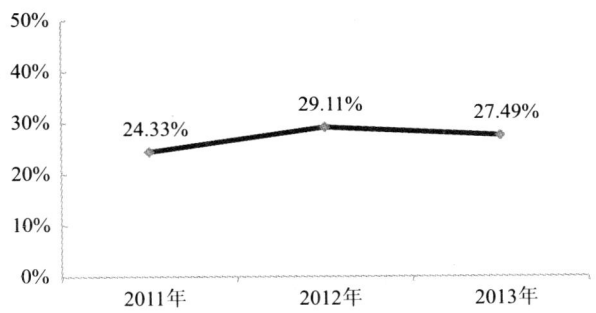

图1-30 2011-2013年内部控制审计费用占比的平均值的趋势图
数据来源:DIB迪博内部控制与风险管理数据库 www.ic-erm.com

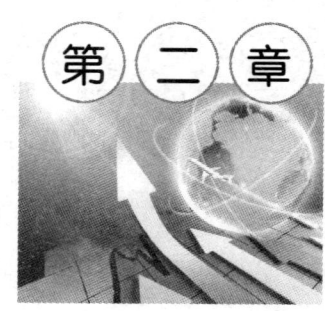

第二章

纳入强制实施范围的上市公司内部控制体系执行情况

 纳入强制实施范围的上市公司内部控制体系执行情况

一、2013 年度纳入强制实施范围的上市公司名单

依据《企业内部控制基本规范》、《企业内部控制配套指引》以及《关于 2012 年主板上市公司分类分批实施企业内部控制规范体系的通知》的要求，2013 年，除当年新上市的公司及存在破产重整、借壳上市或重大资产重组等特殊情况的主板上市公司外，境内外同时上市公司、国有控股上市公司以及于 2011 年 12 月 31 日公司总市值（证监会算法）在 50 亿元以上，同时 2009 年至 2011 年平均净利润在 3 000 万元以上的非国有控股上市公司，均应在披露 2013 年公司年报的同时，披露董事会对公司内部控制的自我评价报告以及注册会计师出具的财务报告内部控制审计报告。

按照上述规定，2013 年，共有 1 052 家主板上市公司被纳入强制实施范围，其中境内外同时上市公司 76 家，国有控股上市公司 772 家[①]，非国有控股主板上市公司 204 家。1 052 家纳入强制实施范围的上市公司中，A 股上市公司为 1 036 家，B 股上市公司为 16 家。由于本书仅分析 A 股上市公司，因此，本章节中的纳入强制实施范围的上市公司仅指 1 036 家 A 股上市公司，如果有读者需要了解另外 16 家 B 股上市公司的数据，请联系作者查阅（www.ic-erm.com）。

二、纳入强制实施范围的上市公司基本情况

（一）纳入强制实施范围的上市公司经营情况

2013 年，1 036 家主板上市公司纳入强制实施范围，占所有 A 股主板

---

① 如上市公司既属于境内外同时上市公司，又属于国有控股上市公司，则将其归为境内外同时上市公司。

上市公司的比重达到 73.22%，纳入强制实施范围的上市公司数量在稳步增长。与此同时，纳入强制实施范围的上市公司 2013 年年末总资产、总营业收入以及净利润总额在所有 A 股上市公司的占比均约达到 90% 以上。2013 年纳入强制实施范围上市公司经营情况如下：

纳入强制实施范围的 1 036 家上市公司 2013 年年末的总资产为 126 160 410 986 025 元，占所有 A 股上市公司总资产的比重为 95.30%；2013 年总营业收入为 24 120 995 229 575.50 元，占所有 A 股上市公司总营业收入的比重为 89.69%；纳入强制实施范围的上市公司 2013 年的净利润为 2 188 215 603 921.33 元，占所有 A 股上市公司净利润总额的比重为 91.62%。

（二）纳入强制实施范围的上市公司行业分布情况

本书中行业分类依据证监会 2012 年第 31 号文件进行划分，由于制造业的上市公司较多，本书在行业划分时采用了制造业二级，其他行业一级的分类方法，共 46 个[①]行业。1 036 家纳入强制实施范围的上市公司的行业分布如表 2 – 1 所示：批发和零售业，房地产业，交通运输、仓储和邮政业三个行业中纳入强制实施范围的上市公司数量最多。

表 2 – 1　　　　　纳入强制实施范围的上市公司行业分布

序号	行业	公司数量	比例
1	A 农、林、牧、渔业	14	1.35%
2	B 采矿业	43	4.15%
3	C13 农副食品加工业	11	1.06%

---

①　总共 49 个行业，但因制造业二级行业中的烟草制品业、机械和设备修理业以及一级行业中的居民服务、修理和其他服务业暂无上市公司，故只有 46 个行业。

续表

序号	行业	公司数量	比例
4	C14 食品制造业	10	0.97%
5	C15 酒、饮料和精制茶制造业	25	2.41%
6	C17 纺织业	12	1.16%
7	C18 纺织服装、服饰业	4	0.39%
8	C19 皮革、毛皮、羽毛及其制品和制鞋业	2	0.19%
9	C20 木材加工及木、竹、藤、棕、草制品业	1	0.10%
10	C21 家具制造业	1	0.10%
11	C22 造纸及纸制品业	12	1.16%
12	C23 印刷和记录媒介复制业	1	0.10%
13	C25 石油加工、炼焦及核燃料加工业	13	1.25%
14	C26 化学原料及化学制品制造业	61	5.89%
15	C27 医药制造业	52	5.02%
16	C28 化学纤维制造业	11	1.06%
17	C29 橡胶和塑料制品业	12	1.16%
18	C30 非金属矿物制品业	27	2.61%
19	C31 黑色金属冶炼及压延加工业	27	2.61%
20	C32 有色金属冶炼和压延加工业	20	1.93%
21	C33 金属制品业	6	0.58%
22	C34 通用设备制造业	31	2.99%
23	C35 专用设备制造业	41	3.96%
24	C36 汽车制造业	38	3.67%
25	C37 铁路、船舶、航空航天和其他运输设备制造业	22	2.12%

续表

序号	行业	公司数量	比例
26	C38 电气机械及器材制造业	38	3.67%
27	C39 计算机、通信和其他电子设备制造业	48	4.63%
28	C40 仪器仪表制造业	2	0.19%
29	C41 其他制造业	1	0.10%
30	D 电力、热力、燃气及水生产和供应业	68	6.56%
31	E 建筑业	27	2.61%
32	F 批发和零售业	82	7.92%
33	G 交通运输、仓储和邮政业	69	6.66%
34	H 住宿和餐饮业	5	0.48%
35	I 信息传输、软件和信息技术服务业	25	2.41%
36	J 金融业	38	3.67%
37	K 房地产业	80	7.72%
38	L 租赁和商务服务业	11	1.06%
39	N 水利、环境和公共设施管理业	12	1.16%
40	P 教育	1	0.10%
41	R 文化、体育和娱乐业	16	1.54%
42	S 综合	16	1.54%
	总计	1 036	100.00%

数据来源：DIB 迪博内部控制与风险管理数据库 www.ic-erm.com

（三）纳入强制实施范围的上市公司辖区分布情况

按照证监会的辖区分类，2013 年度纳入强制实施范围的上市公司的辖区分布如表 2-2 所示：上海辖区、北京辖区以及江苏辖区纳入强制实施范围的上市公司数量最多。

表 2 – 2　　纳入强制实施范围的上市公司辖区分布

序号	辖区	公司数量	比例
1	安徽辖区	38	3.67%
2	北京辖区	110	10.62%
3	大连辖区	12	1.16%
4	福建辖区	23	2.22%
5	甘肃辖区	13	1.25%
6	广东辖区	48	4.63%
7	广西辖区	17	1.64%
8	贵州辖区	13	1.25%
9	海南辖区	12	1.16%
10	河北辖区	25	2.41%
11	河南辖区	29	2.80%
12	黑龙江辖区	19	1.83%
13	湖北辖区	42	4.05%
14	湖南辖区	33	3.19%
15	吉林辖区	20	1.93%
16	江苏辖区	64	6.18%
17	江西辖区	21	2.03%
18	辽宁辖区	20	1.93%
19	内蒙古辖区	12	1.16%
20	宁波辖区	11	1.06%
21	宁夏辖区	5	0.48%
22	青岛辖区	6	0.58%
23	青海辖区	8	0.77%

续表

序号	辖区	公司数量	比例
24	山东辖区	51	4.92%
25	山西辖区	21	2.03%
26	陕西辖区	22	2.12%
27	上海辖区	119	11.49%
28	深圳辖区	49	4.73%
29	四川辖区	39	3.76%
30	天津辖区	23	2.22%
31	西藏辖区	4	0.39%
32	厦门辖区	9	0.87%
33	新疆辖区	22	2.12%
34	云南辖区	16	1.54%
35	浙江辖区	37	3.57%
36	重庆辖区	23	2.22%
总计		1 036	100.00%

数据来源：DIB 迪博内部控制与风险管理数据库 www.ic-erm.com

三、纳入强制实施范围的上市公司内部控制评价报告披露情况

（一）内部控制评价报告披露数量

1. 2013 年纳入强制实施范围上市公司内部控制评价报告披露数量

截至 2014 年 5 月 17 日，1 036 家纳入强制实施范围的上市公司中，有

1 035 家上市公司披露了内部控制评价报告，占比 99.90%；1 家[①]上市公司未披露内部控制评价报告，占比 0.10%，如图 2-1 所示。

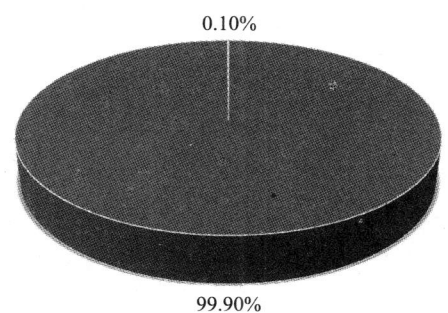

图 2-1　2013 年度纳入强制实施范围的上市公司内部控制
评价报告披露情况

数据来源：DIB 迪博内部控制与风险管理数据库 www.ic-erm.com

2013 年，1 476 家未纳入强制实施范围的上市公司中，1 301 家上市公司披露了内部控制评价报告，占比 88.14%。纳入强制实施范围上市公司内部控制评价报告披露比例比未纳入强制实施范围上市公司披露比例约高出 11.76%。

表 2-3　按是否强制实施分类的内部控制评价报告披露情况

是否强制实施	披露内部控制评价报告	上市公司总数量	披露比例
强制实施	1 035 家	1 036 家	99.90%
非强制实施	1 301 家	1 476 家	88.14%
合计	2 336 家	2 512 家	92.99%

数据来源：DIB 迪博内部控制与风险管理数据库 www.ic-erm.com

---

① 用友软件（600588）于 2014 年 3 月 19 日披露了 2013 年年度报告以及内部控制审计报告，但其内部控制评价报告于 2014 年 6 月 25 日才披露。

2. 2011—2013 年纳入强制实施范围上市公司内部控制评价报告披露比例

2011 年,67 家纳入强制实施范围的境内外同时上市公司全部在 2012 年 4 月 30 日前按时披露了内部控制评价报告,按时披露比例为 100%;2012 年,839 家纳入强制实施范围的上市公司中,834 家公司在 2013 年 4 月 30 日前披露了内部控制评价报告,按时披露比例为 99.40%;2013 年,1 306 家纳入强制实施范围的上市公司中,有 1 305 家在 2014 年 4 月 30 日前按时披露了内部控制评价报告,按时披露比例为 99.90%。2011—2013 年纳入强制实施范围上市公司按照披露内部控制评价报告情况如表 2—4 所示。

表 2—4　2011—2013 年纳入强制实施范围上市公司内部控制评价报告披露情况

年份	披露内部控制评价报告公司数	纳入强制实施范围的公司总数	按时披露比例
2011	67 家	67 家	100%
2012	834 家	839 家	99.40%
2013	1 035 家	1 036 家	99.90%

数据来源:DIB 迪博内部控制与风险管理数据库 www.ic-erm.com

(二) 内部控制评价结论

1. 2013 年纳入强制实施范围上市公司内部控制评价结论

2013 年,1 035 家纳入强制实施范围且披露了内部控制评价报告的上市公司中,1 020 家上市公司的内部控制评价结论为整体有效,占比 98.55%;15 家上市公司的内部控制评价结论为其他,占比 1.45%。评价结论为其他的上市公司中,有 2 家上市公司评价结论为整体无效,占比 0.19%;8 家上市公司财报内控有效、非财报内控无效,占比 0.77%,5

家上市公司财报内控无效、非财报内控有效,占比 0.48%。2013 年纳入强制实施范围上市公司内部控制评价结论分布情况如图 2-2 所示。

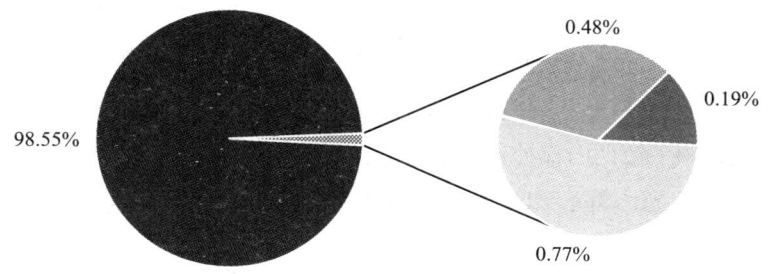

图 2-2 2013 年度纳入强制实施范围的上市公司内部控制评价结论①

数据来源:DIB 迪博内部控制与风险管理数据库 www.ic-erm.com

2013 年,1 301 家未纳入强制实施范围且披露了内部控制评价报告的上市公司中,有 10 家上市公司内部控制评价结论为"非整体有效",占比 0.77%。纳入强制实施范围的上市公司内部控制评价结论不是整体有效的比例比未纳入强制实施范围上市公司高出 0.68%,纳入强制实施范围上市公司内部控制评价结论较未纳入强制实施范围上市公司更具差异性。

表 2-5 按是否强制实施分类的内部控制评价结论对比

评价结论	强制实施	非强制实施
内部控制整体有效	98.55%	99.23%
内部控制整体无效	0.19%	0.31%
财报内控无效,非财报内控有效	0.48%	0.23%
财报内控有效,非财报内控无效	0.77%	0.08%
未出具结论	0%	0.15%

数据来源:DIB 迪博内部控制与风险管理数据库 www.ic-erm.com

---

① 因采取四舍五入法,此处加总之和为 99.99%,不等于 100%。

2. 2011—2013 年纳入强制实施范围上市公司内部控制评价结论趋势分析

2011—2013 年，纳入强制实施范围且按时披露了内部控制评价报告的上市公司，其内部控制评价结论为"非整体有效"的比例呈先降后升趋势：2011 年，1 家上市公司内部控制评价结论不是整体有效，占比 1.49%[①]；2012 年，内部控制评价结论不是整体有效的上市公司为 2 家，占比 0.24%；2013 年，内部控制评价结论为非整体有效的上市公司达到 15 家，占比 1.45%，如图 2-3 所示。

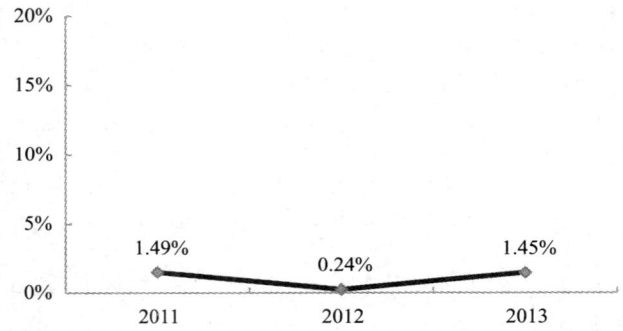

图 2-3　2011—2013 年纳入强制实施范围上市公司评价结论"非整体有效"情况

数据来源：DIB 迪博内部控制与风险管理数据库 www.ic-erm.com

（三）内部控制评价报告格式的规范性

2013 年，1 035 家纳入强制实施范围且披露了内部控制评价报告的上市公司中，按照"规范的格式"披露的为 961 家，占比 92.85%；按照

[①]　因 2011 年纳入强制实施范围的上市公司数量较少，仅有 67 家，故导致计算出的 2011 年纳入强制实施范围上市公司内部控制评价结论非整体有效的比例相对较高。

"以前的格式"披露的 55 家,占比 5.31%;按照"其他的格式"披露的为 19 家,占比 1.84%,如图 2-4 所示。

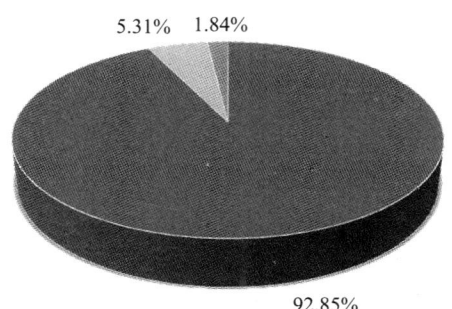

图 2-4 纳入强制实施范围上市公司内部控制评价报告格式的规范性
数据来源:DIB 迪博内部控制与风险管理数据库 www.ic-erm.com

2013 年,1 301 家未纳入强制实施范围且披露了内部控制评价报告的上市公司中,801 家上市公司按照"规范的格式"披露了内部控制评价报告,占比 61.57%。强制实施的上市公司披露规范的内部控制评价报告的比例比未纳入强制实施范围的上市公司披露比例高出 31.28%,如表 2-6 所示。

表 2-6　按是否强制实施分类的内部控制评价报告规范性情况

评价报告格式的规范性	强制实施	非强制实施
规范的格式	92.85%	61.57%
以前的格式	5.31%	21.83%
其他格式	1.84%	16.60%

数据来源:DIB 迪博内部控制与风险管理数据库 www.ic-erm.com

(四) 内部控制评价范围

2013 年,在 1 035 家纳入强制实施范围且披露了内部控制评价报告的上市公司中，1 023家上市公司披露了内部控制评价范围，占比98.84%；12家上市公司未披露内部控制评价范围，占比1.16%，如图2-5所示。

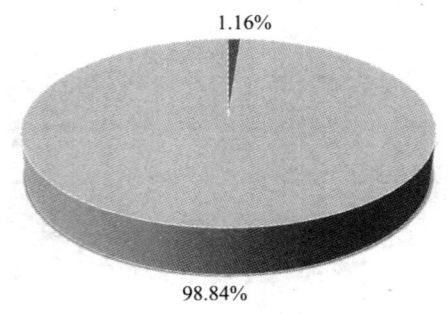

图2-5 纳入强制实施范围上市公司内部控制评价范围披露情况

数据来源：DIB迪博内部控制与风险管理数据库 www.ic-erm.com

1 301家未纳入强制实施范围且披露了内部控制评价报告的上市公司中，907家上市公司披露了内部控制评价范围，占比69.72%。纳入强制实施范围上市公司披露内部控制评价范围的比例比未纳入强制实施范围上市公司高出29.12%，如表2-7所示。

表2-7 按是否强制实施分类的内部控制评价范围披露情况

是否强制实施	披露内部控制评价范围上市公司数	上市公司总数	披露比例
强制实施	1 023家	1 035家	98.84%
非强制实施	907家	1 301家	69.72%
合计	1 930家	2 336家	82.62%

数据来源：DIB迪博内部控制与风险管理数据库 www.ic-erm.com

（五）监事会及独立董事关于内部控制评价报告的意见

2013年，在1 035家纳入强制实施范围且披露了内部控制评价报告的上市公司中，132家上市公司披露了监事会对内部控制评价报告意见，占比12.75%；903家上市公司未披露监事会对内部控制评价报告意见，占比87.25%，如图2-6所示。

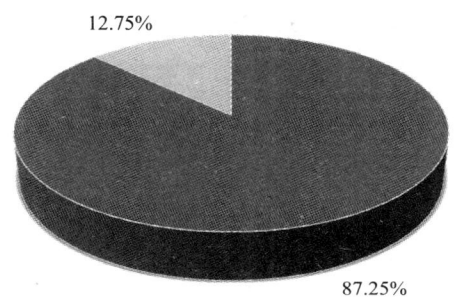

图2-6　披露了监事会关于内部控制评价报告的意见的情况

数据来源：DIB迪博内部控制与风险管理数据库 www.ic-erm.com

在1 035家纳入强制实施范围且披露了内部控制评价报告的上市公司中，82家上市公司披露了独立董事对内部控制评价报告意见，占比7.92%；953家上市公司未披露监事会对内部控制评价报告意见，占比92.08%，如图2-7所示。

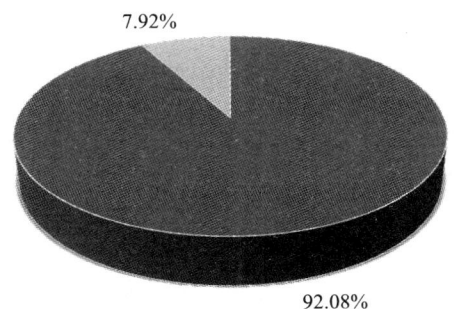

图2-7　披露了独立董事关于内部控制评价报告的意见的情况

数据来源：DIB迪博内部控制与风险管理数据库 www.ic-erm.com

2013年，1 301家未纳入强制实施范围且披露了内部控制评价报告的上市公司中，160家披露了监事会关于内部控制评价报告的意见，占比12.30%；39家披露了独立董事关于内部控制评价报告的意见，占比3.00%。纳入强制实施范围的上市公司披露监事会、独立董事关于内部控制评价报告的意见的比例比未纳入强制实施范围的上市公司披露比例分别高出0.46%和4.93%。

表2-8 按是否强制实施分类的监事会及独立董事关于内部控制评价意见披露情况

是否强制实施	披露了监事会关于内部控制评价报告的意见	占比	披露了独立董事关于内部控制评价报告的意见	占比
强制实施	132家	12.75%	82家	7.92%
非强制实施	160家	12.30%	39家	3.00%

数据来源：DIB迪博内部控制与风险管理数据库 www.ic-erm.com

四、纳入强制实施范围的上市公司内部控制评价缺陷披露情况

（一）内部控制评价缺陷认定标准的披露情况

1. 2013年纳入强制实施范围上市公司内部控制缺陷认定标准披露情况

在1 035家纳入强制实施范围且披露了内部控制评价报告的上市公司中，995家上市公司披露了内部控制缺陷认定标准，占比96.14%；40家[①]

---

① 如果上市公司在内部控制缺陷认定标准一节中仅披露内部控制缺陷的定义，本报告将此种情形认定为未披露内部控制缺陷认定标准。

未披露内部控制缺陷认定标准，占比 3.86%，如图 2-8 所示。其中，92.26%（918 家）的上市公司披露了完整的财报内控缺陷定性及定量认定标准、非财报内控缺陷定性及定量认定标准。

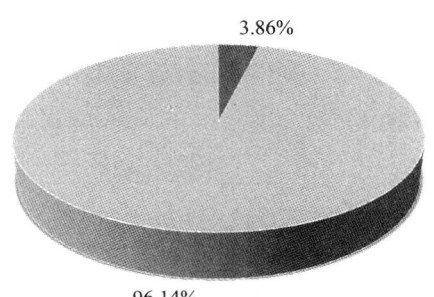

图 2-8 纳入强制实施范围上市公司内部控制缺陷认定标准披露情况

数据来源：DIB 迪博内部控制与风险管理数据库 www.ic-erm.com

1 301 家未纳入强制实施范围且披露了内部控制评价报告的上市公司中，794 家上市公司披露了内部控制缺陷认定标准，占比 61.03%。纳入强制实施范围上市公司内部控制缺陷认定标准披露比例比未纳入强制实施范围的上市公司披露比例高出 35.11%，如表 2-9 所示。

表 2-9 按是否强制实施分类的内部控制缺陷认定标准披露情况

是否强制实施	披露了内部控制缺陷认定标准的公司数	上市公司总数	披露比例
强制实施	995 家	1 035 家	96.14%
非强制实施	794 家	1 301 家	61.03%
合计	1 789 家	2 336 家	76.57%

数据来源：DIB 迪博内部控制与风险管理数据库 www.ic-erm.com

2. 2011－2013年纳入强制实施范围上市公司内部控制缺陷认定标准披露情况

2011－2013年，纳入强制实施范围且按照披露了内部控制评价报告的上市公司中，披露了内部控制缺陷认定标准的上市公司比例呈逐年上升趋势：2011年，55.22%的上市公司披露了内部控制缺陷认定标准；2012年，这一比例上升为67.15%；2013年，披露了内部控制缺陷认定标准的上市公司比例已达到96.14%，如图2－9所示。

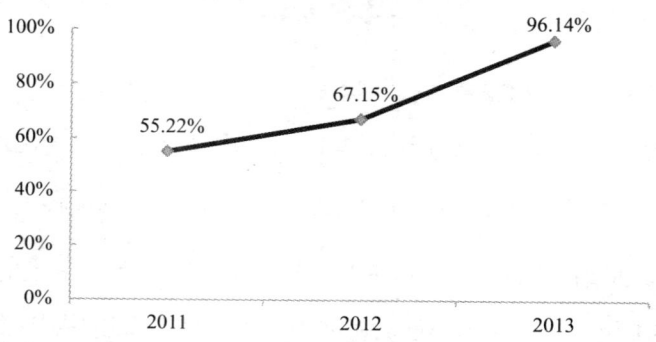

图2－9　2011－2013年纳入强制实施范围且披露内部控制缺陷认定标准的比例趋势

数据来源：DIB迪博内部控制与风险管理数据库 www.ic－erm.com

（二）披露内部控制评价缺陷的上市公司数量

1. 2013年披露了内部控制缺陷的上市公司数量

在1 035家纳入强制实施范围且披露了内部控制评价报告的上市公司中，有175家上市公司披露了内部控制缺陷，占比16.91%；860家未披露内部控制缺陷，占比83.09%，如图2－10所示。

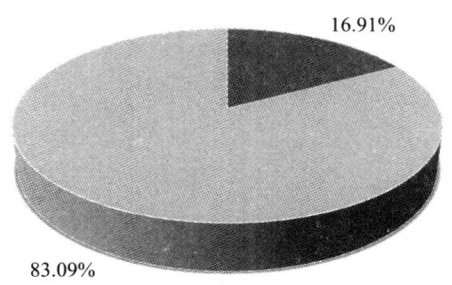

■ 已披露内部控制评价缺陷　　■ 未披露内部控制评价缺陷

图 2-10　披露内部控制评价缺陷的强制实施上市公司数量

数据来源：DIB 迪博内部控制与风险管理数据库 www.ic-erm.com

2013 年，1 301 家未纳入强制实施范围且披露了内部控制评价报告的上市公司中，有 144 家公司披露了内部控制缺陷，占比 11.07%。纳入强制实施范围且披露内部控制缺陷的上市公司比例比未纳入强制实施范围的上市公司高 5.84%。

表 2-10　按是否强制实施分类的披露内部控制缺陷的
上市公司数量对比

是否强制实施	披露了内部控制缺陷的上市公司数	上市公司总数	披露比例
强制实施	175 家	1 035 家	16.91%
非强制实施	144 家	1 301 家	11.07%
合计	319 家	2 336 家	13.66%

数据来源：DIB 迪博内部控制与风险管理数据库 www.ic-erm.com

2. 2013 年披露了内部控制重大、重要及一般缺陷的上市公司数量

2013 年，纳入强制实施范围且披露了内部控制评价缺陷的 175 家上市公司中，19 家披露了内部控制重大缺陷，在披露了内部控制评价报告的公司中占比 1.84%；34 家披露了内部控制重要缺陷，占比 3.29%；131 家披

露了内部控制一般缺陷,占比 12.66%。144 家未纳入强制实施范围且披露了内部控制缺陷的上市公司中,16 家披露了内部控制重大缺陷,占比 1.23%;17 家披露了重要缺陷,占比 1.31%;114 家披露了内部控制一般缺陷,占比 8.76%。对比内部控制重大缺陷、重要缺陷和一般缺陷的披露情况,纳入强制实施范围上市公司无论是在绝对数量还是相对比例上均高于未纳入强制实施范围的上市公司,如表 2-11 所示。

表 2-11 按是否强制实施分类的披露内部控制重大、重要及一般缺陷的上市公司数量

是否强制实施	披露内重大缺陷	占比	披露重要缺陷	占比	披露一般缺陷	占比
强制实施	19 家	1.84%	34 家	3.29%	131 家	12.66%
非强制实施	16 家	1.23%	17 家	1.31%	114 家	8.76%
合计	35 家	1.50%	51 家	2.18%	245 家	10.49%

数据来源:DIB 迪博内部控制与风险管理数据库 www.ic-erm.com

3. 2011—2013 年内部控制缺陷的上市公司数量趋势分析

(1) 2011—2013 年披露了内部控制缺陷的上市公司数量变化趋势。2011—2013 年,纳入强制实施范围且披露内部控制缺陷的上市公司占比总体上略有下降:2011 年,67 家纳入强制实施范围且按时披露内部控制评价报告的上市公司中,有 28.36%(19 家)的上市公司披露了内部控制缺陷;2012 年,834 家纳入强制实施范围且按时披露了内部控制评价报告的上市公司中,有 28.36%(240 家)公司披露了内部控制缺陷;2013 年,纳入强制实施范围且披露内部控制缺陷的上市公司比例下降至 16.91%,如图 2-11 所示。

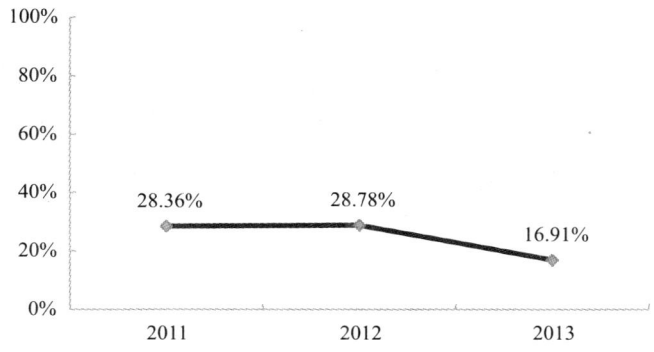

图2-11 2011-2013年纳入强制实施范围且披露内部控制缺陷的
上市公司比例趋势

数据来源：DIB迪博内部控制与风险管理数据库 www.ic-erm.com

(2) 2011-2013年披露了内部控制重大缺陷的上市公司数量变化趋势。2011-2013年，披露了内部控制重大缺陷的上市公司比例波动较大，呈先降后升趋势：2011年，1.49%的上市公司披露了内部控制重大缺陷；2012年，该比例下降为0.48%；2013年，披露内部控制重大缺陷的比例又上升到1.84%，如图2-12所示。

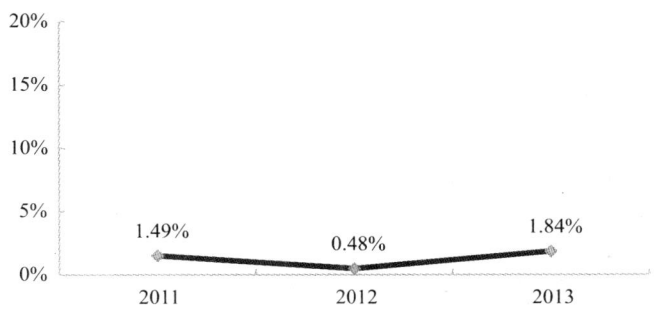

图2-12 2011-2013年纳入强制实施范围且披露内部控制
重大缺陷的上市公司比例趋势

数据来源：DIB迪博内部控制与风险管理数据库 www.ic-erm.com

(3) 2011—2013 年披露了内部控制重要缺陷的上市公司数量变化趋势。2011—2013 年，披露了内部控制重要缺陷的上市公司比例呈总体上升趋势：2011 年，2.99% 的上市公司披露了内部控制重要缺陷；2012 年，该比例为 2.64%；2013 年，披露内部控制重要缺陷的比例已达到 3.29%，如图 2—13 所示。

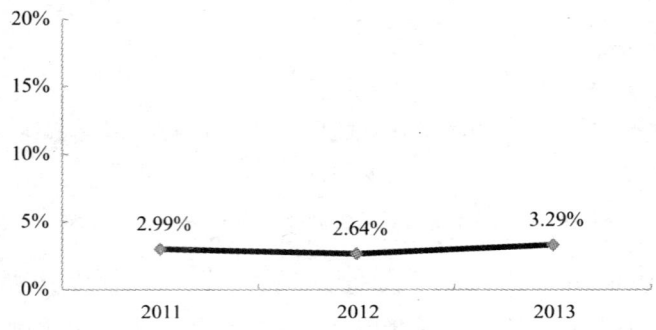

图 2—13　2011—2013 年纳入强制实施范围且披露内部控制重要缺陷的上市公司比例趋势

数据来源：DIB 迪博内部控制与风险管理数据库 www.ic-erm.com

(4) 2011—2013 年披露了内部控制一般缺陷的上市公司数量变化趋势。2011—2013 年，披露了内部控制一般缺陷的上市公司呈总体下降趋势：2011 年，26.87% 的上市公司披露了内部控制一般缺陷；2012 年，该比例变为 27.82%；2013 年，披露内部控制一般缺陷的上市公司比例又大幅降至 12.66%，如图 2—14 所示。

（三）内部控制缺陷数量

2013 年，纳入强制实施范围且披露了内部控制缺陷 175 家上市公司，共披露 1 133 项内部控制缺陷，其中，重大缺陷 39 项，占比 3.44%；重要缺陷 74 项，占比 6.53%；一般缺陷 1 020 项，占比 90.03%，如图 2—15 所示。

 纳入强制实施范围的上市公司内部控制体系执行情况

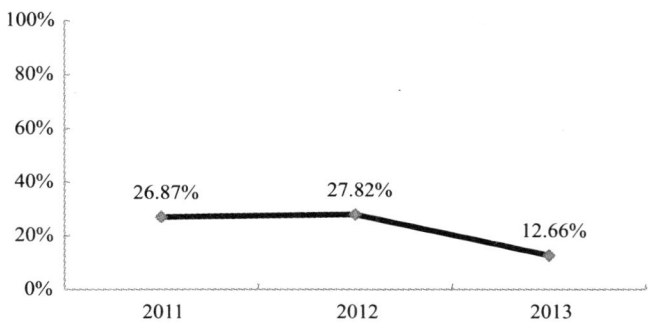

图 2-14　2011-2013 年纳入强制实施范围且披露内部控制
一般缺陷的上市公司比例趋势

数据来源：DIB 迪博内部控制与风险管理数据库 www.ic-erm.com

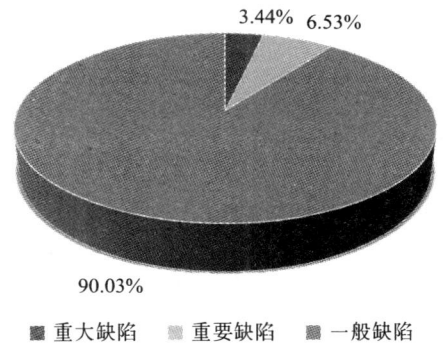

图 2-15　2013 年纳入强制实施范围上市公司内部
控制缺陷披露情况

数据来源：DIB 迪博内部控制与风险管理数据库 www.ic-erm.com

2013 年，未纳入强制实施范围且披露了内部控制缺陷的 144 家上市公司，共披露 1 126 项内部控制缺陷，其中，重大缺陷 27 项，占比 2.40%；重要缺陷 42 项，占比 3.73%；一般缺陷 1 057 项，占比 93.87%。纳入强制实施范围上市公司披露的内部控制重大、重要缺陷的绝对数量及相对比例均高于未纳入强制实施范围的上市公司，内部控制一般缺陷的绝对数量

及相对比例则低于未纳入强制实施范围的上市公司,如表 2 – 12 所示。

表 2 – 12　　按是否强制实施分类的披露内部控制缺陷的

上市公司数量对比

是否强制实施	重大缺陷数	占比	重要缺陷数	占比	一般缺陷数	占比	缺陷总数
强制实施	39 项	3.44%	74 项	6.53%	1 020 项	90.03%	1 133 项
非强制实施	27 项	2.40%	42 项	3.73%	1 057 项	93.87%	1 126 项

数据来源:DIB 迪博内部控制与风险管理数据库 www.ic – erm.com

(四) 内部控制缺陷内容

2013 年,175 家纳入强制实施范围且披露了内部控制缺陷的上市公司中,138 家公司披露了具体的内部控制缺陷内容,共披露 416 项内部控制缺陷,具体情况如表 2 – 13 所示。

表 2 – 13　2013 年纳入强制实施范围上市公司披露具体内部控制缺陷情况

缺陷等级	上市公司数量	披露内部控制缺陷数量	内部控制缺陷占比
财报重大缺陷	8 家	17 项	4.09%
财报重要缺陷	16 家	31 项	7.45%
财报一般缺陷	26 家	54 项	12.98%
财报缺陷小计	49 家	102 项	24.52%
非财报重大缺陷	11 家	13 项	3.13%
非财报重要缺陷	25 家	38 项	9.13%
非财报一般缺陷	86 家	263 项	63.22%
非财报缺陷小计	117 家	314 项	75.48%
总计	138 家	416 项	100%

数据来源:DIB 迪博内部控制与风险管理数据库 www.ic – erm.com

(五) 内部控制缺陷整改情况

1. 内部控制缺陷整改数量

2013年，纳入强制实施范围上市公司披露的416项含具体内容的内部控制缺陷中，313项内部控制缺陷已开始整改，占比75.24%。103项内部控制缺陷未开始整改，占比24.76%，如图2-16所示。

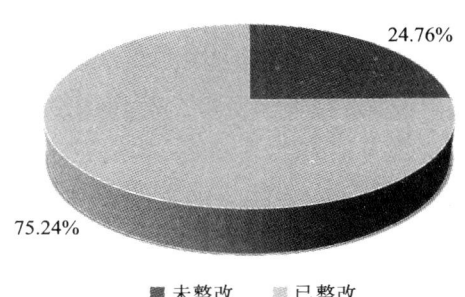

图2-16 2013年纳入强制实施范围上市公司
内部控制缺陷整改情况

数据来源：DIB迪博内部控制与风险管理数据库 www.ic-erm.com

在披露的416项内部控制缺陷中，含102项财报内部控制缺陷和314项非财报内部控制缺陷，其中74.51%（76项）的财报内部控制缺陷和75.48%（237项）的非财报内部控制缺陷已开始整改，具体的内部控制缺陷整改情况如表2-14所示。

表2-14 2013年纳入强制实施范围上市公司内部控制缺陷整改情况

缺陷等级	已开始整改	占比	未开始整改	占比	缺陷总数
财报重大缺陷	7项	41.18%	10项	58.82%	17项
财报重要缺陷	24项	77.42%	7项	22.58%	31项

续表

缺陷等级	已开始整改	占比	未开始整改	占比	缺陷总数
财报一般缺陷	45 项	83.33%	9 项	16.67%	54 项
财报缺陷小计	76 项	74.51%	26 项	25.49%	102 项
非财报重大缺陷	9 项	69.23%	4 项	30.77%	13 项
非财报重要缺陷	25 项	65.79%	13 项	34.21%	38 项
非财报一般缺陷	203 项	77.19%	60 项	22.81%	263 项
非财报缺陷小计	237 项	75.48%	77 项	24.52%	314 项
总计	313 项	75.24%	103 项	24.76%	416 项

数据来源：DIB 迪博内部控制与风险管理数据库 www.ic-erm.com

2. 内部控制缺陷整改措施

在 313 项已开始整改的内部控制缺陷中，有 261 项披露了已采取的具体的内部控制缺陷整改措施，占比 83.39%；52 项仅说明缺陷整改的完成情况，未披露具体的缺陷整改措施内容，占比 16.61%，如图 2-17 所示。

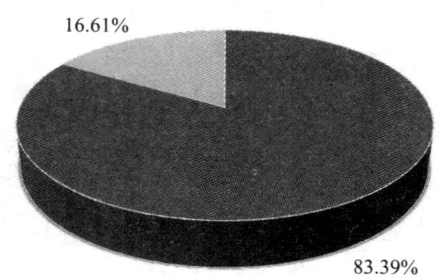

■披露了内部控制缺陷整改措施　■未披露内部控制缺陷整改措施

图 2-17　纳入强制实施范围上市公司是否披露已采取的内部控制缺陷整改措施情况

数据来源：DIB 迪博内部控制与风险管理数据库 www.ic-erm.com

3. 内部控制缺陷整改有效性

在 313 项已开始整改的内部控制缺陷中，有 187 项内部控制缺陷已完成整改且整改后运行有效，占比 59.74%；93 项未披露内部控制缺陷整改后的运行有效性结论，占比 29.71%，另有 33 项内部控制缺陷还在整改中未完成整改或整改后尚未运行足够长时间，占比 10.54%。内部控制缺陷整改有效性情况如图 2-18 所示。

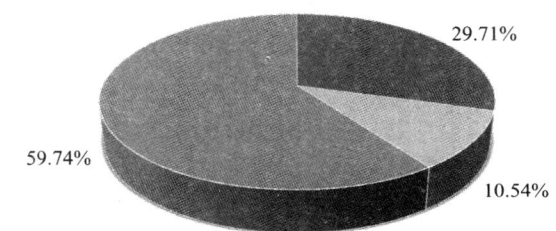

图 2-18 2013 年纳入强制实施范围上市公司内部控制
缺陷整改有效性情况

数据来源：DIB 迪博内部控制与风险管理数据库 www.ic-erm.com

在已开始整改的项内部控制缺陷中，有 37.50%（6 项）内部控制重大缺陷和 77.53%（38 项）的内部控制重要缺陷得到有效整改，仍有 31.25%（5 项）的内部控制重大缺陷和 8.16%（24 项）的内部控制重要缺陷未完成整改或整改后未运行足够长时间。内部控制重大缺陷、重要缺陷及一般缺陷整改有效性情况如表 2-15 所示。

4. 内部控制缺陷整改计划

在 103 项未开始整改的内部控制缺陷中，88 项内部控制缺陷披露了拟采取的具体整改计划，占比 85.44%，15 项未披露拟采取的内部控制缺陷

表 2 – 15　按缺陷等级分类的内部控制缺陷整改有效性情况

	重大缺陷数量	占比	重要缺陷数量	占比	一般缺陷数量	占比
有效整改	6 项	37.50%	38 项	77.55%	143 项	57.66%
未完成整改	5 项	31.25%	4 项	8.16%	24 项	9.68%
未披露整改后运行有效性结论	5 项	31.25%	7 项	14.29%	81 项	32.66%
合计	16 项	100.00%	49 项	100.00%	248 项	100.00%

数据来源：DIB 迪博内部控制与风险管理数据库 www.ic-erm.com

整改计划，占比 14.56%。如图 2 – 19 所示。

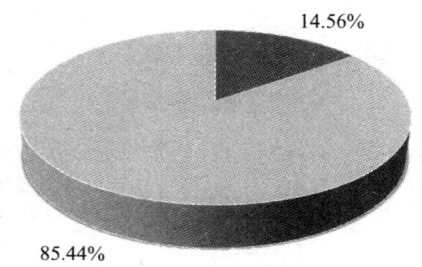

图 2 – 19　拟采取的内部控制缺陷整改计划披露情况

数据来源：DIB 迪博内部控制与风险管理数据库 www.ic-erm.com

五、纳入强制实施范围的上市公司内部控制审计情况

（一）内部控制审计报告披露数量

1. 2013 年纳入强制实施范围上市公司内部控制审计报告披露数量

截至 2014 年 5 月 17 日，纳入强制实施范围的 1 036 家上市公司中，共

1 032 家上市公司披露了内部控制审计报告，占比 99.61%，4 家[①]上市公司未披露内部控制审计报告，占比 0.39%，如图 1-23 所示。

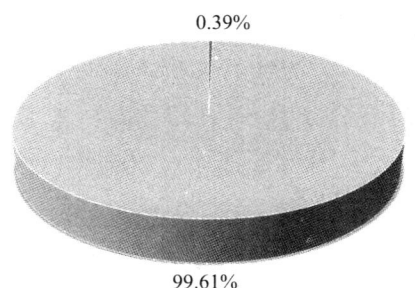

图 2-20　2013 年纳入强制实施范围上市公司内部控制审计报告披露情况

数据来源：DIB 迪博内部控制与风险管理数据库 www.ic-erm.com

2013 年，1 476 家未纳入强制实施范围的上市公司中，仅 772 家上市公司披露了内部控制审计报告，占比 52.30%。纳入强制实施范围上市公司内部控制审计报告披露比例比未纳入强制实施范围上市公司披露比例高出 47.31%，如表 2-16 所示。

表 2-16　按是否强制实施分类的内部控制审计报告披露情况

是否强制实施	披露内部控制审计报告的公司数	上市公司总数量	披露比例
强制实施	1 032	1 036	99.61%
非强制实施	772	1 476	52.30%
合计	1 804	2 512	71.82%

数据来源：DIB 迪博内部控制与风险管理数据库 www.ic-erm.com

---

① 其中，青岛双星（000599）和开创国际（600097）均在年报中披露公司聘请会计师事务所出具了内部控制审计报告，内控审计意见均为标准无保留意见，但未找到报告；新赛股份（600540）内部控制审计报告于 2014 年 6 月 4 日才披露，南京熊猫（600775）未披露具体原因。

2. 2011-2013 年纳入强制实施范围上市公司内部控制审计报告披露比例

2011-2013 年,纳入强制实施范围的上市公司按时披露内部控制审计报告的比例呈先降后升趋势:2011 年,纳入强制实施范围的 67 家境内外同时上市公司全部在 2012 年 4 月 30 日前按时披露了内部控制审计报告,披露比例为 100%;2012 年,826 家上市公司在 2013 年 4 月 30 日前按时披露了内部控制审计报告,按时披露比例降为 98.45%;2013 年,1036 家纳入强制实施范围的上市公司中,1 028 家①上市公司于 2014 年 4 月 30 日前披露了内部控制审计报告,按时披露比例为 99.23%,如表 2-17 所示。

表 2-17　　2011-2013 年纳入强制实施范围上市公司内部控制审计报告披露情况

年份	披露内部控制审计报告的公司数	纳入强制实施范围的公司总数	按时披露比例
2011	67	67	100%
2012	826	839	98.45%
2013	1 028	1 036	99.23%

数据来源:DIB 迪博内部控制与风险管理数据库 www.ic-erm.com

(二) 内部控制审计意见

1. 2013 年纳入强制实施范围上市公司内部控制审计意见

2013 年,1 032 家纳入强制实施范围且出具了内部控制审计报告的上

---

① 其中,2014 年 5 月 1 日-2014 年 5 月 17 日期间有 4 家上市公司披露了内部控制审计报告。

市公司，其内部控制审计结论如图 2-21 所示：内部控制审计结论为标准无保留意见的上市公司为 990 家，占比 95.93%；非标意见共 42 家，占比 4.07%。其中带强调事项段的无保留意见为 33 家，占比 3.20%，否定意见为 9 家，占比 0.87%。

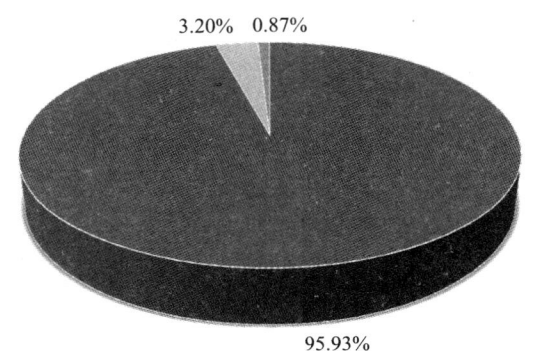

图 2-21 2013 年纳入强制实施范围上市公司内部控制
审计意见分布情况

数据来源：DIB 迪博内部控制与风险管理数据库 www.ic-erm.com

2013 年，772 家未纳入强制实施范围且披露了内部控制审计报告的上市公司中，内部控制审计意见为标准无保留意见的共 760 家，占比 98.45%；非标审计意见共 12 家，占比 1.55%。纳入强制实施范围的上市公司内部控制审计意见非标比例比未纳入强制实施范围上市公司高出 2.52%，纳入强制实施范围的上市公司内部控制审计意见更具有差异性。

2. 2011-2013 年纳入强制实施范围上市公司内部控制审计意见趋势分析

2011-2013 年，纳入强制实施范围且按时披露内部控制审计报告的上市公司，内部控制审计意见呈现出差异化趋势，内部控制审计意见为非标

表 2-18　纳入强制实施范围与未纳入强制实施范围的上市公司
内部控制审计意见对比

是否强制实施	非标审计意见公司数	披露内控审计意见报告公司总数	非标审计意见的公司占比
强制实施	42	1 032	4.07%
非强制实施	12	772	1.55%
合计	54	1 804	2.99%

数据来源：DIB 迪博内部控制与风险管理数据库 www.ic-erm.com

意见的比例呈逐年上升趋势，如图 2-22 所示。

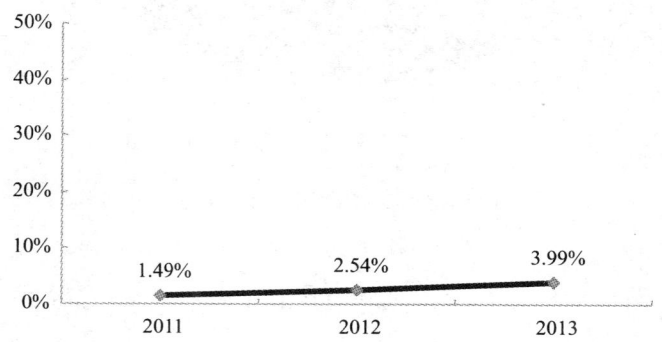

图 2-22　2011-2013 年纳入强制实施范围上市公司非标
审计意见所占比例趋势

数据来源：DIB 迪博内部控制与风险管理数据库 www.ic-erm.com

（三）内部控制审计报告格式的规范性

2013 年，1 032 家纳入强制实施范围且披露了内部控制审计报告的上市公司中，1 030 家披露的为规范的内部控制审计报告，占比 99.81%；2 家披露的为内部控制鉴证报告，占比 0.19%，如图 2-23 所示。

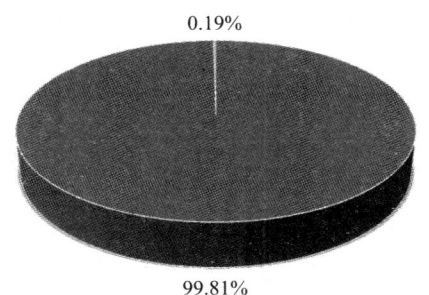

■ 规范的内部控制审计报告　　■ 内部控制鉴证报告

图2-23　2013年纳入强制实施范围上市公司内部控制
审计报告格式规范性情况

数据来源：DIB迪博内部控制与风险管理数据库 www.ic-erm.com

2013年，在772家未纳入强制实施范围且披露了内部控制审计报告的上市公司中，只有90家公司披露了规范的内部控制审计报告。披露比例仅为11.66%。纳入强制实施范围的上市公司披露规范的内部控制审计报告的比例远远高于非强制实施上市公司披露比例，高出88.15%，如表2-19所示。

表2-19　按是否强制实施分类的内部控制审计报告格式的规范性情况

是否强制实施	披露规范的内控审计报告的公司数	披露内控审计报告公司总数	占比
强制实施	1 030	1 032	99.81%
非强制实施	90	772	11.66%
合计	1 120	1 804	62.08%

数据来源：DIB迪博内部控制与风险管理数据库 www.ic-erm.com

(四) 内部控制审计费用

1. 2013 年纳入强制实施范围上市公司内部控制审计费用披露情况

(1) 披露了内部控制审计费用的公司数量

2013 年,在 1 302 家披露了内部控制审计报告的上市公司中,871 家公司在年报中披露其支付了内部控制审计费用,占比 84.40%;161 家未在年报中披露是否支付了内部控制审计费用,占比 15.60%,如图 2-24 所示。在 871 家披露支付了内部控制审计费用的上市公司中,有 97.13% (846 家) 的上市公司单独披露了内部控制审计费用的数额。

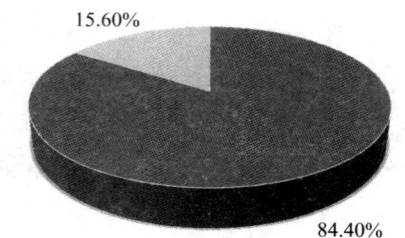

■ 上市公司未披露是否支付了内部控制审计费用
▨ 上市公司披露支付了内部控制审计费用

图 2-24　2013 年纳入强制实施范围上市公司内部控制
审计费用披露情况

数据来源:DIB 迪博内部控制与风险管理数据库 www.ic-erm.com

2013 年,在 772 家未纳入强制实施范围且披露了内部控制审计报告的上市公司中,只有 85 家上市公司在年报中披露其支付了内部控制审计费用,披露比例仅为 11.01%,其中有 76 家上市公司单独披露了内部控制审计费用的数额。纳入强制实施范围上市公司披露支付了内部控制审计费用的比例比未纳入强制实施范围的上市公司披露比例高出 77.39%。

表 2-20　按是否强制实施分类的内部控制审计费用披露情况

是否强制实施	披露支付了内控审计费用的公司数	披露内控审计报告公司总数	占比
强制实施	871	1 032	88.40%
非强制实施	85	772	11.01%
合计	956	1 804	52.99%

数据来源：DIB 迪博内部控制与风险管理数据库 www.ic-erm.com

（2）披露了内部控制审计费用的公司数量

2013 年，846 家纳入强制实施范围的上市公司单独披露的内部控制审计费用总额为 417 565 870 元，平均每家公司花费的内部控制审计费用约为 493 577 元，内控审计费用占审计费用总额比例的平均值为 27.66%。单独披露内部控制审计费用数额的 846 家上市公司内部控制审计报告类型均为规范的内部控制审计报告。

2013 年，76 家未纳入强制实施范围的上市公司单独披露的内部控制审计费用总额为 21 020 000 元，平均每家公司花费的内部控制审计费用为 276 579 元，内控审计费用占审计费用总额比例的平均值为 25.55%。纳入强制实施范围的上市公司内控审计费用占审计费用总额比例的平均值比未纳入强制实施范围的上市公司高出 2.11%，如表 2-21 所示。

表 2-21　按是否强制实施分类的上市公司内部控制审计费用额对比

是否强制实施	内部控制审计费用总额（元）	公司数量（家）	内部控制审计费用平均值（元）	内控审计费用占审计费用总额比例的平均值
强制实施	417 565 870	846	493 577	27.66%
非强制实施	21 020 000	76	276 579	25.55%
合计	438 585 870	92	475 690	27.49%

数据来源：DIB 迪博内部控制与风险管理数据库 www.ic-erm.com

2. 2011 - 2013 年纳入强制实施范围上市公司内部控制审计费用趋势分析

（1）2011 - 2013 年纳入强制实施范围上市公司披露内部控制审计费用情况分析

2011 - 2013 年，纳入强制实施范围且按时披露内部控制审计报告的上市公司中，在年报中披露支付了内部控制审计费用的上市公司所占比重增长较快，呈逐年上升趋势，如图 2 - 25 所示。

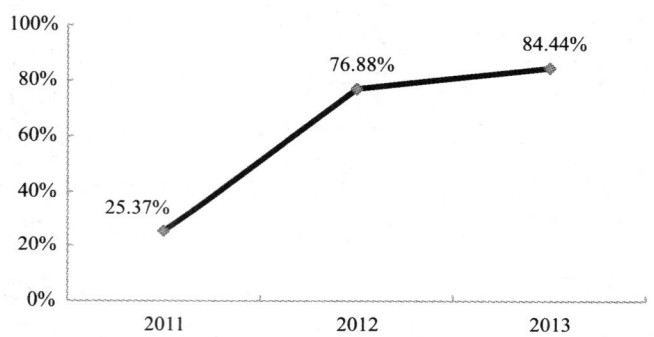

图 2 - 25　2011 - 2013 年纳入强制实施范围上市公司披露内部控制审计费用趋势

数据来源：DIB 迪博内部控制与风险管理数据库 www.ic - erm.com

（2）2011 - 2013 年纳入强制实施范围上市公司内部控制审计费用占比平均值趋势分析

2011 - 2013 年，纳入强制实施范围上市公司内部控制审计费用占审计费用总额比例的平均值呈先升后降的趋势：2011 年，上市公司内部控制审计费用占比的平均值为 12.69%；2012 年，该比例增长为 29.14%；2013 年，内部控制审计费用占比的平均值又降至 27.66%，如图 2 - 26 所示。

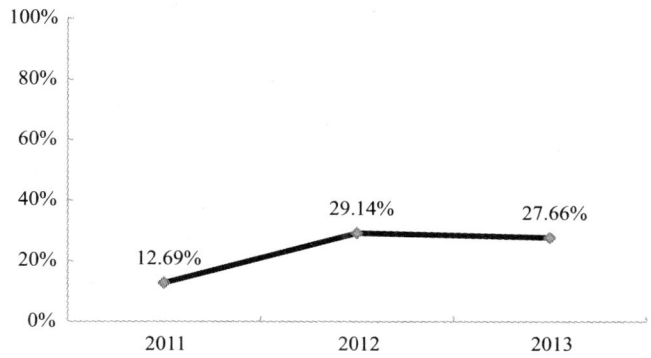

图 2-26　2011-2013 年纳入强制实施范围上市公司内部控制
审计费用占比平均值趋势

数据来源：DIB 迪博内部控制与风险管理数据库 www.ic-erm.com

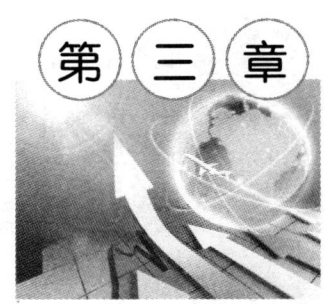

第三章

各行业上市公司内部控制报告

一、基本介绍

(一) 样本选取

本章将基于行业的视角,对2013年度各行业上市公司内部控制执行情况进行详细分析。参照证监发2012第31号文件分类标准,将上市公司行业分为19个一级行业类别,分别是:农、林、牧、渔业;采矿业;制造业;电力、热力、燃气及水生产和供应业;建筑业;批发和零售业;交通运输、仓储和邮政业;住宿和餐饮业;信息传输、软件和信息技术服务业;金融业;房地产业;租赁和商业服务业;科学研究和技术服务业;水利、环境和公共设施管理业;文化、体育和娱乐业;综合;卫生和社会工作;教育;居民服务、修理和其他服务业。其中,因制造业包含的上市公司众多,本报告选取制造业的二级行业分类进行分析,共31个制造业二级行业,分别是:农副食品加工业;食品制造业;酒、饮料和精制茶制造业;烟草制品业;纺织业;纺织服装、服饰业;皮革、毛皮、羽毛及其制品和制鞋业;木材加工及木、竹、藤、棕、草制品业;家具制造业;造纸及纸制品业;印刷和记录媒介复制业;文教、工美、体育和娱乐用品制造业;石油加工、炼焦及核燃料加工业;化学原料及化学制品制造业;医药制造业;化学纤维制造业;橡胶和塑料制品业;非金属矿物制品业;黑色金属冶炼及压延加工业;有色金属冶炼和压延加工业;金属制品业;通用设备制造业;专用设备制造业;汽车制造业;铁路、船舶、航空航天和其他运输设备制造业;电气机械及器材制造业;计算机、通信和其他电子设备制造业;仪器仪表制造业;其他制造业;废弃资源综合利用业;金属制品、机械和设备修理业。

按照制造业二级、其他行业一级的分类方法,2013年,2 512家A股上市公司分布在 46 个①行业中。其中，教育、卫生和社会工作这两个一级行业，皮革、毛皮、羽毛及其制品和制鞋业，家具制造业，木材加工及木、竹、藤、棕、草制品业，印刷和记录媒介复制业、废弃资源综合利用业。这 5 个制造业二级行业因上市公司较少②、披露的行业内部控制信息也较少，故不纳入到分析范围中。因此，本报告涉及 39 个行业 2 479 家上市公司；报告中的所有行业上市公司内部控制报告内容及详细原始数据均已收录至 DIB 内部控制与风险管理数据库（www.ic‐erm.com）。

（二）指标选取

行业内部控制报告通过归纳整理各行业上市公司披露的年报、内部控制评价报告、内部控制审计报告、财务重述报告、诉讼报告以及监管机构对上市公司违法违规行为的处理公告等公开资料，对 2013 年度各行业上市公司基本情况、内部控制指数评级情况、内部控制评价报告、内部控制缺陷以及内部控制审计报告披露情况进行详细具体的分析，对比中美相关行业上市公司内部控制实施情况，总结各行业上市公司内部控制实施特点，以期为各行业上市公司、行业上下游客户、监管机构等全面了解相关行业 2013 年度内部控制规范体系执行情况提供参考，为监管层制定监管政策及全面推进内部控制工作提供借鉴，为各行业上市公司进一步完善内部控制体系提供经验证据。

---

① 总共 49 个行业，但由于制造业二级行业中的烟草制品业、金属制品、机械和设备修理业以及一级行业中的居民服务、修理和其他服务业暂无上市公司，故只有 46 个行业。

② 上述 7 个行业总共涉及 33 家上市公司，其中每个行业的上市公司数量均小于 10 家。

表 3-1　行业上市公司内部控制报告主要指标选取情况

内容	内容说明	主要指标
行业上市公司基本情况	分析各行业上市公司 2013 年末总资产、总营业收入以及净利润总额等基本信息，以最直观的了解该行业的经营现状及行业地位；	资产总额占比、营业总收入占比、净利润占比
行业上市公司内部控制评级情况	分析各行业 2013 年度内部控制评级情况，客观反映该行业内部控制整体水平；	迪博·中国上市公司内部控制指数
行业上市公司内部控制评价报告	（1）各行业 2013 年内部控制评价报告披露情况，并与所有行业整体情况对比；（2）各行业内部控制评价结论、评价结论非整体有效情况，并与所有行业整体情况对比；（3）内部控制评价报告格式的规范性情况，并分别与所有行业整体水平进行比较；（4）内部控制评价范围、纳入评价范围单位资产总额及营业收入、纳入内部控制评价范围的主要业务和事项披露情况；（5）内部控制评价方法披露情况；	内部控制评价报告披露比例
		内部控制评价结论整体有效率
		内部控制评价报告规范性比例
		内部控制评价范围披露比例
		纳入评价范围单位的资产总额及营业收入占比情况披露比例
		纳入内控评价范围的主要业务与事项披露比例
		内部控制评价方法披露比例
行业上市公司内部控制缺陷	（1）各行业内部控制缺陷认定标准披露情况，并与所有行业整体水平进行比较；（2）各行业通用的财报、非财报内部控制缺陷定量、定性认定标准；（3）各行业内部控制缺陷总体披露情况、	内部控制缺陷认定标准披露比例
		内部控制缺陷披露比例
		内部控制重大、重要、一般缺陷占比

续表

内容	内容说明	主要指标
行业上市公司内部控制缺陷	内部缺陷分等级披露情况、内部控制设计/运行缺陷、财报/非财报缺陷披露情况； （4）各行业内部控制重大、重要缺陷内容； （5）各行业内部控制缺陷整改情况及缺陷整改有效性情况，并与所有行业整体水平进行对比；	内部控制缺陷整改比例 设计/运行缺陷披露比例 财报/非财报缺陷披露比例 内部控制缺陷整改有效性比例
行业上市公司内部控制审计报告	（1）各行业2013年度内部控制审计报告披露情况，并与所有行业整体水平进行比较； （2）各行业内部控制审计意见、非标审计意见披露情况，并与所有行业整体水平进行比较； （3）内部控制审计报告格式的规范性情况，并与所有行业整体水平进行比较； （4）内部控制审计费用披露情况、审计费用总额披露情况，并与所有行业整体水平进行对比； （5）内部控制整合审计情况、出具内控审计意见的事务所分布情况； （6）各行业上市公司内部控制审计意见与财务报表审计意见不一致情况；	内部控制审计报告披露比例 标准无保留审计意见比例 规范的内部控制审计报告披露比例 内部控制审计费用披露比例 内部控制审计费用占比的平均值 内部控制审计费用平均值 进行整合审计上市公司比例 聘请四大会计师事务所进行了内控审计的上市公司比例

续表

内容	内容说明	主要指标
行业上市公司内部控制实施情况对比	对中美相应行业上市公司内部控制实施情况进行对比分析	中美各行业内部控制评价无效公司比例
		中美各行业内部控制审计无效公司比例
		中美各行业内部控制重大缺陷披露比例
行业上市公司内部控制实施特点	对各行业上市公司内部控制实施情况进行总结	——

数据来源：DIB 迪博内部控制与风险管理数据库 www.ic-erm.com

下文将选取两个典型行业作为研究样本，分别为：

1. 金融业—货币金融服务业，即通常所指的银行业。金融业是现代经济的核心，而银行在金融体系中处于主导地位。银行业内部控制体系健全完善与否，直接关系到金融体系乃至国民经济体系能否健康稳定发展。2013 年，银行业共有 16 家 A 股上市公司，占上市公司总数不到 1%，但其实现的净利润却约占到全部 A 股上市公司净利润的一半，银行业的重要性不言而喻。为了更全面深入地了解银行业内部控制全貌，下文将针对金融业下属二级行业银行业内部控制情况进行重点分析。

2. 建筑业。建筑业是国民经济的重要支柱产业，是推动国民经济发展的重要力量，在国民经济和现代建设中具有不可替代的重要作用。根据中国国家统计局数据显示，2013 年，全国建筑业总产值为 159 312.95 亿元，占国内生产总值①的比重达到28.01%,建筑业的重要地位和作用日益凸显。与此同时,建筑业也是一个风险相对集中的行业,建立健全内部控制对建筑业企业而言尤为重要。

下文将重点对银行业和建筑业两个行业2013年度内部控制信息披露以及内部控制体系的建立健全情况进行全面系统分析,如有读者需要了解其他行业上市公司内部控制报告或各行业上市公司内部控制的详细原始数据,请联系作者查阅(www.ic-erm.com)。

二、银行业上市公司内部控制报告

(一)银行业上市公司基本情况

截至2014年4月30日,银行业A股上市公司共16家,占全部A股上市公司数量的比例为0.64%。银行业上市公司2013年年末资产总额95 137 529 739 000元、2013年营业总收入2 911 781 927 000元、2013年净利润1 168 290 711 000元,分别占全部A股上市的比重为71.53%、10.78%和48.56%,具体公司基本情况明细如表3-2所示。

表3-2　　　　　　银行业上市公司基本情况明细　　　　　　(单位:元)

序号	证券代码	证券简称	资产总额	营业总收入	净利润
1	000001	平安银行	1 891 741 000 000	52 189 000 000	15 231 000 000
2	002142	宁波银行	467 772 601 000	12 761 479 000	4 847 265 000
3	600000	浦发银行	3 680 125 000 000	100 015 000 000	41 200 000 000
4	600015	华夏银行	1 672 447 000 000	45 219 000 000	15 511 000 000

---

① 2013年国内生产总值为568 845.21亿元。

续表

序号	证券代码	证券简称	资产总额	营业总收入	净利润
5	600016	民生银行	3 226 210 000 000	115 886 000 000	43 282 000 000
6	600036	招商银行	4 016 399 000 000	132 604 000 000	51 742 000 000
7	601009	南京银行	434 057 293 000	10 478 294 000	4 530 570 000
8	601166	兴业银行	3 677 435 000 000	109 287 000 000	41 511 000 000
9	601169	北京银行	1 336 763 845 000	30 665 154 000	13 464 876 000
10	601288	农业银行	14 562 102 000 000	462 625 000 000	166 211 000 000
11	601328	交通银行	5 960 937 000 000	164 435 000 000	62 461 000 000
12	601398	工商银行	18 917 752 000 000	589 637 000 000	262 965 000 000
13	601818	光大银行	2 415 086 000 000	65 306 000 000	26 754 000 000
14	601939	建设银行	15 363 210 000 000	508 608 000 000	215 122 000 000
15	601988	中国银行	13 874 299 000 000	407 508 000 000	163 741 000 000
16	601998	中信银行	3 641 193 000 000	104 558 000 000	39 717 000 000

数据来源：DIB 迪博内部控制与风险管理数据库 www.ic-erm.com

依据《商业银行内部控制指引》、《商业银行内部控制评价试行办法》、《企业内部控制基本规范》、《企业内部控制配套指引》和《关于2012年主板上市公司分类分批实施企业内部控制规范体系的通知》等规范文件，银行业上市公司逐步推进企业内部控制规范体系的实施，并按照《公开发行证券的公司信息披露编报规则第21号——年度内部控制评价报告的一般规定》的要求规范内部控制信息披露。下文将通过归纳整理银行业上市公司披露的年报、内部控制评价报告、内部控制审计报告等公开资料，对银行业上市公司2013年内部控制信息披露以及内部控制体系的建立健全情况进行系统分析。

（二）银行业上市公司内部控制评级

迪博·中国上市公司内部控制指数是综合反映我国上市公司内部控制水平与风险管理能力的量化指数体系。迪博依据内部控制指数将上市公司的内部控制评级划分为四级八档，分别为：AAA、AA、A、BBB、BB、B、C 和 D 级。

银行业 16 家上市公司 2013 年内部控制评级情况如下：A 级上市公司 2 家，占比 12.5%；BBB 级上市公司 8 家，占比 50%；BB 级上市公司 5 家，占比 31.25%；B 级上市公司 1 家，占比 6.25%，各级上市公司分布情况如图 3-1 所示。

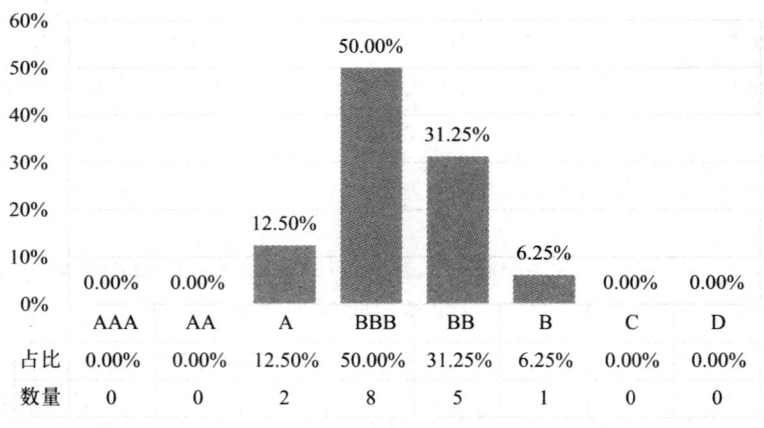

图 3-1 银行业上市公司内部控制评级分布情况

数据来源：DIB 迪博内部控制与风险管理数据库 www.ic-erm.com

（三）银行业上市公司内部控制评价报告

1. 内部控制评价报告披露情况

2013 年，银行业 16 家上市公司全部按照"规范的格式"披露了内部控制评价报告,且内部控制评价结论均为整体有效。

2. 内部控制评价范围披露情况

银行业 16 家上市公司均披露了内部控制评价范围,且均披露了纳入内部控制评价范围的单位及主要业务和事项。

在银行业披露了纳入内部控制评价范围的单位的 16 家上市公司中,14 家上市公司披露了"纳入评价范围单位资产总额占公司合并财务报表资产总额的百分比"及"纳入评价范围单位营业收入合计占公司合并财务报表营业收入总额的百分比",详见表 3 – 3;2 家上市公司未披露此信息,分别为交通银行(601328)和工商银行(601398)。

表 3 – 3 银行业上市公司纳入内部控制评价范围的单位的资产
总额及营业收入占比

序号	证券代码	证券简称	资产总额占比	营业收入占比
1	002142	宁波银行	100.00%	100.00%
2	601169	北京银行	100.00%	100.00%
3	601818	光大银行	100.00%	100.00%
4	601939	建设银行	100.00%	100.00%
5	600016	民生银行	100.00%	100.00%
6	601288	农业银行	100.00%	100.00%
7	601988	中国银行	100.00%	100.00%
8	600000	浦发银行	99.02%	98.51%
9	600036	招商银行	98.90%	98.70%
10	601009	南京银行	98.72%	97.87%
11	601166	兴业银行	98.65%	96.38%
12	601998	中信银行	87.00%	80.00%
13	600015	华夏银行	74.82%	51.75%
14	000001	平安银行	69.00%	66.00%

数据来源:DIB 迪博内部控制与风险管理数据库 www.ic – erm.com

银行业16家上市公司披露的纳入内部控制评价范围的主要业务和事项如表3-4所示。

表3-4 银行业上市公司纳入内部控制评价范围的主要业务和事项

序号	证券代码	证券简称	纳入内部控制评价范围的主要业务和事项
1	000001	平安银行	公司层面，零售贷款，汽车金融，小微金融，信用卡，个人存款，对公贷款，贸易融资，贸易结算，公司存款，票据业务，离岸业务，投资银行，资金和同业业务，资产托管，理财产品，电子银行，运营管理，税务管理，费用管理，财务报告，人力资源，固定资产，无形资产，投融资管理，信息科技管理
2	600015	华夏银行	内部决策，风险管理，合规管理，人力资源，会计，计划财务管理，公司业务，中小企业，贸易金融，票据业务，个人业务，投行业务，托管业务，IT规划与组织，IT系统开发与实施，IT运维与支持
3	600000	浦发银行	公司信贷，票据业务，贸易融资，咨询顾问，贷款承诺，债务融资工具，金融服务，个人信贷和银行卡，同业间存放，资金交易的权限管理和操作牵制，代客理财，代理收付，代理基金，保险，开展电子渠道管理，账户管理，结算业务，柜台业务，行为管理，重空凭证管理，自助银行和机具管理，现金及库存管理
4	002142	宁波银行	公司层面，政策与流程，风险识别，评估与管理，人力资源，信息沟通，内部审计，流程层面，银行承兑汇票，委托贷款，个人贷款，银行卡，资产托管业务，理财业务，流动资金贷款，债券投资，同业拆借，费用管理，不良资产管理，票据贴现，对公存款，结算管理，运营管控，贸易融资（进出口押汇），网上银行业务

续表

序号	证券代码	证券简称	纳入内部控制评价范围的主要业务和事项
5	601009	南京银行	组织结构，制度建设，风险识别与评估，信息与沟通，财务报告与信息披露，内部审计，授信业务，资金及同业业务，存款与柜面业务，反洗钱，中间业务，财务管理，关联交易
6	601169	北京银行	公司层面控制、业务内部控制、管理内部控制三个方面，涵盖38类，共计156项控制活动和控制流程，涉及1 001个风险点，1 243个控制点，其中： 公司层面控制为内部环境，风险评估，信息与沟通，内部监督等对本行整体内部控制目标的实现具有普遍影响的内部控制要素，涵盖公司治理结构，职责和权限，人力资源管理，企业文化等23类，涉及42个风险点，56个控制点 业务内部控制为本行各项业务活动中所采取或实施的控制措施和控制程序，涵盖资产类业务，负债类业务，融信类中间业务等8类，涉及646个风险点，793个控制点 管理内部控制为本行各项管理活动中所采取或实施的控制措施和控制程序，涵盖客户关系、运营管理、计划财务、信息科技管理等7类、涉及313个风险点、394个控制点
7	601818	光大银行	公司治理结构，发展战略，企业文化，内部审计和监督与纠正，人力资源程序，员工行为守则，法律遵从，风险识别和评估与管理，银行政策制度制订机制，投资策略与管理，关联方交易，财务报告与信息披露，IT政策与程序，内部控制活动，信息与沟通，反舞弊程序及举报投诉制度等领域，以及财务会计管理，公司业务，交易与销售，零售业务，投行业务，中间业务，资产保全，资金营运，资产管理，运营管理，信息科技管理

续表

序号	证券代码	证券简称	纳入内部控制评价范围的主要业务和事项
8	601939	建设银行	综合管理层面的内部环境,风险评估,信息沟通,内部监督,业务流程层面的资产负债管理,财务会计管理,采购管理,风险管理,授信审批业务,资金结算业务,营运管理业务,公司存款业务,公司贷款业务,代理业务,国际业务,投资托管业务,投资银行业务,养老金业务,金融市场业务,个人存款业务,个人贷款业务,信用卡业务,电子银行业务,信息技术管理,安全保卫管理
9	600016	民生银行	公司层面控制(组织架构,发展战略,人力资源,社会责任,企业文化,风险评估,信息与沟通,内部监督),管理控制(合规管理环境,风险识别与评估,信息交流与反馈,监督评价与纠正),信息系统控制(IT规划与业务需求管理,IT系统开发,IT运行维护)
10	600036	招商银行	公司治理,发展战略,组织架构,人力资源,企业文化,财务管理以及信贷业务,营运管理,资金和市场风险,批发业务,国际业务,零售业务,信用卡业务,中间业务,关联交易,外包业务,信息沟通,信息系统,内部监督
11	601166	兴业银行	企业层面(内部环境,风险评估,控制活动,信息与沟通,内部监督等五大控制要素),信息科技层面(信息科技治理,信息科技风险管理,信息安全,信息系统开发测试和投产,信息科技运行管理,连续性管理,外包服务管理等7个方面),业务流程层面(企业金融业务,零售业务,同业及资金业务,票据业务,存款与柜面业务,会计管理等公司经营管理主要领域)

续表

序号	证券代码	证券简称	纳入内部控制评价范围的主要业务和事项
12	601288	农业银行	组织架构,发展战略,人力资源,社会责任,企业文化,制度建设,风险管理,信贷业务,三农业务,金融市场,计划财务,资产处置,运营管理,国际业务,银行卡,电子银行,中间业务,安全保卫,计算机系统应用及管理,并表管理,信息沟通,关联交易,反洗钱,内部监督,案件防范
13	601328	交通银行	授信业务,小企业信贷业务,个金与个人信贷业务,财务管理,会计营运管理,资金业务
14	601398	工商银行	商业银行业务,投资银行业务,租赁业务,基金业务,保险业务
15	601988	中国银行	公司治理,发展战略,人力资源,社会责任,企业文化,机构管理,风险管理,业务经营,集团管控,并表管理,资本管理,专项治理,关联交易,反洗钱,信息科技,集中采购,业务外包,财务报告,信息披露,内控检查,案件防范
16	601998	中信银行	内部环境,风险评估,控制活动,信息与沟通,内部监督

数据来源:DIB 迪博内部控制与风险管理数据库 www.ic-erm.com

3. 内部控制评价方法披露情况

在银行业披露了内部控制评价报告的 16 家上市公司中,4 家上市公司披露了内部控制评价方法,占比 25%;12 家上市公司未披露内部控制评价方法,占比 75%。

银行业 4 家上市公司披露的内部控制评价方法如表 3-5 所示。

表 3-5　　银行业上市公司内部控制评价方法

序号	证券代码	证券简称	内部控制评价方法
1	000001	平安银行	RCSA-CSOX 内控自评基于监管划分标准,结合本行财务报表数据、风险管理与内部控制需要,根据业务的固有风险与其匹配的控制措施不可切割原则和类似产品的操作人员、程序及系统可合并原则进行主流程、子流程划分,并界定子流程属主和风险属主。通过对业务流程、经营活动中存在的风险点的识别,从风险发生的可能性及风险影响程度两个维度评价固有风险等级,分析和测试现有控制活动的设计有效性及运行有效性,评价剩余风险水平,对业务流程、经营管理活动中存在的风险状况与控制活动效果进行定量、定性的评价。 稽核内控独立评价按照风险导向和重要性原则,依据 RCSA-CSOX 内控自评结果,结合风险发生的可能性和对银行单个或整体控制目标造成的影响程度,从定量、定性两个方面分析、确定稽核内控独立评价范围。通过对 RCSA-CSOX 内控自评工作的全面审阅,检视自评风险点及相应控制活动识别的完整性、准确性,并选取其中约 30% 的风险点进行独立测试,抽样重点为固有风险等级为中高级的风险点所对应的控制活动。
2	601009	南京银行	本行严格按照《企业内部控制基本规范》及其配套指引、《南京银行内部控制评价管理办法》以及《南京银行内部控制评价实施规范》规定的程序和方法开展内部控制评价工作,包括:制定评价工作方案、组成评价工作组、实施测试、汇总评价结果、认定控制缺陷、出具评价报告等。评价过程中,内部控制评价工作组围绕控制环境、风险评估、控制活动、信息与沟通、内部监督五个方面,综合运用访谈、调查问卷、穿行测试、实地查验、抽样和分析性复核等方法,充分收集被评价单位内部控制的设计和运行是否有效的证据,按照统一的格式填写评价工作底稿,并按照统一的标准识别内部控制缺陷。

续表
续表

序号	证券代码	证券简称	内部控制评价方法
3	601166	兴业银行	报告期内，公司内部控制评价工作严格遵循企业内部控制规范体系以及公司内部控制评价相关制度规定的程序，实行"自评－复评－独立再评价"的评价流程，确保内部控制自我评价的有效性。一是总行各部门依据部门职责负责开展企业层面和信息科技层面相关领域的内控自评工作，各分行基于总行下发的标准测试底稿模板实施业务流程层面内控自评工作。为了提升内控自评质效，公司通过内外规梳理、专家讨论会评审、穿行测试等方式，制订《内控自评要点》下发经营机构执行，同时组织全行内控自评培训，编制《内控自评手册》，为内控自评的实施奠定良好基础。二是总行法律与合规部对总、分行内控评价结果进行复评，并根据评价情况汇总形成管理层内控自我评价报告。三是公司内审部门作为公司内部控制的独立监督和评价部门，对公司各机构的内部控制状况实施独立的监督和评价，在上述自我评价的基础上，对公司整体内部控制的有效性进行再评价，完成本公司2013年度内部控制评价报告。 评价过程中，主要采用了访谈、调查问卷、专题讨论、穿行测试、实地查验、抽样和比较分析等评价工具和方法，广泛收集公司内部控制设计和运行是否有效的证据，如实填写评价工作底稿，分析、识别内部控制缺陷。
4	601169	北京银行	公司依据企业内部控制规范体系、银监会《商业银行内部控制指引》及本行内部控制评价程序和方案，组织开展内部控制评价工作。 本行建立持续有效的内控评价体系，制定了内部控制评价实施方案、程序和评价工具，明确了评价范围、工作任务、人员组织和进度安排等事项。成立了由内部审计人员、总行部室及各

续表

序号	证券代码	证券简称	内部控制评价方法
4	601169	北京银行	分支机构业务骨干组成的内控评价工作组，开展了持续全年的内部控制评价工作。遵循"以流程管理为核心、将自我评价与独立复核相结合"的指导思想，从全流程的角度进行风险控制梳理，每个流程涵盖业务、产品的全部生命周期，由总行各部室、各分支机构按照各自职责范围对内部控制设计和运行情况进行自评价，由审计部门结合内部审计工作对内部控制运行效果进行独立复核、对自评价效果进行检验，并出具总体内部控制评价报告。 本行评价工作围绕内部环境、风险评估、控制活动、信息与沟通、内部监督五个方面，综合运用询问、观察、调查问卷、抽样测试、实地查验等多种方法，充分收集被评价单位内部控制设计和运行是否有效的证据，分析内控缺陷。各内控评价单位在培训、辅导的基础上，利用内控评价工具表进行自查、互查，内审部门通过专项审计、内控现场测试等方式进行独立复核，并对发现缺陷进行初步认定，同时跟踪整改落实情况。本行开发建设了内部控制评价管理信息系统，建立了风险与内控矩阵相应的系统风险库，实现了内部控制文档向全行机构单位和岗位人员的实时发布展示，以及对全行各单位内控自我评价过程工作底稿、工作进度、评价责任单位和责任人、缺陷认定跟踪和汇总统计的系统控制。

数据来源：DIB 迪博内部控制与风险管理数据库 www.ic-erm.com

（四）银行业上市公司内部控制缺陷

1. 内部控制评价缺陷认定标准披露情况

银行业16家披露了内部控制评价报告的上市公司，均披露了内部控制缺陷认定标准。

披露了内部控制缺陷认定标准的16家银行业上市公司中，62.5%（10家）的上市公司披露了完整的财报内控缺陷定性及定量认定标准、非财报内控缺陷定性及定量认定标准。未披露完整的缺陷认定标准的银行业上市公司如表3-6所示。

表3-6　未披露完整的内部控制缺陷认定标准的银行业上市公司

序号	证券代码	证券简称
1	600016	民生银行
2	600015	华夏银行
3	601328	交通银行
4	601398	工商银行
5	601939	建设银行
6	601988	中国银行

数据来源：DIB迪博内部控制与风险管理数据库 www.ic-erm.com

本文对16家上市公司披露的缺陷认定标准进行汇总整理，发现：四大银行中，工商银行、建设银行、中国银行这三家银行都未披露详细的缺陷认定标准，仅农业银行披露了详细的内部控制缺陷认定标准，该标准如表3-7所示。

表 3-7　　农业银行 2013 年度内部控制缺陷认定标准

财报	定量	重大	错报≥当年合并报表税前利润5%
		重要	当年合并报表税前利润5%＞错报≥当年合并报表税前利润5‰
		一般	当年合并报表税前利润5‰＞错报
	定性	重大	一项内部控制缺陷单独或连同其他缺陷具备合理可能性导致不能及时防止或发现并纠正财务报表中的重大错报
		重要	一项内部控制缺陷单独或连同其他缺陷具备合理可能性导致不能及时防止或发现并纠正财务报表中虽然未达到和超过重要性水平，但仍应引起董事会和管理层重视的错报
		一般	——
非财报	定量	重大	负面财务影响≥当年合并报表税前利润5%
		重要	当年合并报表税前利润5%＞负面财务影响≥当年合并报表税前利润5‰
		一般	当年合并报表税前利润5‰＞负面财务影响
	定性	重大	1. 公司缺乏科学决策程序； 2. 严重违反国家法律、法规； 3. 管理人员或技术人员纷纷流失； 4. 媒体负面新闻频现； 5. 重要业务缺乏制度控制或制度系统性失效； 6. 内部控制评价的结果特别是重大缺陷或重要缺陷未得到整改。
		重要	——
		一般	——

数据来源：DIB 迪博内部控制与风险管理数据库 www.ic-erm.com

除了上述四大国有银行之外，其他 12 家银行中大部分均披露了较为详细的内部控制缺陷认定标准，对此，本报告编制出银行业上市公司（不适用于四大行）通用①的内部控制缺陷认定标准，如表 3-8 所示。

表 3-8　银行业上市公司（不适用于四大行）内部控制缺陷认定标准②

财报	定量	重大	1. 错报≥利润总额的 5%； 2. 错报≥资产总额的 1%； 3. 错报≥经营收入总额的 1.7%； 4. 错报≥所有者权益总额的 1%。
		重要	1. 利润总额的 2%≤错报＜利润总额的 5%； 2. 资产总额的 0.3%≤错报＜资产总额的 1%； 3. 经营收入总额的 0.8%≤错报＜经营收入总额的 1.7%； 4. 所有者权益总额的 0.3%≤错报＜所有者权益总额的 1%。
		一般	1. 错报＜利润总额的 2%； 2. 错报＜资产总额的 0.3%； 3. 错报＜经营收入总额的 0.8%； 4. 错报＜所有者权益总额的 0.3%。
	定性	重大	1. 公司董事、监事或高级管理人员存在舞弊行为； 2. 公司更正已公布的财务报告； 3. 注册会计师发现的未被公司内部控制识别的当期财务报告中的重大错报； 4. 公司审计与关联交易控制委员会、内部审计部门对公司财务报告内部控制的监督无效。

---

①　仅能大概判断银行业上市公司的内部控制缺陷，无法适用于任一家银行业上市公司。

②　此项缺陷认定标准选取了大多数银行业上市公司的判断指标，定量标准采用的是平均值，可能与个别上市公司的缺陷认定标准存在一定的偏差。

续表

财报	定性	重要	1. 未依照公认会计准则选择和应用会计政策； 2. 未建立反舞弊程序和控制措施； 3. 对于非常规或特殊交易的账务处理没有建立相应的控制机制或没有实施且没有相应的补偿性控制； 4. 对于期末财务报告过程的控制存在一项或多项缺陷且不能合理保证编制的财务报表达到真实、完整的目标。
		一般	——
	定量	重大	损失≥税前利润的5%
		重要	税前利润的2%≤损失＜税前利润的5%；
		一般	损失＜税前利润的2%
非财报	定性	重大	1. "三重一大"事项等缺乏民主决策程序； 2. 严重违反国家法律法规并受到处罚； 3. 关键岗位人员流失严重； 4. 媒体频现负面新闻且波及面广； 5. 重要业务缺乏制度控制或制度系统失效； 6. 内部控制评价的结果特别是重大或重要缺陷在合理期限内未得到整改； 7. 错误信息可能会导致内外部信息使用者做出截然相反的决策，造成不可挽回的决策损失； 8. 对系统数据的完整性造成致命性威胁，数据的非授权改动会对业务运作造成灾难性损失。对业务正常运营造成灾难性影响，致使所有业务操作中断，导致业务流失。
		重要	1. "三重一大"事项等民主决策程序存在但不够完善； 2. 严重违反银行内部规章并形成损失； 3. 关键岗位人员流失较为严重； 4. 媒体出现负面新闻并波及局部区域；

续表

非财报	定性	重要	5. 重要业务制度或系统部分失效； 6. 错误信息可能会影响使用者对于事物性质的判断，在一定程度上导致错误的决策，甚至做出重大的错误决策； 7. 对系统数据的完整性具有一定或重大影响，数据的非授权改动会给业务运作带来一定的损失或对财务数据记录的准确性产生一定的影响。对业务正常运行造成一定影响，致使业务操作流程效率低下，影响客户的服务和产品体验。
		一般	——

数据来源：DIB 迪博内部控制与风险管理数据库 www.ic-erm.com

2. 内部控制缺陷披露情况

2013 年，在 16 家披露了内部控制评价报告的银行业上市公司中，仅 1 家上市公司（平安银行（000001））披露了内部控制缺陷，占比 6.25%；15 家上市公司未披露内部控制缺陷，占比 93.75%。

平安银行（000001）披露了 33 项内部控制缺陷，均为一般缺陷，其中商票系统、企业网银系统优化升级、理财产品配套制度的健全等问题属设计性缺陷，占内控缺陷的 15%；对制度的执行不到位或不及时、运行流程有待改进及完善属运行性缺陷，占内控缺陷的 85%。所有缺陷均已整改完毕。

对银行业上市公司的内部控制评价报告进行研究发现，银行业上市公司内部控制缺陷披露比例较低的原因之一是，按照《规定》，上市公司只需披露重大和重要缺陷，因此忽视了一般缺陷的披露。

银行业上市公司内部控制缺陷披露情况如表 3-9 所示。

表 3-9　　银行业上市公司内部控制缺陷披露情况

序号	证券代码	证券简称	内部控制缺陷披露情况
1	000001	平安银行	不存在重大、重要缺陷,存在一般缺陷33项,但未披露缺陷内容
2	600000	浦发银行	不存在重大、重要缺陷,提及存在一般缺陷,但未披露缺陷数量和内容
3	600015	华夏银行	不存在重大、重要缺陷,提及存在一般缺陷,但未披露缺陷数量和内容
4	600036	招商银行	不存在重大、重要缺陷,提及存在一般缺陷,但未披露缺陷数量和内容
5	601009	南京银行	不存在重大、重要缺陷,提及存在一般缺陷,但未披露缺陷数量和内容
6	601166	兴业银行	不存在重大、重要缺陷,提及存在一般缺陷,但未披露缺陷数量和内容
7	601169	北京银行	不存在重大、重要缺陷,提及存在一般缺陷,但未披露缺陷数量和内容
8	601328	交通银行	不存在重大、重要缺陷,提及存在一般缺陷,但未披露缺陷数量和内容
9	601398	工商银行	不存在重大、重要缺陷,提及存在一般缺陷,但未披露缺陷数量和内容
10	002142	宁波银行	仅披露企业不存在内部控制重大、重要缺陷
11	600016	民生银行	仅披露企业不存在内部控制重大、重要缺陷
12	601288	农业银行	仅披露企业不存在内部控制重大、重要缺陷
13	601818	光大银行	仅披露企业不存在内部控制重大、重要缺陷
14	601939	建设银行	仅披露企业不存在内部控制重大、重要缺陷
15	601988	中国银行	仅披露企业不存在内部控制重大、重要缺陷
16	601998	中信银行	仅披露企业不存在内部控制重大、重要缺陷

数据来源:DIB迪博内部控制与风险管理数据库 www.ic-erm.com

(五) 银行业上市公司内部控制审计报告

1. 内部控制审计报告披露情况

2013年，银行业16家上市公司均披露了规范的内部控制审计报告，且内部控制审计意见全部为标准无保留意见。

2. 内部控制审计费用

2013年，银行业披露了内部控制审计报告的16家上市公司中，15家在年报中披露其支付了内部控制审计费用，占比93.75%；1家未披露是否支付了内部控制审计费用，占比6.25%。未披露是否支付了内部控制审计费用的上市公司为南京银行（601009）。

银行业15家在年报中披露其支付了内部控制审计费用的上市公司中，有14家单独披露了内部控制审计费用的数额，建设银行（601939）未披露具体的内部控制审计费用数额。

14家上市公司单独披露的内部控制审计费用总额为53 130 000元，平均每家公司花费的内部控制审计费用为3 795 000元。针对单独披露了内部控制审计费用的上市公司，本报告计算出每家上市公司内部控制审计费用占审计费用总额的比例，结果显示，内部控制审计费用占比的平均值为14.04%。

工商银行、农业银行、中国银行的单独披露的内部控制审计费用平均值为12 610 000元，内部控制审计费用占比的平均值为8.27%。非四大行内部控制审计费用平均值为1 390 909元，内部控制审计费用占比的平均值为15.61%。

银行业上市公司内部控制审计费用具体情况如表3-10所示。

表 3-10　　　　　银行业上市公司内部控制审计费用

银行类别	序号	证券代码	证券简称	单独披露的内部控制审计费用（元）	内控审计费用占比
四大行[①]	1	601398	工商银行	11 330 000	7.08%
	2	601288	农业银行	11 500 000	9.62%
	3	601988	中国银行	15 000 000	8.11%
		四大行均值		12 610 000	8.27%
非四大行	4	000001	平安银行	1 380 000	14.41%
	5	601998	中信银行	1 100 000	10.19%
	6	601328	交通银行	2 700 000	7.90%
	7	601166	兴业银行	1 300 000	16.88%
	8	600036	招商银行	1 420 000	8.88%
	9	600016	民生银行	1 000 000	10.20%
	10	601818	光大银行	1 000 000	10.10%
	11	601169	北京银行	1 500 000	23.81%
	12	002142	宁波银行	700 000	25.93%
	13	600000	浦发银行	2 100 000	23.33%
	14	600015	华夏银行	1 100 000	20.07%
		非四大行均值		1 390 909	15.61%
		总体均值		3 795 000	14.04%

数据来源：DIB 迪博内部控制与风险管理数据库 www.ic-erm.com

3. 出具内部控制审计报告的事务所

2013 年，银行业所有上市公司都采用整合审计的方式，且内部控制审

[①] 建设银行（601939）未单独披露内部控制审计费用。

计意见与财务报表审计意见均为标准无保留意见。为银行业上市公司出具内部控制审计报告的会计师事务所如表 3-11 所示。

表 3-11　为银行业上市公司出具内部控制审计报告的会计师事务所

证券代码	证券简称	出具内部控制审计报告的事务所	出具内部控制审计报告注册会计师
002142	宁波银行	安永华明会计师事务所（特殊普通合伙）	严盛炜，陈　胜
601988	中国银行	安永华明会计师事务所（特殊普通合伙）	张小东，杨　勃
601818	光大银行	毕马威华振会计师事务所（特殊普通合伙）	金乃雯，黄艾舟
600016	民生银行	毕马威华振会计师事务所（特殊普通合伙）	蒲红霞，史　剑
600036	招商银行	毕马威华振会计师事务所（特殊普通合伙）	蒲红霞，梁中伟
601398	工商银行	毕马威华振会计师事务所（特殊普通合伙）	宋晨阳，汪红阳
601998	中信银行	毕马威华振会计师事务所（特殊普通合伙）	金乃雯，王立鹏
600015	华夏银行	德勤华永会计师事务所（特殊普通合伙）	吕　静，况成功
601166	兴业银行	德勤华永会计师事务所（特殊普通合伙）	陶　坚，沈小红
601328	交通银行	德勤华永会计师事务所（特殊普通合伙）	王鹏程，刘明华
000001	平安银行	普华永道中天会计师事务所（特殊普通合伙）	姚文平，朱丽平
600000	浦发银行	普华永道中天会计师事务所（特殊普通合伙）	胡　亮，周　章
601009	南京银行	普华永道中天会计师事务所（特殊普通合伙）	胡　亮，韩　静
601169	北京银行	普华永道中天会计师事务所（特殊普通合伙）	吴卫军，焦　楠
601939	建设银行	普华永道中天会计师事务所（特殊普通合伙）	朱　宇，闫　琳
601288	农业银行	普华永道中天会计师事务所（特殊普通合伙）	吴卫军，姜　昆

数据来源：DIB 迪博内部控制与风险管理数据库 www.ic-erm.com

由表 3-11 可以看出，为银行业上市公司出具内部控制审计报告均为四大会计师事务所：普华永道中天会计师事务所审计了 6 家银行业上市公司；毕马威华振会计师事务所审计了 5 家银行业上市公司；德勤华永会计师事务所审计了 3 家银行业上市公司；安永华明会计师事务所审计了 2 家银行业上市公司。

（六）中美银行业上市公司内部控制实施情况对比

2004年，在美上市公司开始按照SOX404法案分批实施内部控制。根据美国Audit Analytics数据库统计数据显示，2004－2012年，美国银行业内控评价无效比例、披露内部控制重大缺陷公司比例以及内部控制审计无效的比例先下降后趋于平稳波动，且2004－2012年，美国银行业上市公司内部控制无效的比例与存在内部控制重大缺陷的公司比例几乎完全一致，如图3－2所示。

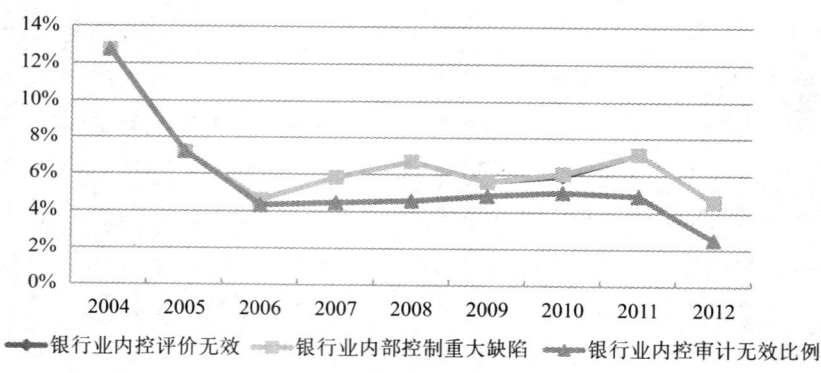

图3－2　美国银行业上市公司内部控制实施情况

数据来源：美国Audit Analytics数据库

2013年，中国银行业上市公司内部控制评价结论全部都是整体有效，内部控制审计意见均为标准无保留意见，且全部都未披露内部控制重大缺陷。对比中美银行业上市公司内部控制实施情况，美国银行业内部控制评价无效比例、披露内部控制重大缺陷比例以及内部控制审计无效比例的平均值分别为6.71%、6.72%和5.64%，而中国银行业上市公司披露比例均为0%。2013年中国银行业内控评价无效的公司比例、披露内控重大缺陷的公司比例以及内控审计无效的公司比例均显著低于美国银行业上市公司披露比例。

表 3–12　　　　　中美银行业内部控制实施情况对比

	内控评价 无效比例	内控重大缺陷 披露比例	内控审计 无效比例
2013 年中国银行业上市公司	0%	0%	0%
2004–2012 年美国银行业上市公司（平均值）	6.71%	6.72%	5.64%

数据来源：DIB 迪博内部控制与风险管理数据库 www.ic-erm.com

美国 Audit Analytics 数据库

根据 DIB 内部控制与风险管理数据库（www.ic-erm.com）数据进一步统计分析发现，自中国式"萨班斯法案"——《企业内部控制基本规范》正式发布以来，2008–2013 年，中国银行业上市公司内部控制评价结论全部都是整体有效，内部控制审计意见全部均为标准无保留意见，且全部都未披露内部控制重大缺陷和重要缺陷。实施内部控制规范体系前六年中美银行业上市公司内部控制实施情况对比如表 3–13 所示。

表 3–13　　实施内部控制规范体系前六年中美银行业上市公司
内部控制实施情况对比①

	内控评价无效 比例平均值	内控重大缺陷披露 比例平均值	内控审计无效 比例平均值
中国银行业	0%	0%	0%
美国银行业	7.11%	7.11%	6.37%

数据来源：DIB 迪博内部控制与风险管理数据库 www.ic-erm.com

美国 Audit Analytics 数据库

---

①　此处选取美国银行业实施 SOX404 法案的前六年数据即 2004–2009 年的数据进行比较。

无论是从 2013 年内部控制实施情况还是内部控制规范体系实施以来的总体情况来看，中国银行业内控评价无效的公司比例、披露内控重大缺陷的公司比例以及内控审计无效的公司比例均显著低于美国银行业上市公司披露比例。

（七）银行业上市公司内部控制实施特点

1. 银行业所有上市公司均披露了规范的内部控制评价报告；
2. 银行业所有上市公司的内部控制评价结论都是整体有效的；
3. 银行业所有上市公司均披露了详细的内部控制评价范围；
4. 大部分银行业上市公司均披露了详细的内部控制缺陷认定标准；
5. 银行业上市公司均未披露内部控制重大缺陷和重要缺陷，仅有小部分公司披露一般缺陷；
6. 银行业所有上市公司均披露了规范的内部控制审计报告；
7. 银行业所有上市公司的内部控制审计意见都是标准无保留的审计意见；
8. 四大国有商业银行的内部控制审计费用的投入远高于其他银行；
9. 银行业上市公司的内部控制审计报告都是由外资四大会计师事务所出具的，且均采取整合审计的方式；
10. 中国银行业内控评价无效的比例、披露内控重大缺陷的公司比例以及内控审计无效的比例均显著低于美国银行业上市公司披露水平。

三、建筑业上市公司内部控制报告

（一）建筑业上市公司基本情况

截至 2014 年 4 月 30 日，建筑业 A 股上市公司共 63 家[①]，占全国 A 股

---

① 仅包含截至 2014 年 4 月 30 日披露了 2013 年年报的 A 股上市公司。

上市公司数量的比例为 2.51%。建筑业上市公司 2013 年年末资产总额为 3 838 374 601 474 元、2013 年营业总收入为 3 099 051 132 840 元、2013 年净利润为 91 128 903 647 元，分别占全部 A 股上市的比重为 2.89%、11.47% 和 3.79%。

依据《企业内部控制基本规范》、《企业内部控制配套指引》和《关于 2012 年主板上市公司分类分批实施企业内部控制规范体系的通知》等规范文件，建筑业上市公司逐步实施企业内部控制规范体系，并按照《公开发行证券的公司信息披露编报规则第 21 号——年度内部控制评价报告的一般规定》的要求规范内部控制信息披露。下文将通过归纳整理建筑业上市公司披露的年报、内部控制评价报告、内部控制审计报告等公开资料，对建筑业上市公司 2013 年内部控制信息披露以及内部控制体系的建立健全情况进行系统分析。

（二）建筑业上市公司内部控制评级

迪博·中国上市公司内部控制指数是综合反映我国上市公司内部控制水平与风险管理能力的量化指数体系。迪博依据内部控制指数将上市公司的内部控制评级划分为四级八档，分别为：AAA、AA、A、BBB、BB、B、C 和 D 级。

为保证内部控制指数指标选取的客观、公正和完整性，迪博·中国上市公司内部控制指数以 2013 年 1 月 1 日前上市公司为样本[①]，分析上市公司在 2013 年度内部控制执行情况。建筑业 63 家上市公司中，2013 年 1 月 1 日前上市的共 62 家公司，1 家[②]上市公司于 2013 年 1 月 1 日后上市。故

---

① 因于 2013 年 1 月 1 日后新上市的公司违法违规、经营计划等内部控制指数指标数据不完整，故剔除。

② 东易日盛（002713）于 2014 - 2 - 19 日上市。

纳入迪博·中国上市公司内部控制指数范围的建筑业上市公司样本数量为62家。

建筑业上市公司2013年内部控制评级情况如下：AA级上市公司1家，占比1.61%；A级上市公司3家，占比4.84%；BBB级上市公司4家，占比6.45%；BB级上市公司14家，占比22.58%；B级上市公司25家，占比40.32%；C级上市公司14家，占比22.58%；D级上市公司1家，占比1.61%，各级上市公司分布情况如图3-3所示。

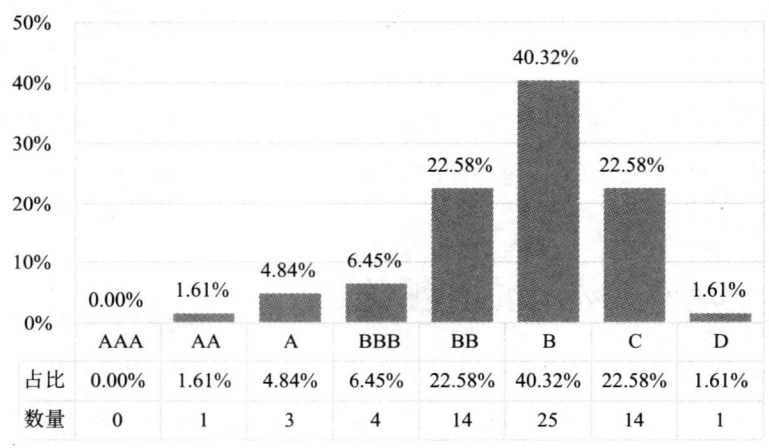

图3-3 建筑业上市公司内部控制评级分布情况

数据来源：DIB 迪博内部控制与风险管理数据库 www.ic-erm.com

（三）建筑业上市公司内部控制评价报告

1. 内部控制评价报告披露情况

2013年，建筑业63家上市公司中，57家披露了内部控制评价报告，披露比例为90.48%；6家上市公司未披露内部控制评价报告，占比9.52%，如图3-4所示。

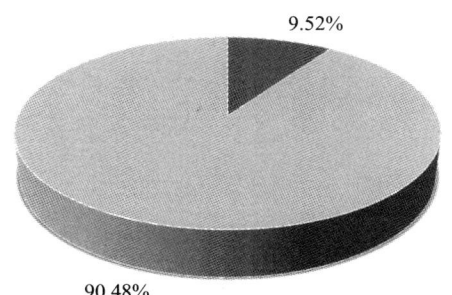

■ 未披露内部控制评价报告　　■ 已披露内部控制评价报告

图 3-4　建筑业内部控制评价报告披露情况

数据来源：DIB 迪博内部控制与风险管理数据库 www.ic-erm.com

建筑业未披露内部控制评价报告的上市公司情况如表 3-14 所示。

表 3-14　　建筑业未披露内部控制评价报告的上市公司情况

序号	证券代码	证券简称	未披露内控评价报告的原因
1	600986	科达股份	未披露具体原因
2	600681	万鸿集团	重大资产重组
3	600477	杭萧钢构	未披露具体原因
4	600209	罗顿发展	未披露具体原因
5	601789	宁波建工	未披露具体原因
6	600512	腾达建设	未披露具体原因

数据来源：DIB 迪博内部控制与风险管理数据库 www.ic-erm.com

2013 年，A 股所有行业内部控制评价报告披露比例为 92.99%，建筑业内部控制评价报告披露比例略低于所有行业总体水平，如图 3-5 所示。

2. 内部控制评价结论

2013 年，在 57 家披露了内部控制评价报告的建筑业上市公司中，所有公司的内部控制评价结论均为整体有效，占比 100%。

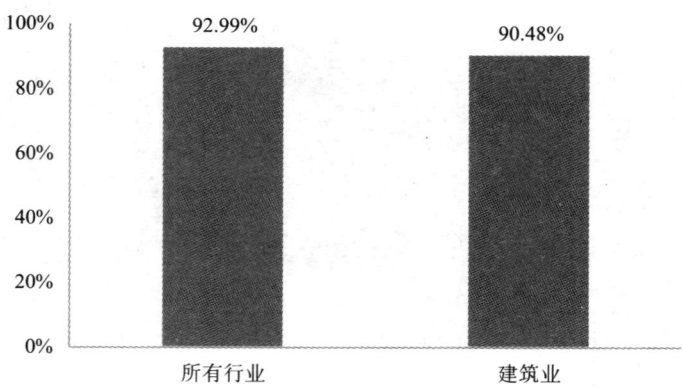

图3-5 建筑业内部控制评价报告披露情况与总体披露情况对比
数据来源：DIB迪博内部控制与风险管理数据库 www.ic-erm.com

3. 内部控制评价报告格式的规范性

在建筑业57家披露了内部控制评价报告的上市公司中，46家上市公司按照"规范的格式"进行披露，占比80.70%；7家上市公司按照"以前的格式"进行披露，占比12.28%；4家上市公司按照"其他的格式"进行披露，占比7.02%，如图3-6所示。

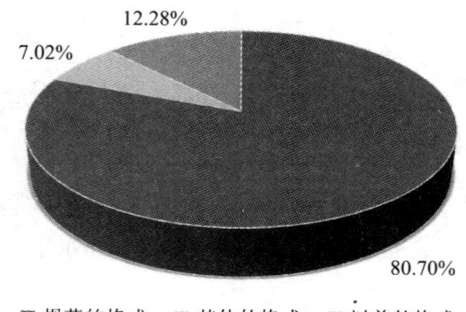

图3-6 建筑业内部控制评价报告规范性情况

数据来源：DIB迪博内部控制与风险管理数据库 www.ic-erm.com

建筑业内部控制评价报告格式不规范的上市公司情况如表3-15所示。

表3-15 建筑业内部控制评价报告格式非规范的上市公司情况

序号	证券代码	证券简称	内部控制评价报告格式
1	002314	雅致股份	其他的格式
2	002659	中泰桥梁	其他的格式
3	002524	光正集团	其他的格式
4	000931	中关村	其他的格式
5	002628	成都路桥	以前的格式
6	002542	中化岩土	以前的格式
7	002062	宏润建设	以前的格式
8	600133	东湖高新	以前的格式
9	300262	巴安水务	以前的格式
10	601390	中国中铁	以前的格式
11	002620	瑞和股份	以前的格式

数据来源：DIB迪博内部控制与风险管理数据库 www.ic-erm.com

2013年A股所有行业上市公司内部控制评价报告格式规范的比例为75.43%，建筑业内部控制评价报告格式规范比例高于所有行业平均水平，对比情况如图3-7所示。

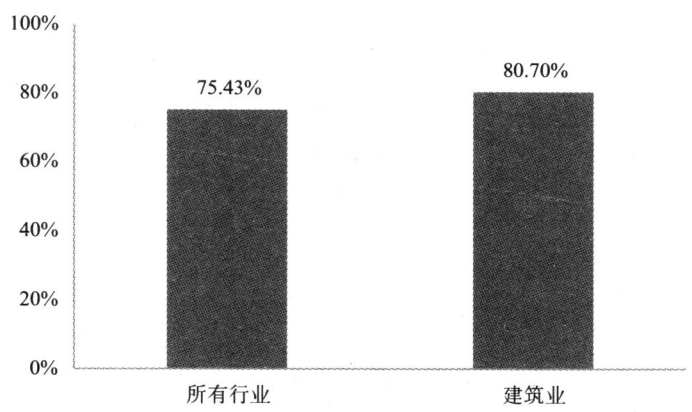

图3-7 建筑业内部控制评价报告规范性比例与总体情况对比
数据来源：DIB迪博内部控制与风险管理数据库 www.ic-erm.com

4. 内部控制评价范围的披露情况

（1）内部控制评价范围总体披露情况。在建筑业 57 家披露了内部控制评价报告的上市公司中，49 家上市公司披露了内部控制评价范围，披露比例为 85.96%；8 家上市公司未披露内部控制评价范围，占比 14.04%，如图 3-8 所示。

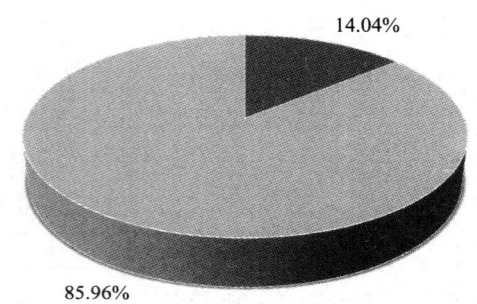

图 3-8　建筑业内部控制评价范围披露情况
数据来源：DIB 迪博内部控制与风险管理数据库 www.ic-erm.com

建筑业 8 家未披露内部控制评价范围的公司明细如表 3-16 所示。

表 3-16　建筑业披露了内部控制评价报告但未披露内部控制评价范围的上市公司

序号	证券代码	证券简称
1	002062	宏润建设
2	002314	雅致股份
3	002524	光正集团
4	002542	中化岩土
5	002620	瑞和股份
6	002628	成都路桥
7	002659	中泰桥梁
8	300262	巴安水务

数据来源：DIB 迪博内部控制与风险管理数据库 www.ic-erm.com

2013年A股所有行业上市公司内部控制评价范围披露比例为82.62%，建筑业内部控制评价范围的披露比例略高于平均水平，对比情况如图3-9所示。

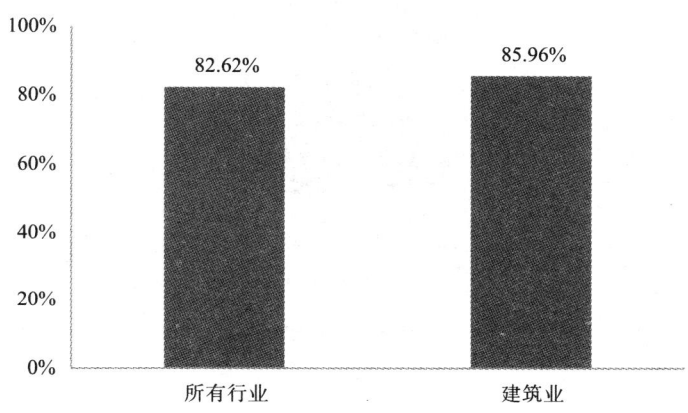

图3-9　建筑业内部控制评价范围披露比例与总体情况对比

数据来源：DIB迪博内部控制与风险管理数据库 www.ic-erm.com

建筑业49家披露了内部控制评价范围的上市公司，全部都披露了纳入内部控制评价范围的主要业务和事项，其中粤水电（002060）、广田股份（002482）、围海股份（002586）和四川路桥（600039）4家上市公司披露了纳入内部控制评价范围的主要业务。绝大部分建筑业上市公司按照企业内部控制基本规范及其配套指引对纳入评价范围的主要事项进行披露。

（2）纳入内部控制评价范围的单位资产总额及营业收入占比情况。在建筑业披露了纳入内部控制评价范围的单位的49家上市公司中，42家上市公司披露了"纳入评价范围单位资产总额占公司合并财务报表资产总额的百分比"及"纳入评价范围单位营业收入合计占公司合并财务报表营业收入总额的百分比"，占比85.71%；7家未披露纳入评价范围单位资产总额及营业收入总额百分比情况，占比14.29%，如图3-10所示。7家未披露纳入评价范围单位资产总额及营业收入总额占比情况的上市公司为：中关村

（000931）、北新路桥（002307）、精工钢构（600496）、东南网架（002135）、东湖高新（600133）、东华科技（002140）和北方国际（000065）。

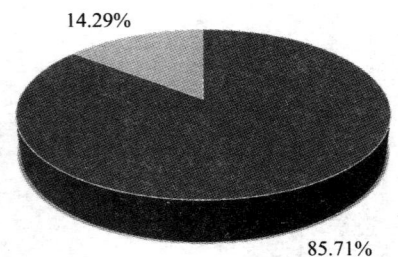

图 3–10　建筑业披露纳入评价范围的单位的资产
总额及营业收入占比情况

数据来源：DIB 迪博内部控制与风险管理数据库 www.ic-erm.com

在 42 家披露了纳入评价范围单位资产总额及营业收入占比情况的建筑业上市公司中，有 1 家上市公司纳入评价范围单位的资产总额占比大于 100%：亚厦股份（002375），资产总额占比 103.70%，营业收入占比 94.06%；有 47.62%（20 家）的上市公司纳入评价范围的资产总额和营业收入占比均为 100%。建筑业上市公司纳入内部控制评价范围单位的资产总额及营业收入占比情况如表 3–17 所示。

表 3–17　建筑业上市公司纳入评价范围的单位资产总额及营业收入占比

序号	纳入评价范围单位资产总额及营业收入占比情况	上市公司数（家）	占比
1	资产总额占比 >100%	1	2.38%
2	资产总额占比 =100%，营业收入占比 =100%	20	47.62%
3	90%≤资产总额占比<100%，90%≤营业收入占比<100%	14	33.33%
4	90%≤资产总额占比<100%，80%≤营业收入占比<90%	1	2.38%

续表

序号	纳入评价范围单位资产总额及营业收入占比情况	上市公司数（家）	占比
5	80%≤资产总额占比<90%，90%≤营业收入占比<100%	3	7.14%
6	80%≤资产总额占比<90%，80%≤营业收入占比<90%	2	4.76%
7	80%≤资产总额占比<90%，70%≤营业收入占比<80%	1	2.38%

数据来源：DIB 迪博内部控制与风险管理数据库 www.ic-erm.com

5. 内部控制评价方法披露情况

在披露了内部控制评价报告的57家建筑业上市公司中，仅4家上市公司披露了内部控制评价方法及程序，占比7.02%；53家上市公司未披露内部控制评价方法，占比92.98%。

建筑业4家上市公司披露的内部控制评价方法如表3-18所示。

表3-18　　建筑业上市公司内部控制评价方法与程序

序号	证券代码	证券简称	内部控制评价方法及程序
1	601668	中国建筑	公司内部控制评价工作分为日常监督与专项监督。 （1）专项监督。公司编制了《内控测试工作方案》，依据方案开展全系统内控测试。测试采取区域化、交叉测试的组织方式，分为5大区域15个测试组组织开展。 （2）日常监督。在日常内部审计及各项监督检查中，重点关注各单位内部控制设计和执行的有效性，评价结果用于对内控测试结果进行修正。 公司根据专项监督及日常监督结果，综合进行内控总体评价。

续表

序号	证券代码	证券简称	内部控制评价方法及程序
2	000628	高新发展	为确保内控评价工作有序开展，内控评价小组制定了详细的内控评价工作实施方案，具体工作程序包括：（1）制定内部控制评价工作方案公司内部控制评价工作的目标是：确保合规、防范风险、提升管理。评价工作小组根据公司实际情况和管理要求，分析公司经营管理过程中的高风险和重要业务事项，制定了科学合理的评价工作方案，工作方案包括公司内部控制评价范围、评价时间、人员组成以及相关规章制度、评价流程、评价方法、工作底稿填写要求、样本抽取检验要求、缺陷认定标准、评价人员权利义务、纪律要求及评价中需重点关注的问题等，经内控评价领导小组批准后实施。评价工作方案以全面评价为主，涵盖了上述2013年梳理的所有内部控制流程模块和主要制度，重点关注了高风险领域和重要业务事项。 （2）成立内部控制评价工作组织。根据上述评价范围及业务事项，针对每个业务流程成立了对应的内控评价工作小组，评价工作小组由管理与风控部成员、各部门专门抽调专员及皓舜咨询顾问联合组成。评价工作组成员对本部门的内部控制评价实行回避制度。 （3）组织实施自我评价工作。 ①采用了与管理层、中层、基层访谈方式，确保风险识别与评估涵盖了公司管理各个层级及主要

续表

序号	证券代码	证券简称	内部控制评价方法及程序
2	000628	高新发展	领域。确保风险识别范围的完整性、评估结果的合理性与真实性。 ②实施业务流程层面风险及内部控制设计有效性评估。采用业务流程关键负责人访谈梳理公司主要业务流程，并对每个业务流程确定流程控制目标、识别威胁目标实现的风险，通过穿行测试与公司目前的控制措施进行匹配来评价内控设计有效性。 ③对每个业务流程的关键控制、重要控制及一般控制点采用询问、观察、检查、重新执行等控制测试方式评价内控执行有效性。 (4) 评价工作组做出评价结论。内控评价工作小组组长汇总评价结果，对现场初步认定的内部控制缺陷进行全面复核、分类汇总，对缺陷的成因、表现形式及风险程度进行定量或定性的综合分析，按照对控制目标的影响程度判定缺陷等级，根据缺陷的综合影响出具自我评价结论。对于认定的内部控制缺陷，评价工作组就部门提出整改建议，要求责任单位及时整改，并跟踪其整改落实情况。 (5) 编制内部控制自我评价报告。内部控制评价工作小组根据已汇总的评价结果和认定的内部控制缺陷为基础，综合内部控制整体情况，客观、公正、完整地编报内部控制自我评价报告。 (6) 审议批准内部控制自我评价报告。内部控制自我评价报告编制完成后报送公司经理层、董事会和监事会审议批准，由董事会最终审定后对外披露。

续表

序号	证券代码	证券简称	内部控制评价方法及程序
3	000931	中关村	公司内部控制评价工作遵循基本规范、评价指引及公司内部控制相关规定的程序执行。评价过程中,公司考虑基本规范中内部环境、风险评估、控制活动、信息与沟通、内部监督五个基本要素和评价指引的相关要求,采用了个别访谈、专题讨论、穿行测试、实地检查等方法,以充分收集各评价单位内部控制设计和执行有效性的证据,得出符合公司实际情况的内部控制评价报告。
4	601390	中国中铁	本次评价工作采用统一部署、分级实施,自我评价与专项检查相结合的方式进行。具体评价程序包括:制定评价工作方案、公司总部和所属各单位分级实施现场测试、初步认定内控缺陷、内控缺陷整改、内控评价专项检查、汇总评价结果、最终确认缺陷以及编报评价报告等环节。 内部控制评价的总体方法是抽样法,并综合运用个别访谈、调查问卷、穿行测试、比较分析、专题讨论等方法。针对公司层面和业务流程,按照业务发生频次及固有风险的高低,抽取一定比例的业务样本,对业务样本的符合性进行测试,得出测试的评价结论。 (1)制定内部控制评价工作方案。内部控制评价工作组结合公司实际情况和管理要求,分析公司经营管理过程中的风险和业务事项,制定合理的内部控制评价工作方案。评价工作方案确定本次评价工作在全面评价基础上,突出重点,涵盖公

续表

序号	证券代码	证券简称	内部控制评价方法及程序
4	601390	中国中铁	司内部控制流程模块和主要制度，重点关注高风险领域和重要业务事项，各层级评价工作方案经董事会批准后实施。 （2）组成内部控制评价工作组。根据确定的评价范围及业务事项，考虑工作量、人员水平和独立性等因素，公司组建了内部控制评价工作组，评价工作组由审计部牵头，总部有关部门派员参加，并适当抽调所属公司内控业务人员参与。评价工作组成员对本部门的内部控制评价实行回避制度。 （3）实施现场测试。评价工作组根据本次评价工作的范围及具体业务事项，通过访谈、抽样、穿行测试等多种方法进行内部控制有效性评价及内控缺陷分析评估。 本次内部控制评价主要分为企业层面内部控制评价和业务层面内部控制评价两个方面。企业层面控制是指对企业控制目标的实现具有重大影响，与内部环境、风险评估、信息与沟通、内部监督、社会责任、全面预算和战略管理等直接相关的控制。业务层面控制是指企业在实际业务操作中，综合运用各种控制手段和方法，针对具体业务和事项实施的控制。 （4）认定内部控制缺陷。评价工作组对初步认定的内控缺陷进行全面复核，分类汇总，对缺陷的成因、表现形式及风险程度进行综合分析，按照对控制目标的影响程度判定缺陷等级，并出具自

续表

序号	证券代码	证券简称	内部控制评价方法及程序
4	601390	中国中铁	我评价结论，上报内控评价领导小组。对于认定的内部控制缺陷，评价工作组要求各责任部门提出整改意见，及时整改，并跟踪其整改落实情况。 (5) 抽查主要业务板块和重点单位内控评价结果。为保证评价质量，公司在内部控制评价过程中，评价工作组专门成立了七个检查组，对公司主要业务板块和重点单位的内部控制评价情况和缺陷认定情况进行了抽查，评估其评价方法、工作底稿以及缺陷认定程序的合规性，保障评价工作有效开展。 (6) 编写内部控制评价报告。评价工作组在汇总的评价结果和认定的内控缺陷基础上，综合内部控制整体情况和内部控制评价实施情况，遵循客观、公正、完整的原则，组织编写《2013 年度内部控制评价报告》，提交公司董事会审议。

数据来源：DIB 迪博内部控制与风险管理数据库 www.ic-erm.com

（四）建筑业上市公司内部控制评价缺陷

1. 内部控制评价缺陷认定标准

（1）建筑业缺陷认定标准总体披露情况。2013 年，在 57 家披露了内部控制评价报告的建筑业上市公司中，47 家上市公司披露了内部控制缺陷认定标准，披露比例为 82.46%；10 家未披露内部控制缺陷认定标准，占比 17.54%，如图 3-11 所示。

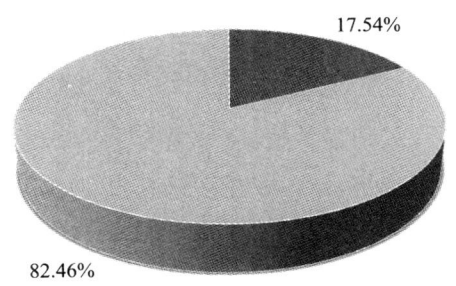

■ 未披露缺陷认定标准　■ 已披露缺陷认定标准

图 3-11　建筑业内部控制缺陷认定标准披露情况

数据来源：DIB 迪博内部控制与风险管理数据库 www.ic-erm.com

10 家未披露内部控制缺陷认定标准的建筑业上市公司明细如表 3-19 所示。

表 3-19　未披露内部控制缺陷认定标准的建筑业上市公司

序号	证券代码	证券简称
1	000065	北方国际
2	000931	中关村
3	002062	宏润建设
4	002314	雅致股份
5	002524	光正集团
6	002542	中化岩土
7	002620	瑞和股份
8	002628	成都路桥
9	002659	中泰桥梁
10	300262	巴安水务

数据来源：DIB 迪博内部控制与风险管理数据库 www.ic-erm.com

在47家披露了内部控制缺陷认定标准的建筑业上市公司中，95.74%（45家）的上市公司披露了完整的财报内控缺陷定性及定量认定标准、非财报内控缺陷定性及定量认定标准。2家上市公司未披露完整的内部控制缺陷认定标准，分别为东华科技（002140）和中国化学（601117）。

2013年，A股所有行业上市公司内部控制缺陷认定标准披露比例为76.58%，建筑业内部控制缺陷认定标准披露比例高于所有行业整体水平，如图3-12所示。

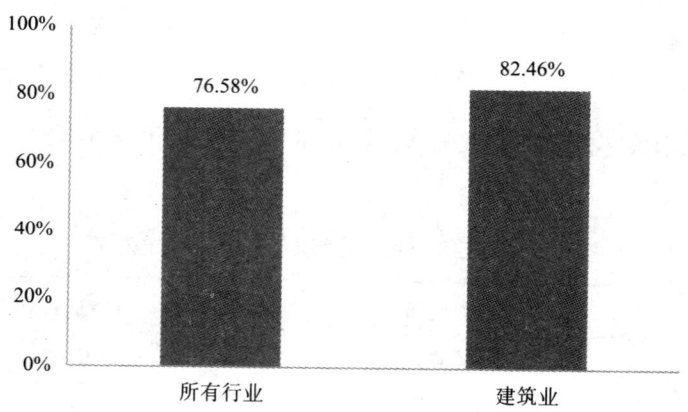

图3-12 建筑业内部控制缺陷认定标准披露情况与总体披露情况对比

数据来源：DIB迪博内部控制与风险管理数据库 www.ic-erm.com

（2）建筑业通用缺陷认定标准①。通过对47家上市公司披露的缺陷认定标准进行归纳整理，本报告编制出建筑业上市公司通用②的内部控制缺陷认定标准，如表3-20所示。

---

① 此项缺陷认定标准选取了大多数建筑业上市公司的判断指标，定量标准采用的是平均值，可能与个别上市公司的缺陷认定标准存在一定偏差。

② 仅能大概判断建筑业上市公司的内部控制缺陷，并不针对某一特定的建筑业上市公司。

表 3–20　　建筑业上市公司内部控制缺陷认定标准

财报	定量 重大	(1) 利润总额潜在错报：错报≥公司合并会计报表利润总额的 5.8%； (2) 错报≥公司合并会计报表资产总额的 1.5%； (3) 营业收入潜在错报：错报≥公司合并会计报表营业收入的 1.9%； (4) 所有者权益潜在错报：错报金额≥所有者权益总额的 2.5%。
	定量 重要	(1) 利润总额潜在错报：公司合并会计报表利润总额的 2.4%≤错报＜公司合并会计报表利润总额的 5.8%； (2) 公司合并会计报表资产总额的 0.6%≤错报＜公司合并会计报表资产总额的 1.5%； (3) 营业收入潜在错报：公司合并会计报表营业收入的 0.8%≤错报＜公司合并会计报表营业收入的 1.9%； (4) 所有者权益潜在错报：所有者权益总额的 1.1%≤错报金额＜所有者权益总额的 2.5%。
	定量 一般	(1) 利润总额潜在错报：错报＜公司合并会计报表利润总额的 2.4%； (2) 错报＜公司合并会计报表资产总额的 0.6%； (3) 营业收入潜在错报：错报＜公司合并会计报表营业收入的 0.8%； (4) 所有者权益潜在错报：错报金额＜所有者权益总额的 1.1%。
	定性 重大	(1) 公司董事、监事和高级管理人员的舞弊行为； (2) 注册会计师发现的却未被公司内部控制识别的当期财务报告中的重大错报； (3) 审计委员会和审计部门对公司的对外财务报告和财务报告内部控制监督无效； (4) 控制环境无效； (5) 一经发现并报告给管理层的重大缺陷在合理的时间内未加以改正； (6) 因会计差错导致证券监管机构的行政处罚。

续表

财报	定性	重要	(1) 未依照公认会计准则选择和应用会计政策； (2) 未建立反舞弊程序和控制措施； (3) 重要业务制度或系统存在重要缺陷，且未有相应的补偿性控制； (4) 对于期末财务报告过程的控制存在一项或多项缺陷且不能合理保证编制的财务报表达到真实、准确的目标； (5) 已向管理层汇报但经过合理期限后，管理层仍然没有对重要缺陷进行纠正； (6) 合规性监管职能失效，违反法规的行为可能对财务报告的可靠性产生重大影响。
		一般	除上述重大缺陷、重要缺陷之外的其他控制缺陷，则被认定为财务报告一般缺陷。
非财报	定量	重大	控制缺陷可能造成直接经济损失的金额： (1) 资产损失：损失≥公司合并会计报表资产总额的1.1%； (2) 营业收入损失：损失≥公司合并会计报表营业收入的1.2%； (3) 利润总额损失：损失≥公司合并会计报表利润总额的4.8%； (4) 净资产损失：损失≥公司合并会计报表净资产的2.5%。
		重要	控制缺陷可能造成直接经济损失的金额： (1) 资产损失：公司合并会计报表资产总额的0.5%≤损失＜公司合并会计报表资产总额的1.1%； (2) 营业收入损失：公司合并会计报表营业收入的0.5%≤损失＜公司合并会计报表营业收入的1.2%； (3) 利润总额损失：公司合并会计报表利润总额的2%≤损失＜公司合并会计报表利润总额的4.8%； (4) 净资产损失：公司合并会计报表净资产的0.8%≤损失＜公司合并会计报表净资产的2.5%。

续表

非财报	定量	一般	控制缺陷可能造成直接经济损失的金额： （1）资产损失：损失＜公司合并会计报表资产总额的0.5%； （2）营业收入损失：损失＜公司合并会计报表营业收入的0.5%； （3）利润总额损失：损失＜公司合并会计报表利润总额的2%； （4）净资产损失：损失＜公司合并会计报表净资产的0.8%。
	定性	重大	（1）公司重大决策未按照法律法规和公司制度履行决策程序； （2）决策程序不科学； （3）公司违反国家法律法规并受到被限令行业退出、吊销营业执照、强制关闭等处罚； （4）中高层管理人员纷纷离职，或关键技术人员流失严重； （5）负面事件引起国内外主流媒体普遍关注，给公司声誉带来长期的无法弥补的损害； （6）内部控制评价的结果特别是重大或重要缺陷未得到整改； （7）除政策性原因外，企业连年亏损，持续经营受到挑战； （8）重要业务缺乏制度控制或制度系统性失效。
		重要	（1）重要业务和关键领域的决策未开展风险评估、论证不充分； （2）公司内部管理制度未得到有效执行，形成损失； （3）负面事件引起部分媒体关注，给公司声誉带来较大的损害； （4）重要业务未执行公司制度和规章，造成公司经济损失； （5）内部控制评价存在的一般缺陷未得到整改。
		一般	除上述重大缺陷、重要缺陷之外的其他控制缺陷，则被认定为非财务报告一般缺陷。

数据来源：DIB 迪博内部控制与风险管理数据库 www.ic‐erm.com

2. 内部控制缺陷披露情况

2013年，在建筑业57家披露了内部控制评价报告的上市公司中，9家上市公司披露了内部控制缺陷，占比15.79%；48家未披露内部控制缺陷，占比84.21%，如图3-13所示。

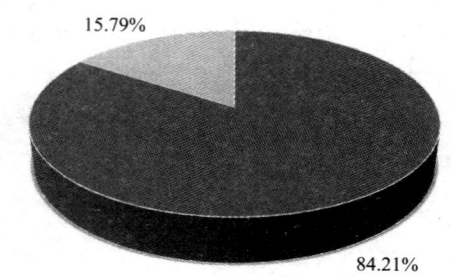

图3-13　建筑业内部控制缺陷披露情况
数据来源：DIB迪博内部控制与风险管理数据库 www.ic-erm.com

2013年所有行业披露内部控制评价报告的企业中，披露内部控制缺陷的比例为13.66%，建筑业披露内部控制缺陷的公司比例高于所有行业整体水平，如图3-14所示。

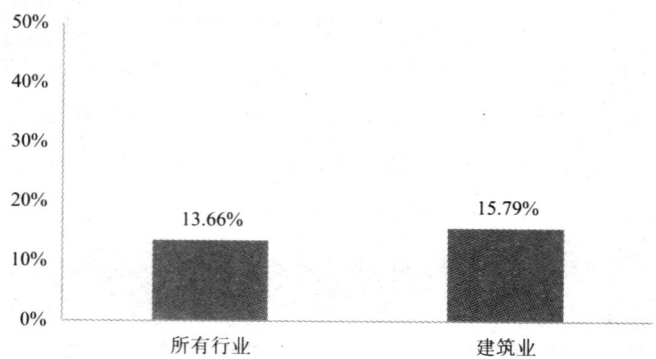

图3-14　建筑业内部控制缺陷披露情况与总体情况对比
数据来源：DIB迪博内部控制与风险管理数据库 www.ic-erm.com

3. 内部控制缺陷分等级披露情况

2013年,建筑行业9家上市公司共披露30项内部控制缺陷,且全部都披露了具体的缺陷内容。

在9家披露了内部控制缺陷的上市公司中,2家披露了重要缺陷,在披露了内部控制评价报告的上市公司中占比3.51%;7家披露了一般缺陷,在披露了内部控制评价报告的上市公司中占比12.28%,具体情况如表3-21所示。

表3-21 建筑业上市公司内部控制缺陷分等级披露情况

缺陷等级	上市公司数(家)	占比
披露内部控制重大缺陷	0	0.00%
披露内部控制重要缺陷	2	3.51%
披露内部控制一般缺陷	7	12.28%

数据来源:DIB迪博内部控制与风险管理数据库 www.ic-erm.com

4. 内部控制缺陷内容

建筑业上市公司披露的内部控制重要缺陷内容如表3-22所示。

表3-22 建筑业上市公司重要内部控制缺陷内容

证券简称	证券代码	缺陷内容	缺陷等级	缺陷类型	设计/运行	业务活动
北新路桥	002307	公司在2013年度财务检查中发现,公司工程项目财务人员将公司约1 524万余元项目工程款挪用。	重要缺陷	非财报缺陷	运行缺陷	资金活动

续表

证券简称	证券代码	缺陷内容	缺陷等级	缺陷类型	设计/运行	业务活动
中国中冶	601618	根据公司内部控制的要求，重大的投资立项或者投资变更需要根据投资金额的不同报经公司董事会或者总裁办公会审议。通过内控检查，我们发现个别子公司存在未获得公司董事会或者总裁办公会审批前就已经先行实施投资或者投资已经超过预算的情况。	重要缺陷	财报缺陷	运行缺陷	对外投资
		某境外子公司在海外投资项目建设过程中，由于受薄弱的建设基础条件、复杂的海外投资建设环境等诸多因素影响，在建工程分类方面不完善，导致固定资产明细分类的基础资料不完备。	重要缺陷	财报缺陷	运行缺陷	工程项目

数据来源：DIB 迪博内部控制与风险管理数据库 www.ic-erm.com

5. 按设计/运行缺陷分类的内部控制缺陷情况

按照设计缺陷和运行缺陷进行分类统计，2013 年，建筑业披露了具体内容的 30 项内部控制缺陷中，6 项为设计缺陷，占比 20.00%；18 项为运行缺陷，占比 60.00%；有 6 项同时涉及运行缺陷和设计缺陷，占比 20.00%，如图 3-15 所示。

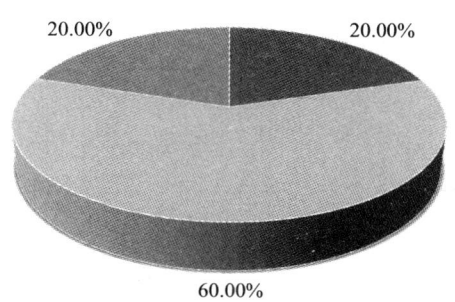

■ 设计缺陷　　■ 运行缺陷　　■ 运行缺陷,设计缺陷

图 3-15　按设计缺陷/运行缺陷分类的内部控制缺陷情况

数据来源：DIB 迪博内部控制与风险管理数据库 www.ic-erm.com

6. 按照财报内控缺陷/非财报内控缺陷分类的内部控制缺陷情况

按照财报内控缺陷/非财报内控缺陷进行分类统计，2013 年，建筑业披露的 30 项内部控制缺陷中，27 项为非财报内控缺陷，占比 90.00%；3 项为财报内控缺陷，占比 10.00%，如图 3-16 所示。

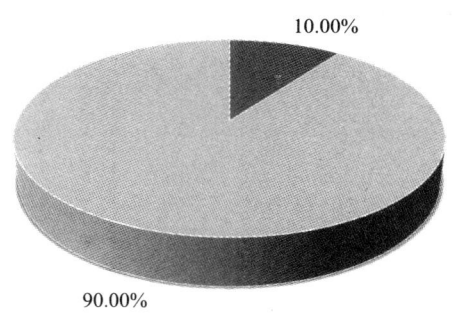

■ 财报内控缺陷　　■ 非财报内控缺陷

图 3-16　按财报内控缺陷/非财报内控缺陷分类的
内部控制缺陷情况

数据来源：DIB 迪博内部控制与风险管理数据库 www.ic-erm.com

7. 内部控制缺陷整改情况

在已披露的 30 项内部控制缺陷中,18 项内部控制缺陷已开始整改,占比 60.00%;其他 12 项未开始整改,占比 40.00%,如图 3-17 所示。

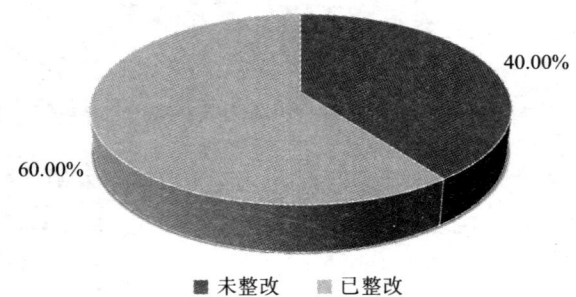

图 3-17　建筑业内部控制缺陷整改情况

数据来源:DIB 迪博内部控制与风险管理数据库 www.ic-erm.com

建筑业上市公司未开始整改的内部控制缺陷情况如表 3-23 所示。

表 3-23　　　　　　建筑业上市公司未整改缺陷情况表

序号	证券简称	证券代码	未整改缺陷数目	未整改缺陷等级
1	西藏天路	600326	6	一般缺陷
2	巴安水务	300262	4	一般缺陷
3	中关村	000931	2	一般缺陷

数据来源:DIB 迪博内部控制与风险管理数据库 www.ic-erm.com

2013 年,所有行业内部控制缺陷整改比例为 67.50%,建筑业内部控制缺陷整改比例低于所有行业总体水平,如图 3-18 所示。

8. 内部控制缺陷整改有效性

18 项已经开始整改的内部控制缺陷中,整改之后经再次评价已经有效

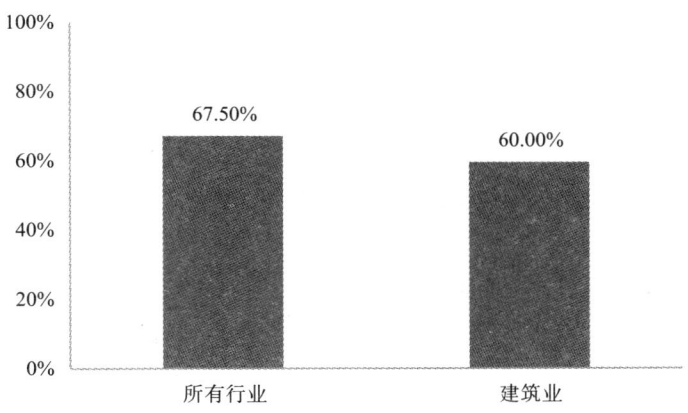

图3-18 建筑业内部控制缺陷整改情况与总体情况对比

数据来源：DIB迪博内部控制与风险管理数据库 www.ic-erm.com

的为6项，占比33.33%；1项未完成整改，占比5.56%；未披露具体整改情况的11项，占比61.11%，如图3-19所示。

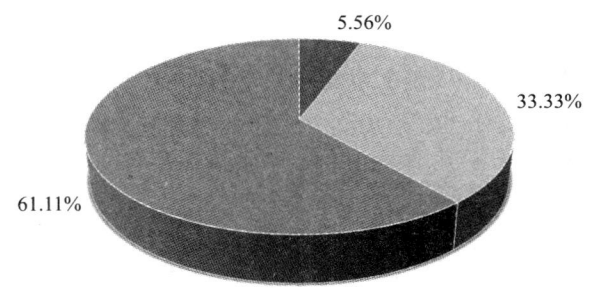

图3-19 建筑业内部控制缺陷整改有效性情况

数据来源：DIB迪博内部控制与风险管理数据库 www.ic-erm.com

2013年，所有行业内部控制缺陷整改有效比例为55.17%，建筑业内部控制缺陷整改有效比例低于所有行业总体水平，如图3-20所示。

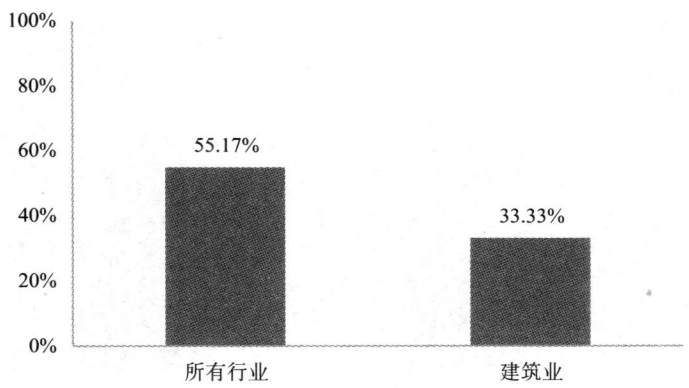

图 3-20　建筑业内部控制缺陷整改有效性与总体情况对比

数据来源：DIB 迪博内部控制与风险管理数据库 www.ic-erm.com

（五）建筑业上市公司内部控制审计报告

1. 内部控制审计报告总体披露情况

2013 年，在建筑业 63 家上市公司中，45 家披露了内部控制审计报告，披露比例为 71.43%；18 家公司未披露内部控制审计报告，占比 28.57%，如图 3-21 所示。

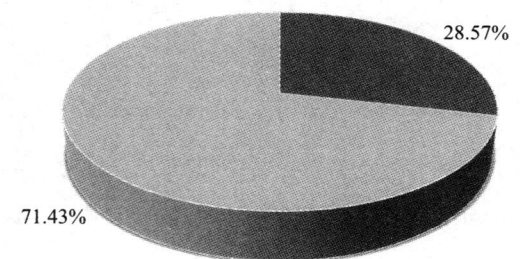

图 3-21　建筑业内部控制审计报告披露情况

数据来源：DIB 迪博内部控制与风险管理数据库 www.ic-erm.com

在建筑业 18 家未披露内部控制审计报告的上市公司中，包括 7 家主板上市公司和 11 家中小板与创业板上市公司。未披露内部控制审计报告的中小板与创业板上市公司为：成都路桥（002628）、中化岩土（002542）、粤水电（002060）、东方园林（002310）、蒙草抗旱（300355）、巴安水务（300262）、围海股份（002586）、瑞和股份（002620）、北新路桥（002307）、金螳螂（002081）和棕榈园林（002431）。

主板上市公司未披露内部控制审计报告原因如表 3-24 所示。

表 3-24　建筑业未披露内部控制审计报告的主板上市公司情况

序号	证券代码	证券简称	未披露内控审计报告的原因
1	600986	科达股份	未披露具体原因
2	600681	万鸿集团	重大资产重组
3	600496	精工钢构	未披露具体原因
4	600477	杭萧钢构	未披露具体原因
5	600209	罗顿发展	未披露具体原因
6	601789	宁波建工	未披露具体原因
7	600512	腾达建设	未披露具体原因

数据来源：DIB 迪博内部控制与风险管理数据库 www.ic-erm.com

2013 年 A 股所有行业上市公司总体披露内部控制审计报告的比例为 71.82%，建筑业内部控制审计报告的披露比例略低于所有行业整体披露水平，如图 3-22 所示。

2. 内部控制审计意见披露情况

在建筑业 45 家披露了内部控制审计报告的上市公司中，44 家上市公司的内部控制审计意见为标准无保留意见，占比 97.78%；1 家上市公司为带强调事项段的无保留意见，占比 2.22%，如图 3-23 所示。

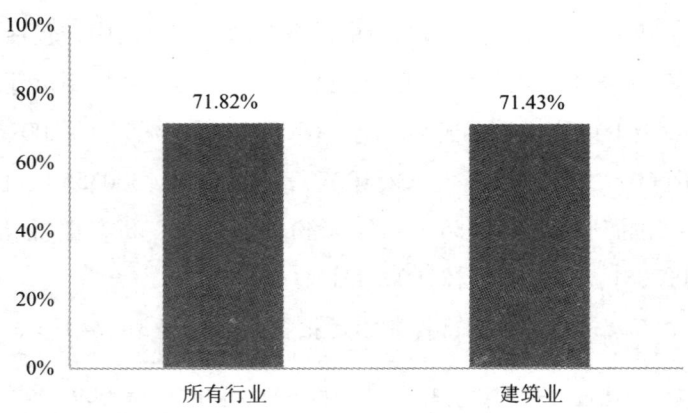

图 3-22　建筑业内部控制审计报告披露情况与总体情况对比

数据来源：DIB 迪博内部控制与风险管理数据库 www.ic-erm.com

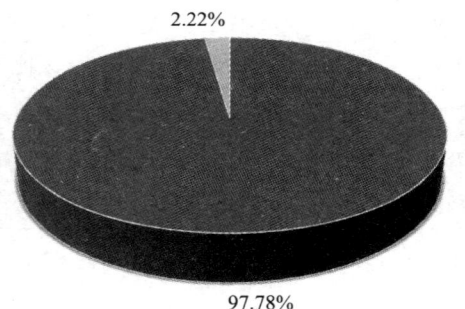

图 3-23　建筑业上市公司内部控制审计意见

数据来源：DIB 迪博内部控制与风险管理数据库 www.ic-erm.com

2013 年 A 股所有行业上市公司审计意见为标准无保留审计意见的比例为 97.01%，建筑业上市公司得到标准无保留审计意见的比例略高于所有行业总体水平，如图 3-24 所示。

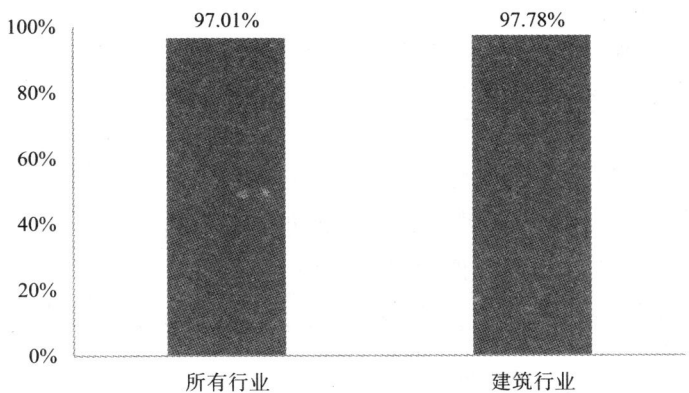

图 3-24 建筑业内部控制审计意见与总体情况对比

数据来源：DIB 迪博内部控制与风险管理数据库 www.ic-erm.com

内部控制审计意见为带强调事项段无保留意见（非标审计意见）的建筑业上市公司如表 3-25 所示。

表 3-25 内部控制审计结论为非标审计意见的建筑业上市公司

证券代码	证券简称	内部控制审计结论	内部控制审计意见说明	涉及的业务活动/原因	影响的目标
600326	西藏天路	带强调事项段无保留意见	我们提醒内部控制审计报告使用者关注，贵公司的预算考核执行力度不够及内部审计人员的配备不足以对内部控制制度的执行情况进行监督和检查。本段内容不影响已对财务报告内部控制发表的审计意见。	全面预算\内部审计	经营目标

数据来源：DIB 迪博内部控制与风险管理数据库 www.ic-erm.com

3. 内部控制审计报告类型

2013年，45家披露了内部控制审计报告的建筑业上市公司中，28家披露的为规范的内部控制审计报告，占比62.22%；11家披露的为内部控制鉴证报告，占比24.44%；3家披露的为内部控制审核报告，占比6.67%；1家披露的为内部控制专项报告，占比2.22%；2家披露的为中小板内部控制审计报告，占比4.24%，如图3-25所示。

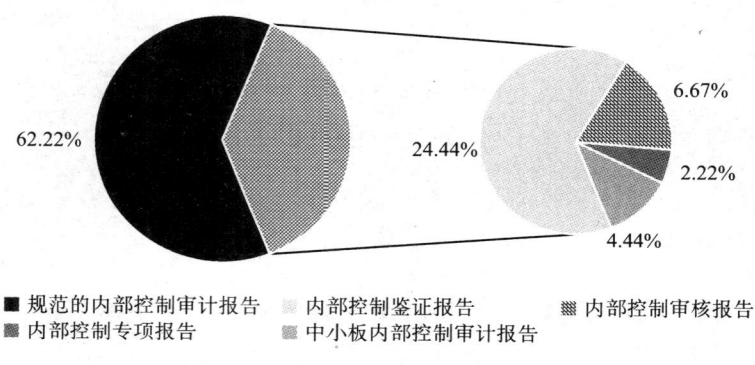

图3-25　建筑业内部控制审计报告类型①

数据来源：DIB迪博内部控制与风险管理数据库 www.ic-erm.com

2013年披露了规范的内部控制审计报告的上市公司的比例为62.08%，建筑业规范的内部控制审计报告披露比例略高于所有行业总体水平，对比情况如图3-26。

4. 内部控制审计费用

（1）内部控制审计费用披露情况。2013年，建筑业披露内部控制审计报告的45家上市公司中，27家在年报中披露其支付了内部控制审计费用，

---

① 因采取四舍五入法，各项加总之和为99.99%，不等于100%。

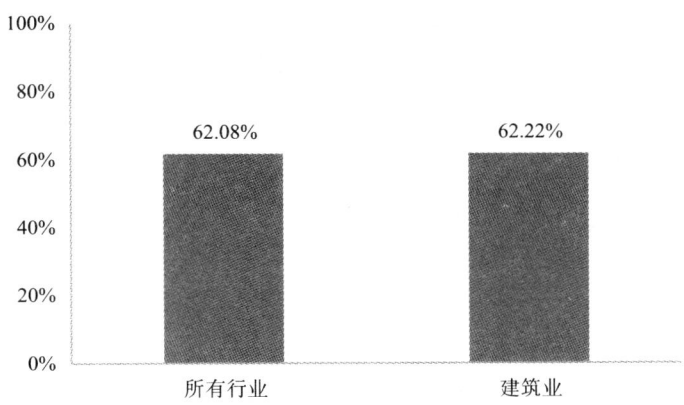

图 3-26 建筑业内部控制审计报告类型与总体情况对比

数据来源：DIB 迪博内部控制与风险管理数据库 www.ic-erm.com

占比 60.00%；18 家未披露是否支付了内部控制审计费用，占比 40.00%，如图 3-27 所示。

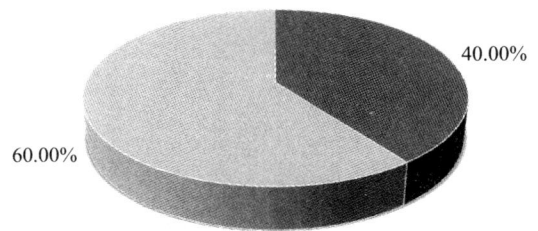

图 3-27 建筑业内部控制审计费用的披露情况

数据来源：DIB 迪博内部控制与风险管理数据库 www.ic-erm.com

在披露了内部控制审计报告的建筑业上市公司中，未披露是否支付了内部控制审计费用的 18 家建筑业上市公司明细如表 3-26 所示。

表 3-26　未披露内控审计费用支付情况的建筑业上市公司

序号	证券代码	证券简称
1	002062	宏润建设
2	002051	中工国际
3	000065	北方国际
4	002314	雅致股份
5	002140	东华科技
6	300055	万邦达
7	002135	东南网架
8	300197	铁汉生态
9	002713	东易日盛
10	002659	中泰桥梁
11	002524	光正集团
12	002325	洪涛股份
13	002163	中航三鑫
14	002482	广田股份
15	002375	亚厦股份
16	000931	中关村
17	300117	嘉寓股份
18	002663	普邦园林

数据来源：DIB 迪博内部控制与风险管理数据库 www.ic-erm.com

2013 年，A 股所有行业披露内部控制审计费用的上市公司所占比例为 52.99%，建筑业内部控制审计费用披露比例高于所有行业总体水平，对比情况如图 3-28。

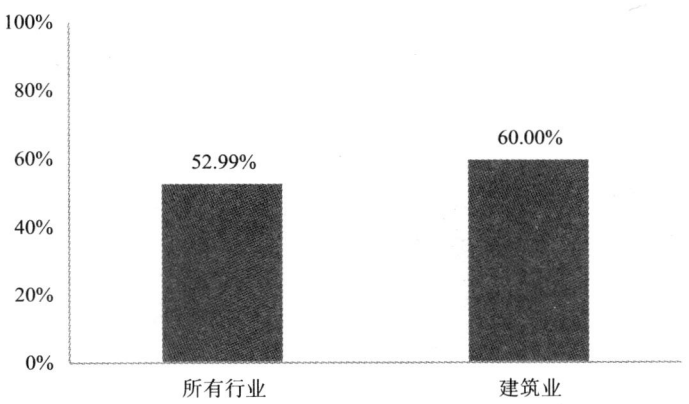

图3-28 建筑业内部控制审计费用的披露情况与总体情况对比

数据来源：DIB迪博内部控制与风险管理数据库 www.ic-erm.com

（2）内部控制审计费用总额。2013年，在年报中披露其支付了内部控制审计费用的27家建筑业上市公司，全部单独披露了内部控制审计费用的数额，披露比例为100%。

建筑业27家上市公司单独披露的内部控制审计费用总额为26 520 000元，平均每家公司花费的内部控制审计费用为982 222元。针对单独披露了内部控制审计费用的建筑业上市公司，本报告计算出每家公司内部控制审计费用占审计费用总额[①]的比例，结果显示，内部控制审计费用占比的平均值为26.47%。

2013年，A股所有行业披露的内部控制审计费用平均值为475 690元，建筑业内部控制审计费用平均值远高于所有行业总体水平，对比情况如图3-29所示。

---

① 审计费用总额为财务报告审计费用和内部控制审计费用之和。

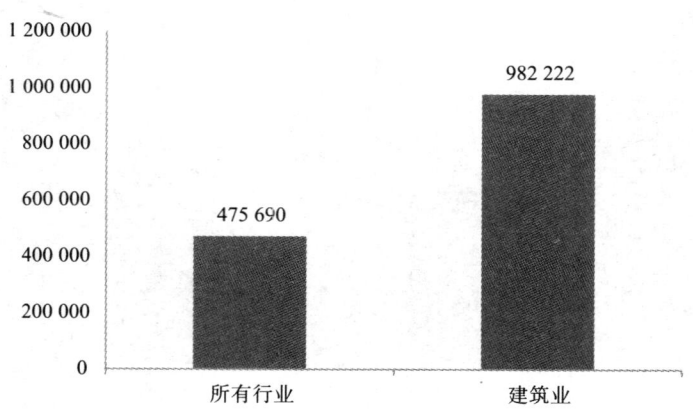

图 3-29 建筑业内部控制审计费用的平均值与所有行业总体水平对比

数据来源：DIB 迪博内部控制与风险管理数据库 www.ic-erm.com

5. 出具内部控制审计报告的事务所

2013 年，45 家出具了内部控制审计报告的建筑业上市公司均采用整合审计的方式，建筑业上市公司进行整合审计的比例为100%。在45家披露了内部控制审计报告的建筑业上市公司中，6 家上市公司聘请了四大会计师事务所进行内部控制审计，占比13.33%；39 家上市公司聘请非四大会计师事务所进行内部控制审计，占比86.67%，如图3-30所示。6 家聘请四大会计师事务所进行内部控制审计的建筑业上市公司分别为：中铁二局（600528）、中国铁建（601186）、中国中铁（601390）、中国中冶（601618）、中国建筑（601668）和中国交建（601800），内部控制审计意见均为标准无保留意见。

2013 年，为建筑业45 家上市公司出具内部控制审计报告的会计师事务所共22 家，会计师事务所分布情况表3-27 所示。

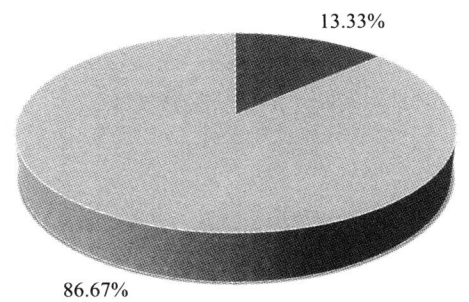

■ 聘请四大会计师事务所　　■ 聘请非四大会计师事务所

图 3-30　建筑业上市公司聘请四大会计师事务所进行内控审计情况

数据来源：DIB 迪博内部控制与风险管理数据库 www.ic-erm.com

表 3-27　为建筑业上市公司进行内部控制审计的会计师事务所分布情况

	为上市公司出具内控审计报告的事务所名称	上市公司数（家）	占比
四大会计师事务所①	普华永道中天会计师事务所（特殊普通合伙）	3	6.67%
	德勤华永会计师事务所（特殊普通合伙）	2	4.44%
	安永华明会计师事务所（特殊普通合伙）	1	2.22%
	四大会计师事务所小计	6	13.33%
非四大会计师事务所	瑞华会计师事务所（特殊普通合伙）	7	15.56%
	华普天健会计师事务所（特殊普通合伙）	4	8.89%
	立信会计师事务所（特殊普通合伙）	4	8.89%
	大华会计师事务所（特殊普通合伙）	3	6.67%
	广东正中珠江会计师事务所（特殊普通合伙）	2	4.44%
	天健会计师事务所（特殊普通合伙）	2	4.44%
	致同会计师事务所（特殊普通合伙）	2	4.44%
	中审亚太会计师事务所（特殊普通合伙）	2	4.44%

① 建筑业上市公司未聘请毕马威华振会计师事务所进行内部控制审计。

续表

	为上市公司出具内控审计报告的事务所名称	上市公司数（家）	占比
非四大会计师事务所	众华会计师事务所（特殊普通合伙）	2	4.44%
	众环海华会计师事务所（特殊普通合伙）	2	4.44%
	北京兴华会计师事务所（特殊普通合伙）	1	2.22%
	北京中证天通会计师事务所（特殊普通合伙）	1	2.22%
	大信会计师事务所（特殊普通合伙）	1	2.22%
	利安达会计师事务所（特殊普通合伙）	1	2.22%
	四川华信（集团）会计师事务所（特殊普通合伙）	1	2.22%
	希格玛会计师事务所（特殊普通合伙）	1	2.22%
	中审华寅五洲会计师事务所（特殊普通合伙）	1	2.22%
	中天运会计师事务所（特殊普通合伙）	1	2.22%
	中准会计师事务所（特殊普通合伙）	1	2.22%
	非四大会计师事务所合计	39	86.67%
总计		45	100%

数据来源：DIB 迪博内部控制与风险管理数据库 www.ic-erm.com

6. 财务报表审计意见与内部控制审计意见的对比

对比建筑业上市公司内部控制审计意见与财务报表审计意见发现，2013 年，建筑业有 1 家上市公司的内部控制审计意见与财务报表审计意见不一致，占建筑业出具内部控制审计报告上市公司数量的 2.22%。两种审计意见不一致的上市公司如表 3-28 所示。

（六）中美建筑业上市公司内部控制实施情况对比

2004 年，在美上市公司开始按照 SOX404 法案分批实施内部控制。根

表 3-28　　内部控制审计意见与财务报表审计意见对比

证券简称	证券代码	内部控制审计意见	内部控制审计意见说明	财务报告审计意见类别	财务报告审计意见说明
西藏天路	600326	带强调事项段无保留意见	我们提醒内部控制审计报告使用者关注，贵公司的预算考核执行力度不够及内部审计人员的配备不足以对内部控制制度的执行情况进行监督和检查。本段内容不影响已对财务报告内部控制发表的审计意见。	标准无保留意见	——

数据来源：DIB 迪博内部控制与风险管理数据库 www.ic-erm.com

据美国 Audit Analytics 数据库统计数据显示，2004-2012 年，美国建筑业内控评价无效比例和披露内部控制重大缺陷的公司比例完全一致，均呈先降后升趋势，而内部控制审计无效的公司比例则波动较大，呈现出先降后升再降的交替波动状态，美国建筑业上市公司内部控制实施情况如图 3-31 所示。

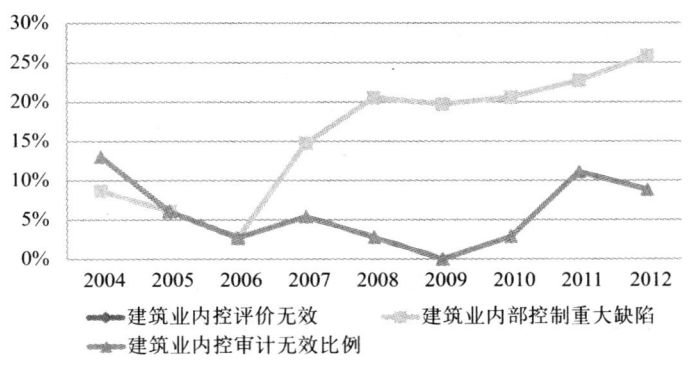

图 3-31　美国建筑业上市公司内部控制实施情况

数据来源：美国 Audit Analytics 数据库

2013 年，中国建筑业上市公司内部控制评价结论全部都是整体有效，全部都未披露内部控制重大缺陷，仅有 1 家上市公司内部控制审计为非标准无保留意见，占比 2.22%。对比中美建筑业上市公司内部控制实施情况，美国建筑业内部控制评价无效比例、披露内部控制重大缺陷比例以及内部控制审计无效比例的平均值分别为 15.73%、15.73% 和 5.86%，2013 年中国建筑业内控评价无效的公司比例、披露内控重大缺陷的公司比例以及内控审计无效的公司比例均显著低于美国建筑业上市公司披露比例，如表 3-29 所示。

表 3-29　　　　中美建筑业内部控制实施情况对比

	内控评价无效比例	内控重大缺陷披露比例	内控审计无效比例
2013 年中国建筑业上市公司	0%	0%	0%
2004-2012 年美国建筑业上市公司（平均值）	15.73%	15.73%	5.86%

数据来源：DIB 迪博内部控制与风险管理数据库 www.ic-erm.com
美国 Audit Analytics 数据库

根据 DIB 内部控制与风险管理数据库（www.ic-erm.com）数据进一步统计发现，自中国式"萨班斯法案"——《企业内部控制基本规范》正式发布以来，2008 年-2013 年，除 2009 年有 1 家建筑业上市公司内部控制评价结论整体无效且披露了内部控制重大缺陷外，其余年份中国建筑业上市公司内部控制评价结论均为整体有效且不存在内部控制重大缺陷；2008-2011 年，中国建筑业上市公司内部控制审计意见均为标准无保留意见，2012、2013 年各有 1 家建筑业上市公司内部控制审计意见被出具非标意见，分别占比 2.44% 和 2.22%。实施内部控制体系前六年中美建筑业上市公司内部控制实施情况对比如表 3-30 所示。

表 3-30　实施内部控制体系前六年中美建筑业上市公司内部控制实施情况对比①

	内控评价无效比例平均值	内控重大缺陷披露比例平均值	内控审计无效比例平均值
中国建筑业	0.56%	0.56%	0.78%
美国建筑业	12.07%	12.07%	5.00%

数据来源：DIB 迪博内部控制与风险管理数据库 www.ic-erm.com

美国 Audit Analytics 数据库

无论是从 2013 年内部控制实施情况还是内部控制规范体系实施以来的总体情况来看，中国建筑业内控评价无效的公司比例、披露内控重大缺陷的公司比例以及内控审计无效的公司比例均显著低于美国建筑业上市公司披露比例。

（七）建筑业内部控制实施特点

1. 建筑业仅 90.48% 的上市公司披露了内部控制评价报告，内部控制评价报告披露比例低于全行业平均水平；

2. 建筑业披露了内部控制评价报告的上市公司，其内部控制评价结论全部都是整体有效的；

3. 建筑业上市公司披露规范格式的内部控制评价报告的比例高于全行业平均水平；

4. 大部分建筑业上市公司披露了内部控制评价范围，披露比例高于全行业整体水平；

5. 大部分建筑业上市公司披露了内部控制缺陷认定标准，披露比例高于全行业整体水平；

---

① 此处选取美国建筑业实施 SOX404 法案的前六年数据即 2004-2009 年的数据进行比较。

6. 建筑业上市公司不存在内部控制重大缺陷，仅有部分公司存在重要缺陷和一般缺陷；

7. 建筑业上市公司披露的内部控制缺陷中，仅有部分缺陷已开始整改，缺陷已开始整改和整改后运行有效的比例均低于全行业整体水平；

8. 建筑业仅71.43%的上市公司披露了内部控制审计报告，披露比例低于全行业平均水平；

9. 建筑业披露了内部控制审计报告的上市公司中，仅一家上市公司的内部控制审计意见为带强调事项段的无保留意见，其他均为标准无保留意见，标准无保留意见披露比例高于全行业平均水平；

10. 建筑业上市公司披露规范格式的内部控制审计报告的比例高于全行业平均水平；

11. 大部分建筑业上市公司披露了内部控制审计费用，内部控制审计费用披露比例高于全行业整体水平；

12. 建筑业上市公司对内部控制审计费用的投入远高于全行业平均水平；

13. 建筑业披露了内部控制审计报告的上市公司全部聘请事务所进行整合审计；

14. 中国建筑业内控评价无效的公司比例、披露内控重大缺陷的公司比例以及内控审计无效的公司比例均显著低于美国建筑业上市公司披露比例。

第四章

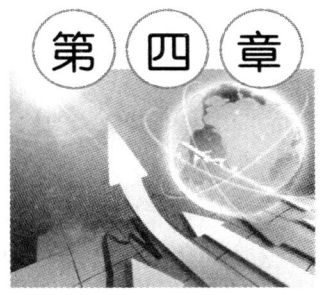

各辖区上市公司内部控制报告

一、基本介绍

(一) 样本选取

本章将基于上市公司所属管辖区域的视角,对2013年度各辖区上市公司内部控制执行情况进行详细分析。根据证监会派出机构的划分,其派出机构中共有36个证监局,分管36个辖区的上市公司,这36个辖区分别为:北京辖区、天津辖区、河北辖区、山西辖区、内蒙古辖区、辽宁辖区、吉林辖区、黑龙江辖区、上海辖区、江苏辖区、浙江辖区、安徽辖区、福建辖区、江西辖区、山东辖区、河南辖区、湖北辖区、湖南辖区、广东辖区、广西辖区、海南辖区、重庆辖区、四川辖区、贵州辖区、云南辖区、西藏辖区、陕西辖区、甘肃辖区、青海辖区、宁夏辖区、新疆辖区、深圳辖区、大连辖区、宁波辖区、厦门辖区、青岛辖区。本章将以证监会36个辖区2512家上市公司为研究样本,所有36个辖区上市公司内部控制报告内容及详细原始数据均已收录至DIB内部控制与风险管理数据库(www.ic-erm.com)。

(二) 指标选取

通过归纳整理各辖区上市公司披露的年报、内部控制评价报告、内部控制审计报告、财务重述报告、诉讼报告以及监管机构对上市公司违法违规行为的处理公告等公开资料,对2013年度各辖区上市公司基本情况、内部控制指数评级情况、内部控制评价报告、内部控制缺陷以及内部控制审计报告披露情况进行详细具体的分析,总结各辖区上市公司内部控制实施特点,以期为各辖区上市公司、监管机构尤其是各辖区监管部门等全面了解相关辖区2013年内部控制规范体系执行情况提供参考,为监管层制定监管政策及全面推进内部控制工作提供借鉴,为各辖区上市公司进一步完善内部控制体系提供经验证据。

表4-1 辖区上市公司内部控制报告主要指标选取情况

内容	内容说明	关键指标
辖区上市公司基本情况	分析各辖区上市公司2013年末总资产、营业总收入以及净利润总额等基本信息,以便最直观地了解各辖区上市公司经营现状	资产总额占比、营业总收入占比、净利润占比
辖区上市公司内部控制评级情况	分析各辖区上市公司2013年度内部控制评级情况,客观反映辖区内部控制整体水平	迪博·中国上市公司内部控制指数
辖区上市公司内部控制评价报告	(1)各辖区2013年内部控制评价报告披露情况,并与全国整体情况对比; (2)各辖区内部控制评价结论、评价结论非整体有效情况,并与全国整体情况对比; (3)各辖区内部控制评价报告格式的规范性情况,并分别与全国整体水平进行比较; (4)各辖区内部控制评价范围及纳入评价范围单位资产总额及营业收入披露情况	内部控制评价报告披露比例
		内部控制评价结论整体有效率
		内部控制评价报告规范性比例
		内控评价范围披露比例
		纳入评价范围单位的资产总额及营业收入占比情况披露比例
辖区上市公司内部控制缺陷	(1)各辖区内部控制缺陷认定标准披露情况,并与全国整体水平进行比较; (2)各辖区内部控制缺陷总体披露情况、内部缺陷分等级披露情况; (3)各辖区内部控制重大、重要缺陷内容; (4)按设计/运行、财报/非财报分类的缺陷分布情况; (4)各辖区内部控制缺陷整改情况及缺陷整改有效性情况,并与所有行业整体水平进行对比;	内部控制缺陷认定标准披露比例
		内部控制缺陷披露比例
		内部控制重大、重要、一般缺陷占比
		设计/运行缺陷披露比例
		财报/非财报缺陷披露比例
		内部控制缺陷整改及整改有效性比例

续表

内容	内容说明	关键指标
辖区上市公司内部控制审计报告	（1）各辖区 2013 年度内部控制审计报告披露情况，并与全国整体水平进行比较； （2）各辖区内部控制审计意见、非标审计意见分布情况，并与全国整体水平进行比较； （3）内部控制审计报告格式的规范性情况，并与全国整体水平进行比较； （4）内部控制审计费用披露情况、审计费用总额披露情况，并与全国业整体水平对比； （5）内部控制整合审计情况、出具内控审计意见的事务所分布情况； （6）各辖区上市公司内部控制审计意见与财务报表审计意见不一致情况；	内部控制审计报告披露比例 标准无保留审计意见比例 规范的内部控制审计报告披露比例 内部控制审计费用披露比例 内部控制审计费用占比的平均值 进行整合审计上市公司比例 聘请四大会计师事务所进行了内控审计的上市公司比例
辖区上市公司内部控制实施特点	对各辖区上市公司内部控制实施情况进行全面总结。	——

数据来源：DIB 迪博内部控制与风险管理数据库 www.ic-erm.com

本文将从 36 个辖区中选取两个辖区作为研究样本，选取的两个辖区分别为：

1. 北京辖区。北京辖区不仅上市公司众多，而且北京辖区上市公司 2013 年年末资产总额、营业收入总额、净利润总额占全部上市公司的比重在所有辖区中位居第一，净利润占所有上市公司比重约达到 60%，由此可见北京辖区的重要性。

2. 上海辖区。上海辖区资产总额、营业收入总额以及净利润总额占比仅次于北京辖区，在所有辖区中位居第二，与此同时，上海辖区内部控制评价结论整体有效率、内部控制审计结论为标准无保留意见的比例均低于全国整体水平。2013 年度，震惊资本市场的 "8·16 乌龙指"事件主体光大证券（601788）以及因资金链断裂引发中国首例债券违约事件的 *ST 超日（002506）均属上海辖区管辖。

下文将对北京辖区和上海辖区 2013 年度内部控制信息披露以及内部控制体系的建立健全情况进行全面系统分析，如有读者需要了解其他辖区上市公司内部控制报告或各辖区上市公司内部控制的详细原始数据，请联系作者查阅（www.ic – erm.com）。

二、北京辖区上市公司内部控制报告

（一）北京辖区上市公司基本情况

截至 2014 年 4 月 30 日，北京辖区 A 股上市公司共 226 家，占全国 A 股上市公司数量的比例为 9.00%；北京辖区上市公司 2013 年年末的资产总额为 88 118 792 675 409.60 元、2013 年营业总收入为 2 926 950 809 494.91 元、2013 年净利润为 232 331 038 751.00 元，分别占全国 A 股上市公司的比重为 66.25%、46.90% 和 59.16%。北京辖区上市公司资产总额、营业收入总额及净利润总额占比在各辖区上市公司中均列居首位。

依据《企业内部控制基本规范》、《企业内部控制配套指引》和《关于 2012 年主板上市公司分类分批实施企业内部控制规范体系的通知》等规范文件，北京辖区上市公司逐步推进企业内部控制规范体系的实施，并按照《公开发行证券的公司信息披露编报规则第 21 号——年度内部控制评价报告的一般规定》的要求规范内部控制信息披露。下文将通过归纳整理北京辖区上市公司披露的年报、内部控制评价报告、内部控制审计报告等公开资料，对北京辖区上市公司2013年内部控制信息披露以及内部控制体系的建立健全情况进行系统分析。

（二）北京辖区上市公司内部控制评级

迪博·中国上市公司内部控制指数是综合反映我国上市公司内部控制水平与风险管理能力的量化指数体系。迪博依据内部控制指数将上市公司的内部控制评级划分为四级八档，分别为：AAA、AA、A、BBB、BB、B、C和D级。

为保证内部控制指数指标选取的客观、公正和完整性，迪博·中国上市公司内部控制指数以2013年1月1日前上市公司为样本[①]，分析上市公司在2013年度内部控制执行情况。北京辖区226家上市公司中，2013年1月1日前上市的共217家，2013年1月1日-2014年4月30日期间上市的共有9家。故纳入迪博·中国上市公司内部控制指数范围的北京辖区上市公司样本数量为217家。

北京辖区217家上市公司2013年内部控制评级情况如下：AA级上市公司2家，占比0.92%；A级上市公司6家，占比2.76%；BBB级上市公司23家，占比10.60%；BB级上市公司80家，占比36.87%；B级上市公司84家，占比38.71%；C级上市公司18家，占比8.29%；D级上市公司4家，占比1.84%，如图4-1所示。

---

① 因于2013年1月1日后新上市的公司违法违规、经营计划等内部控制指数指标数据不完整，故剔除。

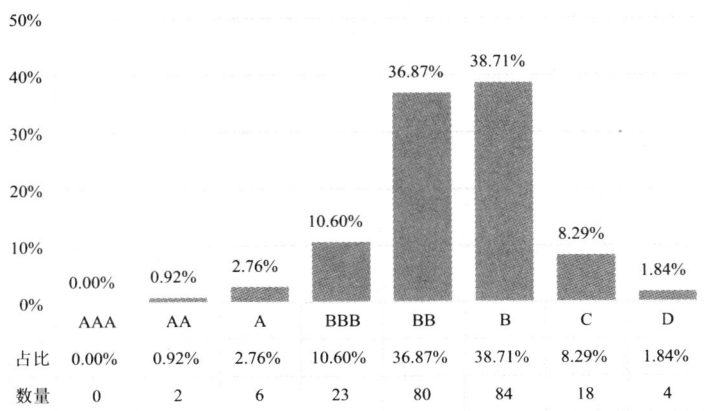

图 4-1 北京辖区上市公司内部控制评级分布情况
数据来源：DIB 迪博内部控制与风险管理数据库 www.ic-erm.com

（三）北京辖区上市公司内部控制评价报告

1. 内部控制评价报告披露情况

截至 2014 年 5 月 17 日，北京辖区共 221 家上市公司披露了内部控制评价报告，披露比例为 97.79%；5 家未披露内部控制评价报告，占比 2.21%，如图 4-2 所示。

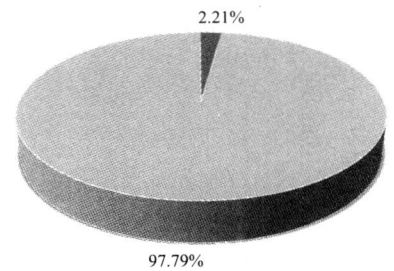

图 4-2 北京辖区上市公司内部控制评价报告披露情况
数据来源：DIB 迪博内部控制与风险管理数据库 www.ic-erm.com

北京辖区未披露内部控制评价报告的公司均为主板上市公司,未披露内部控制评价报告的原因如表 4-2 所示。

表 4-2　北京辖区上市公司未披露内部控制评价报告的公司情况

序号	证券代码	证券简称	未披露内控评价报告的原因
1	600892	宝诚股份	未披露具体原因
2	600588	用友软件	未披露具体原因
3	600485	中创信测	重大资产重组
4	600405	动力源	未披露具体原因
5	000605	渤海股份	重大资产重组

数据来源:DIB 迪博内部控制与风险管理数据库 www.ic-erm.com

2013 年,全国 A 股上市公司内部控制评价报告披露比例为 92.99%,北京辖区上市公司内部控制评价报告披露比例高于全国水平,对比情况如图 4-3 所示。

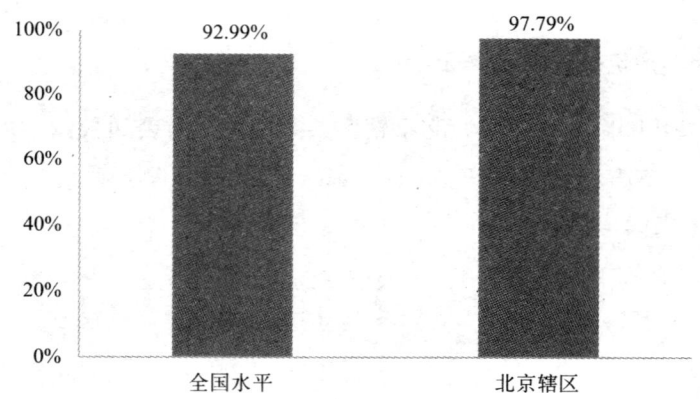

图 4-3　北京辖区上市公司内部控制评价报告披露比例与全国水平对比
数据来源:DIB 迪博内部控制与风险管理数据库 www.ic-erm.com

2. 内部控制评价结论

2013 年,北京辖区 221 家披露了内部控制评价报告的上市公司中,内部控制评价结论为整体有效的为 219 家,占比 99.10%,评价结论为其他的上市公司为 2 家,占比 0.90%,如图 4-4 所示。内部控制评价结论为其他的上市公司分别是:华锐风电(601558)的评价结论为财报内控无效、非财报内控有效;康得新(002450)未出具内部控制评价结论。

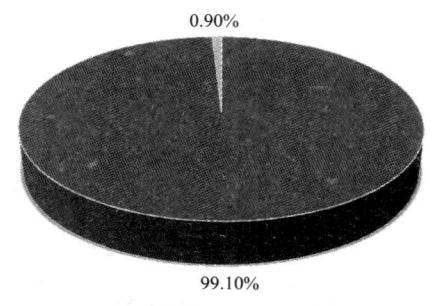

图 4-4　北京辖区上市公司内部控制评价结论有效性
数据来源:DIB 迪博内部控制与风险管理数据库 www.ic-erm.com

2013 年,全国 A 股上市公司内部控制评价整体有效的比例为 98.93%,北京辖区上市公司内部控制评价结论有效比例略高于全国水平,如图 4-5 所示。

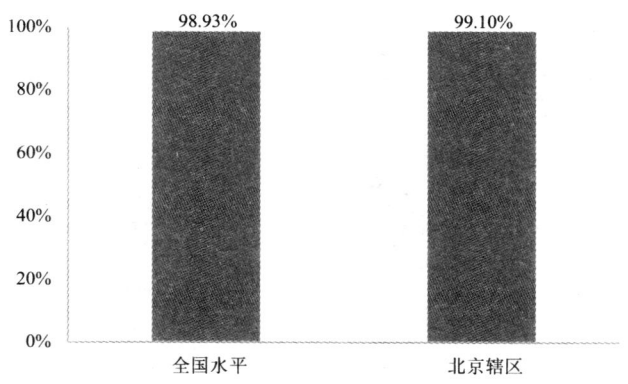

图 4-5　北京辖区上市公司内部控制评价结论有效比例与全国水平对比
数据来源:DIB 迪博内部控制与风险管理数据库 www.ic-erm.com

3. 内部控制评价报告格式的规范性

在北京辖区的 221 家披露了内部控制评价报告的上市公司中，162 家上市公司按照"规范的格式"进行披露，占比 73.30%；34 家上市公司按照"以前的格式"进行披露，占比 15.38%；25 家上市公司按照"其他的格式"进行披露，占比 11.31%，如图 4-6 所示。

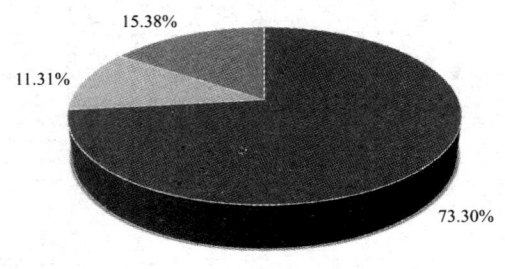

图 4-6　北京辖区上市公司内部控制评价报告是否规范的情况
数据来源：DIB 迪博内部控制与风险管理数据库 www.ic-erm.com

2013 年，全国上市公司内部控制评价报告格式规范的比例为 75.43%，北京辖区上市公司内部控制评价报告规范比例略低于全国水平，对比情况如图 4-7 所示。

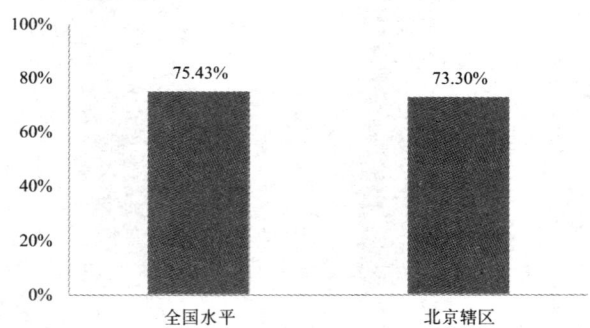

图 4-7　北京辖区上市公司内部控制评价报告规范性比例与全国水平对比
数据来源：DIB 迪博内部控制与风险管理数据库 www.ic-erm.com

4. 内部控制评价范围披露情况

（1）内部控制评价范围总体披露情况。在北京辖区 221 家披露了内部控制评价报告的上市公司中，182 家上市公司披露了内部控制评价范围，披露比例为 82.35%；39 家上市公司未披露内部控制评价范围，占比 17.65%，如图 4-8 所示。

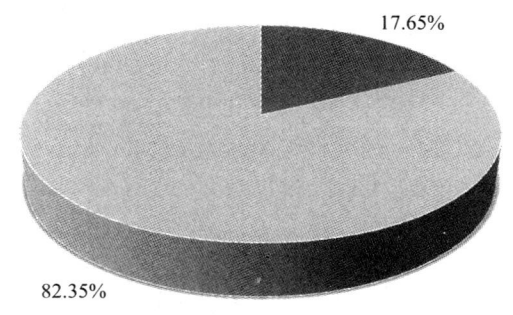

图 4-8　北京辖区内部控制评价范围披露情况
数据来源：DIB 迪博内部控制与风险管理数据库 www.ic-erm.com

2013 年，所有 A 股上市公司披露内部控制评价范围的比例为 82.62%，北京辖区内部控制评价范围的披露比例略低于全国平均水平，对比情况如图 4-9 所示。

（2）纳入内部控制评价范围的单位资产总额及营业收入占比情况。在北京辖区披露了纳入内部控制评价范围单位的 182 家上市公司中，137 家上市公司披露了"纳入评价范围单位资产总额占公司合并财务报表资产总额的百分比"及"纳入评价范围单位营业收入合计占公司合并财务报表营业收入总额的百分比"，占比 75.27%；45 家未披露纳入评价范围单位资产总额营业收入总额百分比情况，占比 24.73%，如图 4-10 所示。

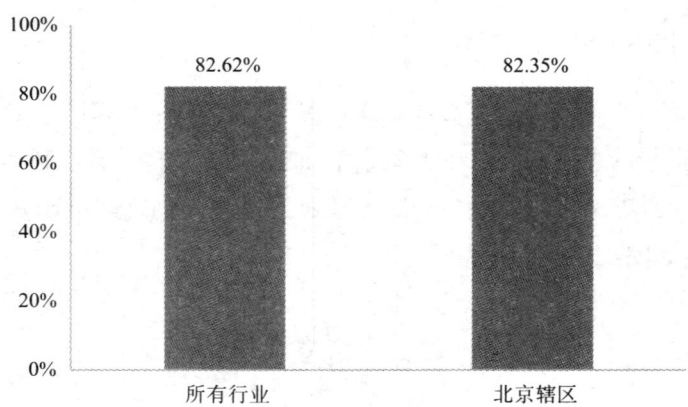

图4-9 北京辖区内部控制评价范围披露比例与全国总体水平对比
数据来源：DIB迪博内部控制与风险管理数据库 www.ic-erm.com

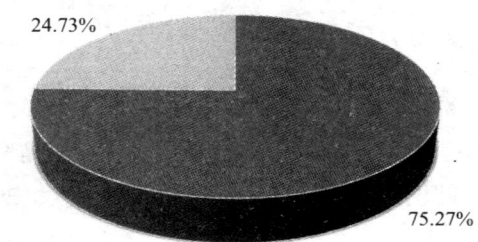

■ 披露了纳入评价范围单位的资产总额及营业收入占比情况
■ 未披露纳入评价范围单位的资产总额及营业收入占比情况

图4-10 北京辖区披露纳入评价范围的单位的资产总额及营业收入占比情况
数据来源：DIB迪博内部控制与风险管理数据库 www.ic-erm.com

在137家披露了纳入评价范围单位资产总额及营业收入占比情况的北京辖区上市公司中，有2家上市公司纳入评价范围单位的资产总额占比大于100%，分别为：汉王科技（002362），资产总额占比222.04%，营业收入占比202.17%；京能置业（600791），资产总额占比134.11%，营业收入占比99.8%；国兴地产（000838）、紫光股份（000938）、华能国际

（600011）、首旅酒店（600258）和有研新材（600206）等5家公司仅纳入评价范围单位的营业收入占比为100%；另有45.99%（63家）上市公司纳入评价范围的资产总额和营业收入占比均为100%。北京辖区上市公司纳入内部控制评价范围单位的资产总额及营业收入占比情况如表4－3所示。

表4－3　　　北京辖区上市公司纳入评价范围的单位资产总额及营业收入占比

序号	纳入评价范围单位资产总额及营业收入占比情况	上市公司数（家）	占比
1	资产总额占比＞100%，营业收入占比＞100%	1	0.73%
2	资产总额占比＞100%，营业收入占比＜100%	1	0.73%
3	资产总额占比＝100%，营业收入占比＝100%	63	45.99%
4	资产总额占比≠100%，营业收入占比＝100%	5	3.65%
5	90%≤资产总额占比＜100%，90%≤营业收入占比＜100%	39	28.47%
6	其他	28	20.44%

数据来源：DIB迪博内部控制与风险管理数据库 www.ic-erm.com

（四）北京辖区上市公司内部控制缺陷

1. 内部控制评价缺陷认定标准的披露情况

在北京辖区的221家披露了内部控制评价报告的上市公司中，161家上市公司披露了内部控制缺陷认定标准，占比72.85%；60家未披露内部控制缺陷认定标准，占比27.15%，如图4－11所示。

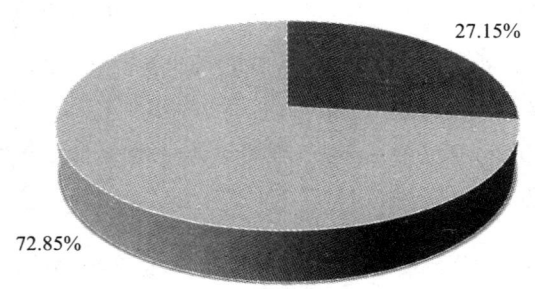

图 4-11 北京辖区上市公司内部控制缺陷认定标准披露情况
数据来源：DIB 迪博内部控制与风险管理数据库 www.ic-erm.com

2013 年，在披露了内部控制缺陷认定标准的上市公司中，88.20%（142 家）的上市公司披露了完整的财报内控缺陷定性及定量认定标准、非财报内控缺陷定性及定量认定标准。

未披露完整的缺陷认定标准的北京辖区上市公司如表 4-4 所示。

表 4-4　未披露完整的缺陷认定标准的北京辖区上市公司

序号	证券代码	证券简称
1	601398	工商银行
2	600900	长江电力
3	300075	数字政通
4	002350	北京科锐
5	300229	拓尔思
6	600266	北京城建
7	601628	中国人寿
8	600016	民生银行
9	300071	华谊嘉信
10	000725	京东方 A

续表

序号	证券代码	证券简称
11	601718	际华集团
12	000609	绵世股份
13	601117	中国化学
14	600195	中牧股份
15	600056	中国医药
16	300212	易华录
17	000729	燕京啤酒
18	600037	歌华有线
19	600015	华夏银行

数据来源：DIB 迪博内部控制与风险管理数据库 www.ic-erm.com

2013 年，全国上市公司披露了内部控制缺陷认定标准的比例为 76.58%，北京辖区上市公司内部控制缺陷认定标准的披露比例低于全国水平，对比情况如图 4-12 所示。

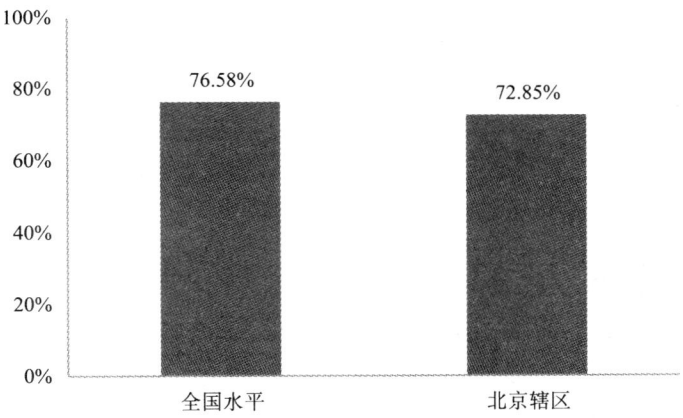

图 4-12 北京辖区上市公司内部控制缺陷认定标准披露情况与全国水平对比
数据来源：DIB 迪博内部控制与风险管理数据库 www.ic-erm.com

2. 内部控制缺陷披露情况

2013 年，在北京辖区 221 家披露了内部控制评价报告的上市公司中，21 家上市公司披露了内部控制缺陷，占比 9.50%；200 家上市公司未披露内部控制缺陷，占比 90.50%，如图 4-13 所示。

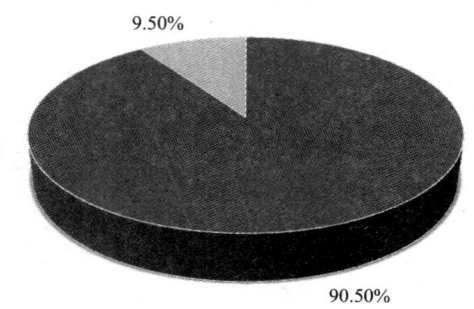

图 4-13　北京辖区上市公司内部控制评价缺陷披露情况
数据来源：DIB 迪博内部控制与风险管理数据库 www.ic-erm.com

2013 年，全国上市公司内部控制缺陷披露的总体比例为 13.66%，北京辖区上市公司内部控制缺陷披露比例低于全国水平，对比情况如图 4-14 所示。

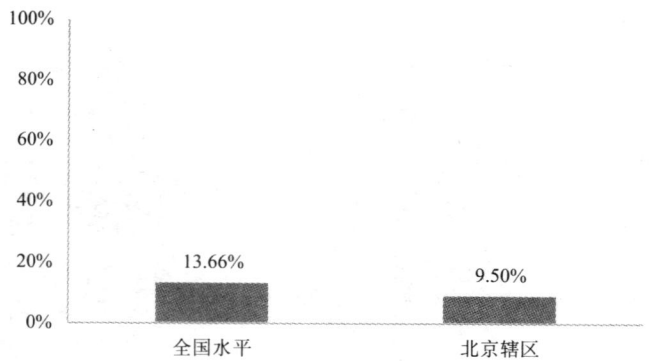

图 4-14　北京辖区上市公司内部控制评价缺陷披露情况与全国水平对比
数据来源：DIB 迪博内部控制与风险管理数据库 www.ic-erm.com

3. 内部控制缺陷分等级披露情况

2013年,在北京辖区披露存在内部控制缺陷的21家上市公司共中,3家上市公司披露了重大缺陷,在披露了内部控制评价报告的上市公司中占比1.36%;3家上市公司披露了重要缺陷,在披露了内部控制评价报告的上市公司中占比1.36%;15家上市公司披露了一般缺陷,在披露了内部控制评价报告的上市公司中占比6.79%,具体情况如表4-5所示。

表4-5 北京辖区上市公司内部控制缺陷分等级披露情况

缺陷等级	上市公司数(家)	占比
披露内部控制重大缺陷	3	1.36%
披露内部控制重要缺陷	3	1.36%
披露内部控制一般缺陷	15	6.79%

数据来源:DIB迪博内部控制与风险管理数据库 www.ic-erm.com

4. 内部控制缺陷内容

2013年,北京辖区21家上市公司共披露170项内部控制缺陷,其中19家披露了具体的内部控制缺陷内容,共披露了53项具体的内部控制缺陷内容,涉及内部控制重大缺陷3项,内部控制重要缺陷17项。北京辖区上市公司披露的重大及重要缺陷内容如表4-6所示。

表 4-6　北京辖区上市公司重大及重要内部控制缺陷内容

证券简称	证券代码	缺陷内容	缺陷等级	财报/非财报	设计/运行
瑞泰科技	002066	公司对子公司管控方面的内部控制制度在对子公司湖南瑞泰的管理过程中无法得到有效执行，2013年基本上无法对湖南瑞泰管理层进行管理，公司派出的财务负责人无法正常的履行职责。由于上述原因，2013年度公司不再将湖南瑞泰纳入合并范围，并且根据《企业会计准则》的相关规定经过测算后计提5 288.00万元的长期投资减值准备。	重大缺陷	非财报缺陷	运行缺陷，设计缺陷
康得新	002450	2014年3月18日收到北京证监局向公司下发《行政监管措施决定书》（【2014】7号）（下称：决定书）。决定书指出："康得世纪能源科技有限公司为你公司控股股东的全资子公司，你公司2012年年度报告未披露其与上市公司之间存在关联关系。同时，你公司还存在财务基础薄弱、成本核算粗放、库存管理薄弱和资金管理不规范"等问题。	重大缺陷	财报缺陷	运行缺陷，设计缺陷
华锐风电	601558	公司在2013年下半年进行存货盘点过程中，发现存货管理涉及的出入库管理环节未按照存货管理相关制度有效执行，存货盘点发现实物资产与账面记录存在很大差异，为此，公司管理层要求相关业务部门严格执行存货管理制度，避免问题继续发生，并组织了多次存货盘点，保障盘点结果的客观、准确以及相关业务处理符合制度要求。鉴于相关盘点结果及处理导致公司2013年度财务报告中的存货资产发生了重大调整，故公司认为存货管理制度的执行存在重大缺陷。该缺陷属控制运行缺陷。	重大缺陷	财报缺陷	运行缺陷

续表

证券简称	证券代码	缺陷内容	缺陷等级	财报/非财报	设计/运行
湘鄂情	002306	公司违反《企业会计准则》确认加盟费收入1 480万元及股权收购合并日前损益1 556万元。	重要缺陷	财报缺陷	运行缺陷
		公司向供应商收取采购返点1 220万元冲减营业成本,入账依据不充分,财务基础工作不规范。	重要缺陷	财报缺陷	运行缺陷
		公司《董事会议事规则》第三十六条第(九)款违反《公司法》第十六条,造成董事长个人权限过大,影响董事会、监事会及股东大会发挥作用,大额对外投资未能及时经三会审议并披露,不规范运作的问题屡屡发生。	重要缺陷	非财报缺陷	运行缺陷,设计缺陷
		采购定价流程设计无法体现采购单价的公允性,形成正式《材料定价表》之前的程序无相关痕迹或资料。	重要缺陷	非财报缺陷	运行缺陷
		公司上市以来未按照项目建立募集资金使用和管理台账,各门店装修相关募投项目工程未建立相关内控制度。	重要缺陷	非财报缺陷	运行缺陷,设计缺陷
		《总经理工作细则》未得到严格执行。总经理办公会相关议程、会议纪要、决议等留痕资料不足。	重要缺陷	非财报缺陷	运行缺陷
		《重大事项内部报告制度》第九条规定的报告事项标准过于宽松。如:"各部门、分支机构、控股及参股公司涉及的交易金额达到公司总资产的10%以上、净资产10%以上且绝对金额超过1 000万元的",不利于公司及时了解、判断重大事项的影响。	重要缺陷	非财报缺陷	设计缺陷

续表

证券简称	证券代码	缺陷内容	缺陷等级	财报/非财报	设计/运行
湘鄂情	002306	《内幕信息知情人登记制度》未得到有效执行。公司未能提供内幕信息知情人书面登记表；在进行股权激励、定向增发等重大事项时，仅登记对外部人员提供未公开信息的情况；未能提供筹划收购、重大资产重组、发行证券重大事项的进程备忘录。	重要缺陷	非财报缺陷	运行缺陷
		内部审计工作内容不完整、流于形式，覆盖范围未包括采购定价、工程管理等重要方面，公司提交了关于募集资金使用的专项检查报告，但无法提供详细工作底稿。	重要缺陷	非财报缺陷	运行缺陷
		信息披露存在的问题：1）公司对南京湘鄂情违规提供财务资助未及时披露，违反《深圳交易所股票上市规则》第9.1条及《中小企业板信息披露义务备忘录第27号：对外提供财务资助》有关规定；2）副总经理朱珍明在重大事项公告（湖北项目风险）后两交易日内出售股票，违反《上市公司董事、监事和高级管理人员所持本公司股份及其变动管理规则》第13条规定。	重要缺陷	非财报缺陷	运行缺陷

续表

证券简称	证券代码	缺陷内容	缺陷等级	财报/非财报	设计/运行
京城股份	600860	不相容职责未分离，银行存款余额调节表缺乏审核痕迹。子公司天海低温设备有限公司的银行存款余额调节表由出纳编制，经过检查，未见相关复核人的签字。实际工作中部门领导按月审核余额调节表，且与银行对账单核对，审核完毕后未签字确认。	重要缺陷	财报缺陷	运行缺陷
		未建立固定资产淘汰处置的相关制度。子公司廊坊天海高压容器有限公司尚未建立固定资产淘汰处置的相关制度。实际工作中固定资产淘汰处置需要多个部门、分级确认和审核，且有审批单据，但没有以制度的形式固定下来。	重要缺陷	财报缺陷	设计缺陷
		未建立固定资产质押、抵押管理制度。子公司天津天海高压容器有限责任公司尚未建立固定资产质押、抵押管理制度。实际工作中固定资产的抵押需经董事会审议决定后才可执行，但没有以制度的形式固定下来。	重要缺陷	财报缺陷	设计缺陷
		专利申请未经适当的审批。子公司北京京城压缩机有限公司《专利管理制度》中规定了专利申请的申报、审核、批准相关流程和要求。测试中发现此公司通过口头审核与审批的方式办理专利申报事宜，未留下控制实施证据，导致事后无法验证专利申请是否经过恰当审批。	重要缺陷	非财报缺陷	运行缺陷

续表

证券简称	证券代码	缺陷内容	缺陷等级	财报/非财报	设计/运行
中国中冶	601618	根据公司内部控制的要求,重大的投资立项或者投资变更需要根据投资金额的不同报经公司董事会或者总裁办公会审议。通过内控检查,我们发现个别子公司存在未获得公司董事会或者总裁办公会审批前就已经先行实施投资或者投资已经超过预算的情况。	重要缺陷	财报缺陷	运行缺陷
		某境外子公司在海外投资项目建设过程中,由于受薄弱的建设基础条件、复杂的海外投资建设环境等诸多因素影响,在建工程分类方面不完善,导致固定资产明细分类的基础资料不完备。	重要缺陷	财报缺陷	运行缺陷

数据来源:DIB 迪博内部控制与风险管理数据库 www.ic-erm.com

5. 按照设计缺陷/运行缺陷分类的内部控制缺陷情况

按照设计缺陷和运行缺陷进行分类统计,2013 年,北京辖区上市公司披露的具体内容的 53 项内部控制缺陷中,12 项为设计缺陷,占比 22.64%;36 项为运行缺陷,占比 67.92%;5 项缺陷同时涉及运行缺陷与设计缺陷,占比 9.43%,如图 4-15 所示。

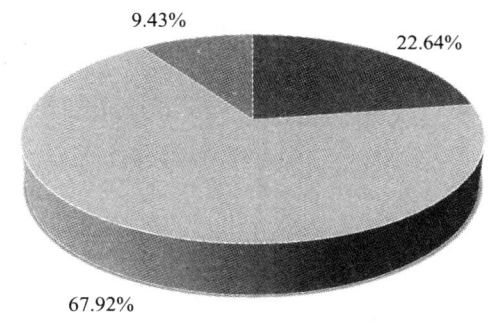

图4-15 按设计缺陷/运行缺陷分类的内部控制缺陷情况
数据来源：DIB迪博内部控制与风险管理数据库 www.ic-erm.com

6. 按照财报缺陷/非财报缺陷分类的内部控制缺陷情况

按照财报内控缺陷/非财报内控缺陷进行分类统计，2013年，北京辖区上市公司披露的53项内部控制缺陷中，11项为财报内控缺陷，占比20.75%；42项为非财报内控缺陷，占比79.25%，如图4-16所示。

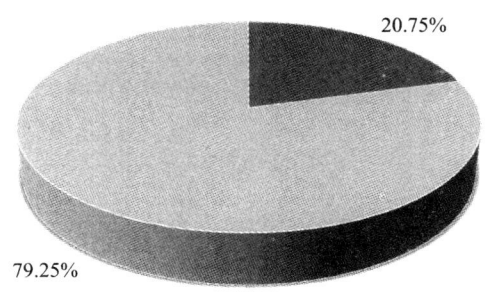

图4-16 按财报内控缺陷/非财报内控缺陷分类的内部控制缺陷情况
数据来源：DIB迪博内部控制与风险管理数据库 www.ic-erm.com

7. 内部控制缺陷整改情况

2013年,北京辖区已披露的53项内部控制缺陷中,41项内部控制缺陷已开始整改,占比77.36%;其他12项未开始整改,占比22.64%,如图4-17所示。

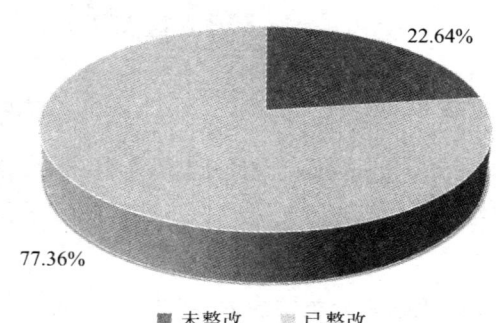

图4-17 北京辖区上市公司内部控制缺陷整改情况
数据来源:DIB迪博内部控制与风险管理数据库 www.ic-erm.com

北京辖区上市公司未开始整改的内部控制缺陷情况如表4-7所示。

表4-7 北京辖区上市公司未整改缺陷情况表

序号	证券简称	证券代码	未整改缺陷数目	未整改缺陷等级
1	东方通	300379	4	一般缺陷
2	钢研高纳	300034	2	一般缺陷
3	康得新	002450	1	重大缺陷
4	中关村	000931	2	一般缺陷
5	盛达矿业	000603	3	一般缺陷

数据来源:DIB迪博内部控制与风险管理数据库 www.ic-erm.com

2013年,全国上市公司内部控制缺陷整改比例为67.50%,北京辖区上市公司内部控制缺陷整改比例远远高于全国平均水平,如图4-18所示。

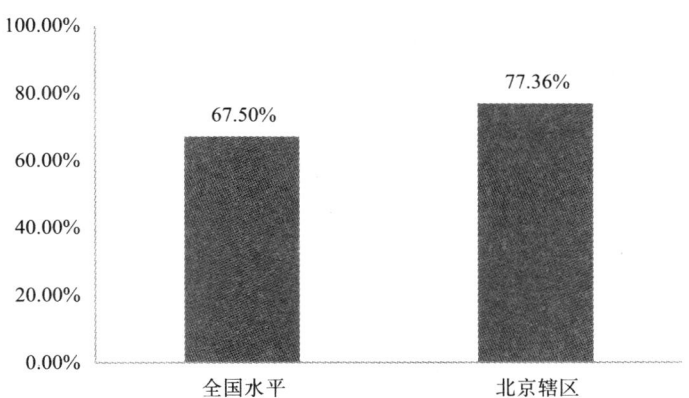

图 4-18　北京辖区上市公司内部控制缺陷整改情况与全国水平对比
数据来源：DIB 迪博内部控制与风险管理数据库 www.ic-erm.com

8. 内部控制缺陷整改有效性情况

北京辖区 41 项已经开始整改的内部控制缺陷中，整改后运行有效的为 14 项，占比 34.15%；未披露整改后运行有效性结论的共 24 项，占比 58.54%；另有 3 项未完成整改，占比 7.32%，如图 4-19 所示。

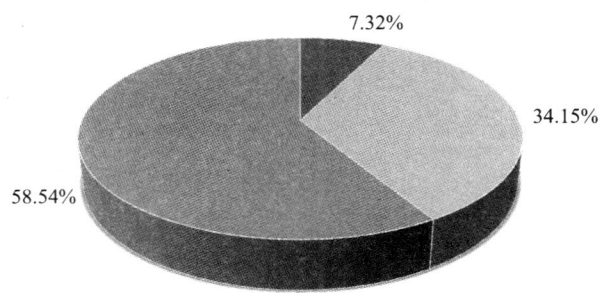

图 4-19　北京辖区上市公司内部控制缺陷整改有效性情况
数据来源：DIB 迪博内部控制与风险管理数据库 www.ic-erm.com

2013年，全国上市公司内部控制缺陷整改有效比例为55.17%，北京辖区上市公司内部控制缺陷整改有效比例远远低于全国水平，如图4-20所示。

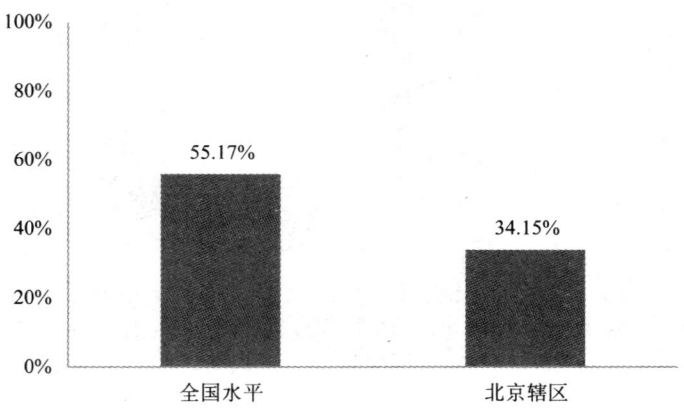

图4-20　北京辖区上市公司内部控制缺陷整改有效性与全国水平对比

数据来源：DIB迪博内部控制与风险管理数据库 www.ic-erm.com

（五）北京辖区上市公司内部控制审计报告

1. 内部控制审计报告披露情况

截至2014年5月17日，北京辖区共193家上市公司披露了内部控制审计报告，占比85.40%；33家上市公司未披露内部控制审计报告，占比14.60%，如图4-21所示。

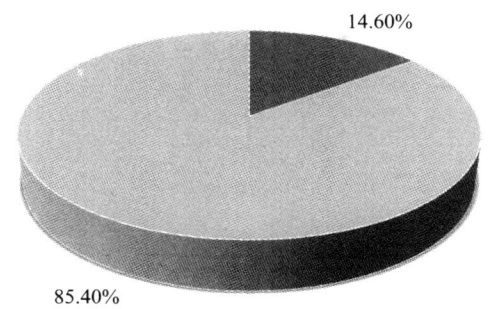

■ 未披露内部控制审计报告　　■ 已披露内部控制审计报告

图 4 – 21　北京辖区上市公司内部控制审计报告披露情况
数据来源：DIB 迪博内部控制与风险管理数据库 www.ic – erm.com

33 家未披露内部控制审计报告的北京辖区上市公司中，包含 9 家主板上市公司和 24 家中小板与创业板上市公司。主板上市公司未披露内部控制审计报告原因如表 4 – 8 所示。

表 4 – 8　北京辖区未披露内部控制审计报告的主板上市公司情况

序号	证券代码	证券简称	未披露内控审计报告的原因
1	000838	国兴地产	未披露具体原因
2	600892	宝诚股份	未披露具体原因
3	000802	北京旅游	未披露具体原因
4	600246	万通地产	未披露具体原因
5	600485	中创信测	重大资产重组
6	600405	动力源	未披露具体原因
7	000010	深华新	未披露具体原因
8	000605	渤海股份	重大资产重组
9	600288	大恒科技	年报中说明聘请北京兴华会计师事务所进行了内部控制审计，出具了标准无保留意见，但未找到相应报告

数据来源：DIB 迪博内部控制与风险管理数据库 www.ic – erm.com

2013年，全国上市公司内部控制审计报告的披露比例为71.82%，北京辖区上市公司内部控制审计报告的披露比例远远高于全国水平，对比情况如图4-22所示。

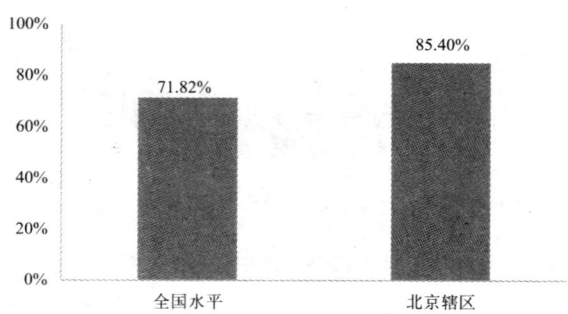

图4-22　北京辖区上市公司内部控制审计报告披露情况与全国水平对比
数据来源：DIB迪博内部控制与风险管理数据库 www.ic-erm.com

2. 内部控制审计意见

2013年，北京辖区193家上市公司出具了内部控制审计报告，其内部控制审计结论如图4-23所示：内部控制审计意见为标准无保留意见的上市公司190家，占比98.45%；带强调事项段的无保留意见为2家，占比1.04%；否定意见为1家，占比0.52%。

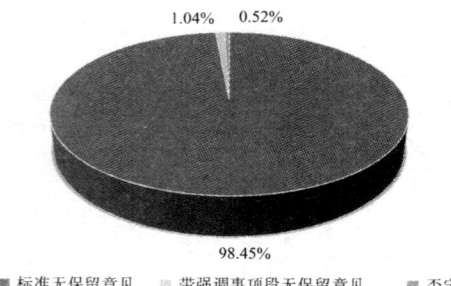

图4-23　北京辖区上市公司2013年内部控制审计意见
数据来源：DIB迪博内部控制与风险管理数据库 www.ic-erm.com

2013年，全国上市公司内部控制审计意见为标准无保留意见的比例为97.01%，北京辖区上市公司内部控制审计意见为标准无保留意见的比例高于全国水平，对比情况如图4-24所示。

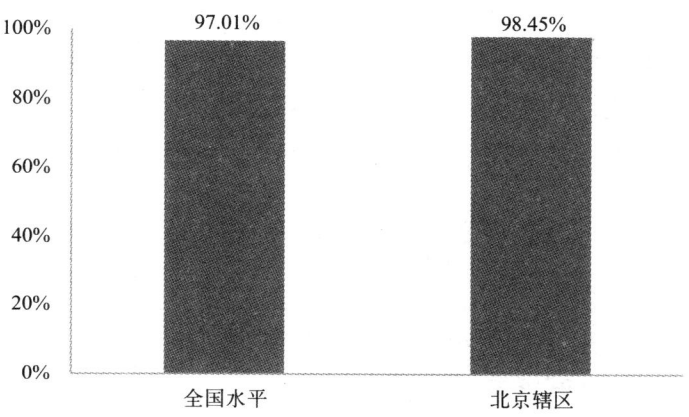

图4-24　北京辖区上市公司内部控制审计意见与全国水平对比

数据来源：DIB迪博内部控制与风险管理数据库 www.ic-erm.com

2013年，北京辖区内部控制审计结论为带强调事项段无保留意见和否定意见（非标审计意见）的上市公司如表4-9所示。

表4-9　内部控制审计结论为非标审计意见的北京辖区上市公司

证券代码	证券简称	内部控制审计结论	涉及的业务活动/原因	影响的目标
002450	康得新	带强调事项段无保留意见	关联交易/会计核算/资产管理/资金活动	财务报告目标/合规目标/资产安全目标
000504	*ST 传媒	带强调事项段无保留意见	持续经营能力	战略目标/经营目标
601558	华锐风电	否定意见	存货管理	经营目标/财务报告目标/资产安全目标

数据来源：DIB迪博内部控制与风险管理数据库 www.ic-erm.com

3. 内部控制审计报告类型

2013 年,在北京辖区 193 家披露了内部控制审计报告的上市公司中,114 家披露的为规范的内部控制审计报告,占比 59.07%;54 家披露的为内部控制鉴证报告,占比 27.98%;20 家披露的为内部控制审核报告,占比 10.36%;4 家披露的为内部控制专项报告,占比 2.07%;1 家披露的为其他类型的内部控制审计报告,占比 0.52%,如图 4-25 所示。

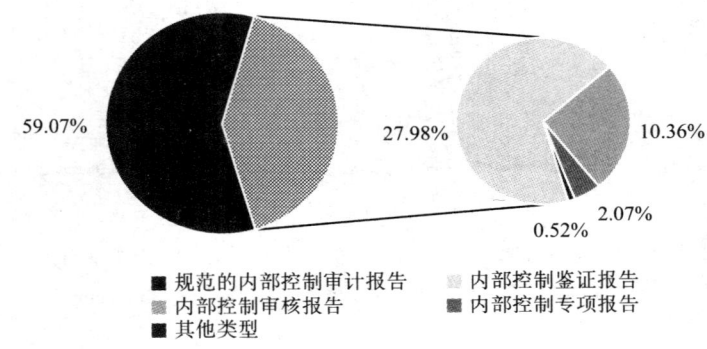

图 4-25 北京辖区上市公司内部控制审计报告类型
数据来源:DIB 迪博内部控制与风险管理数据库 www.ic-erm.com

2013 年,全国披露了规范的内部控制审计报告的上市公司的比例为 62.08%,北京辖区上市公司规范的内部控制审计报告披露比例低于全国水平,对比情况如图 4-26 所示。

4. 内部控制审计费用

(1)内部控制审计费用总体披露情况。2013 年,在北京辖区披露内部控制审计报告 193 家上市公司中,96 家在年报中披露其支付了内部控制审计费用,占比 49.74%;97 家未披露是否支付了内部控制审计费用,占比 50.26%,如图 4-27 所示。

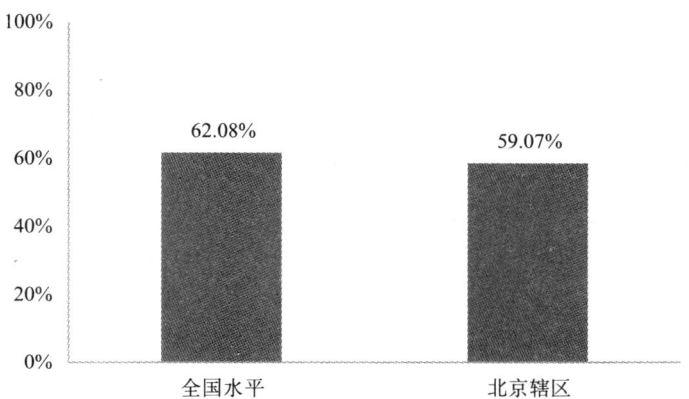

图 4-26 北京辖区上市公司内部控制审计报告类型与全国水平对比
数据来源：DIB 迪博内部控制与风险管理数据库 www.ic-erm.com

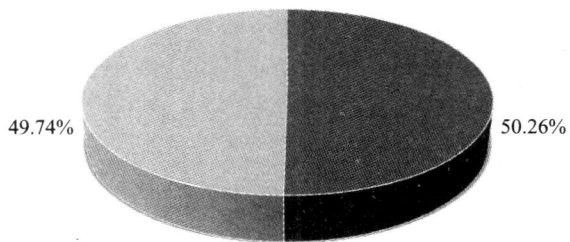

图 4-27 北京辖区上市公司内部控制审计费用的披露情况
数据来源：DIB 迪博内部控制与风险管理数据库 www.ic-erm.com

2013 年，全国披露内部控制审计费用的上市公司所占比例为 52.99%，北京辖区上市公司内部控制审计费用披露比例略低于全国水平，对比情况如图 4-28 所示。

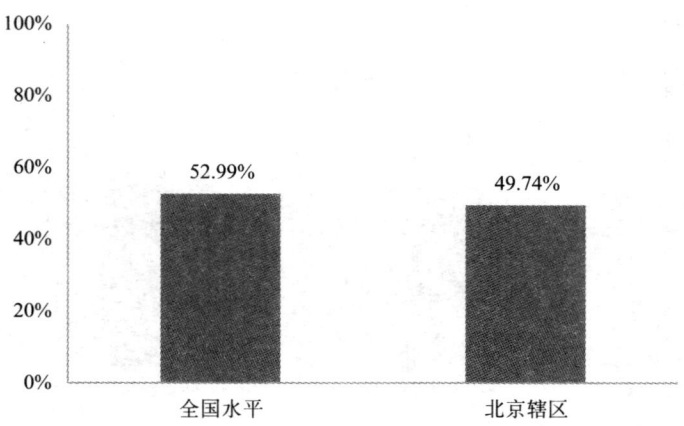

图4-28 北京辖区上市公司内部控制审计费用的披露情况与全国水平对比
数据来源：DIB 迪博内部控制与风险管理数据库 www.ic-erm.com

（2）内部控制审计费用总额。2013 年，北京辖区在年报中披露其支付了内部控制审计费用的 96 家上市公司中，93 家单独披露了内部控制审计费用的数额，3 家未披露具体的内部控制审计费用数额，未披露具体的内部控制审计费用数额的 3 家公司分别为中国人寿（601628）、建设银行（601939）和金融街（000402）。

93 家上市公司单独披露的内部控制审计费用总额为 113 476 000 元，平均每家公司花费的内部控制审计费用为 1 220 172 元。单独披露了内部控制审计费用的上市公司，其内部控制审计费用占审计费用总额的比例的平均值为 23.57%。

2013 年，全国上市公司披露的内部控制审计费用的平均值为 475 690 元，北京辖区上市公司内部控制审计费用平均值远远高于全国水平，对比情况如图 4-29 所示。

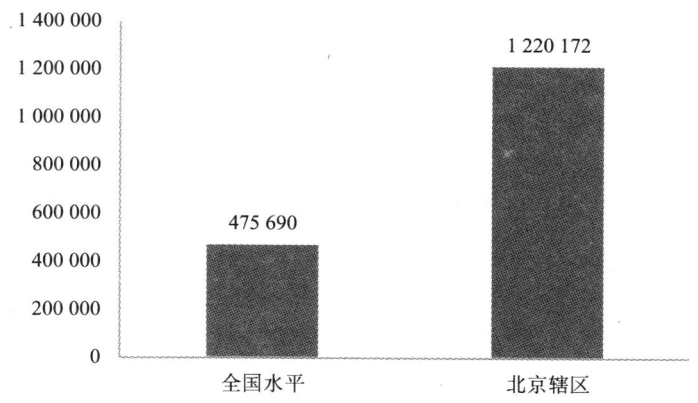

图 4-29　北京辖区上市公司内部控制审计费用的平均值与全国水平对比
数据来源：DIB 迪博内部控制与风险管理数据库 www.ic-erm.com

5. 内部控制整合审计情况

2013 年，在北京辖区 193 家披露了内部控制审计报告的上市公司中，有 190 家上市公司进行了整合审计，占比 98.45%；3 家上市公司进行独立审计，占比 1.55%，如图 4-30 所示。

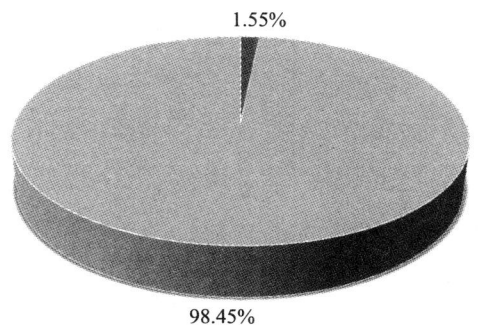

图 4-30　北京辖区上市公司整合审计情况
数据来源：DIB 迪博内部控制与风险管理数据库 www.ic-erm.com

2013年,全国上市公司进行整合审计的比例为98.00%,北京辖区上市公司进行整合审计的比例高于全国整体水平,对比情况如图4-31所示。

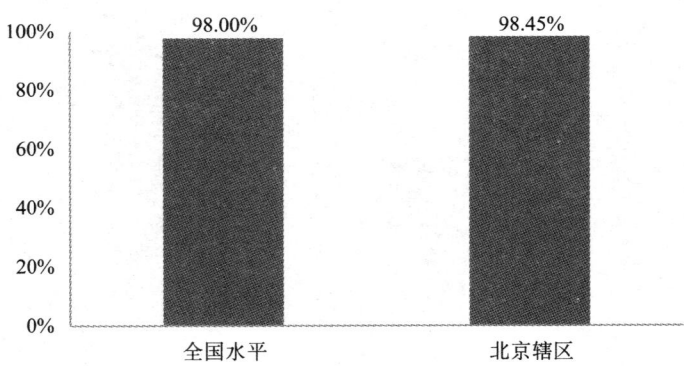

图4-31 北京辖区上市公司整合审计情况与全国整体水平对比
数据来源:DIB迪博内部控制与风险管理数据库 www.ic-erm.com

北京辖区3家进行单独审计的上市公司聘请的会计师事务所情况如表4-10所示。

表4-10　　　　　　北京辖区进行单独审计的上市公司情况

证券代码	证券简称	内部控制审计机构	出具内控审计意见的注册会计师	财务报表审计机构	出具财报审计意见的注册会计师
600588	用友软件	信永中和会计师事务所(特殊普通合伙)	王重娟,董秦川	安永华明会计师事务所(特殊普通合伙)	陈静,杨景璐
600195	中牧股份	中兴华会计师事务所(特殊普通合伙)	张立辉,王春玲	中审亚太会计师事务所(特殊普通合伙)	杨涛,朱昂
600860	京城股份	立信会计师事务所(特殊普通合伙)	颜艳飞,蒋贵成	信永中和会计师事务所(特殊普通合伙)	马传军,庞荣芝

数据来源:DIB迪博内部控制与风险管理数据库 www.ic-erm.com

6. 出具内部控制审计报告的事务所

2013年，在193家披露了内部控制审计报告的北京辖区上市公司中，有37家上市公司聘请了四大会计师事务所进行内部控制审计，占比19.17%；156家上市公司聘请非四大会计师事务所进行内部控制审计，占比80.83%，如图4－32所示。

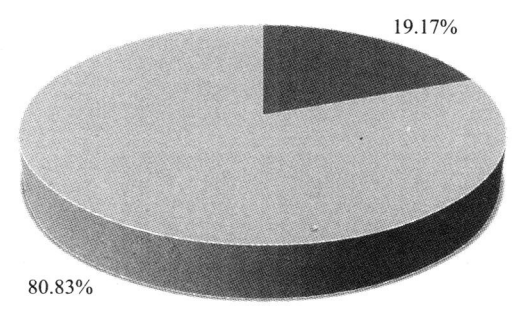

■ 聘请四大会计师事务所　　■ 聘请非四大会计师事务所

图4－32　北京辖区聘请会计师事务所进行内部控制审计情况

数据来源：DIB迪博内部控制与风险管理数据库 www.ic-erm.com

2013年，为北京辖区193家上市公司出具内部控制审计报告的会计师事务所共27家，事务所具体分布情况如表4－11所示。

表4－11　　为北京辖区上市公司进行内部控制审计的会计师事务所分布情况

	为上市公司出具内控审计报告的事务所名称	上市公司数（家）	占比
四大会计师事务所	普华永道中天会计师事务所（特殊普通合伙）	15	7.77%
	毕马威华振会计师事务所（特殊普通合伙）	9	4.66%
	德勤华永会计师事务所（特殊普通合伙）	7	3.63%
	安永华明会计师事务所（特殊普通合伙）	6	3.11%
	四大会计师事务所小计	37	19.17%

续表

	为上市公司出具内控审计报告的事务所名称	上市公司数（家）	占比
非四大会计师事务所	瑞华会计师事务所（特殊普通合伙）	32	16.58%
	致同会计师事务所（特殊普通合伙）	23	11.92%
	立信会计师事务所（特殊普通合伙）	21	10.88%
	大华会计师事务所（特殊普通合伙）	13	6.74%
	北京兴华会计师事务所（特殊普通合伙）	14	7.25%
	信永中和会计师事务所（特殊普通合伙）	11	5.70%
	天职国际会计师事务所（特殊普通合伙）	10	5.18%
	大信会计师事务所（特殊普通合伙）	6	3.11%
	众环海华会计师事务所（特殊普通合伙）	3	1.55%
	中天运会计师事务所（特殊普通合伙）	4	2.07%
	中审亚太会计师事务所（特殊普通合伙）	3	1.55%
	中勤万信会计师事务所（特殊普通合伙）	3	1.55%
	利安达会计师事务所（特殊普通合伙）	3	1.55%
	中兴华会计师事务所（特殊普通合伙）	2	1.04%
	华普天健会计师事务所（特殊普通合伙）	2	1.04%
	中准会计师事务所（特殊普通合伙）	1	0.52%
	中喜会计师事务所（特殊普通合伙）	1	0.52%
	中审华寅五洲会计师事务所（特殊普通合伙）	1	0.52%
	中汇会计师事务所（特殊普通合伙）	1	0.52%
	亚太（集团）会计师事务所（特殊普通合伙）	1	0.52%
	天健会计师事务所（特殊普通合伙）	1	0.52%
	非四大会计师事务所合计	156	80.83%
总 计		193	100%

数据来源：DIB 迪博内部控制与风险管理数据库 www.ic-erm.com

7. 财务报表审计意见与内部控制审计意见对比

对比北京辖区上市公司内部控制审计意见与财务报表审计意见发现，2013 年，北京辖区有 3 家上市公司的两种审计意见不一致，占北京辖区出具内部控制审计报告上市公司数量的 1.55%。两种审计意见不一致的上市公司如表 4 – 12 所示。

表 4 – 12　北京辖区上市公司内部控制审计意见与财务报表审计意见对比

证券简称	证券代码	内部控制审计意见	财务报告审计意见类别
中房股份	600890	标准无保留意见	带强调事项段的无保留意见
康得新	002450	带强调事项段无保留意见	标准无保留意见
华锐风电	601558	否定意见	保留意见

数据来源：DIB 迪博内部控制与风险管理数据库 www.ic – erm.com

（六）北京辖区上市公司内部控制实施特点

1. 北京辖区 97.79% 的上市公司披露了内部控制评价报告，披露比例高于全国平均水平；

2. 大部分北京辖区上市公司内部控制评价结论为整体有效，评价结论整体有效率高于全国水平；

3. 北京辖区上市公司披露规范的格式的内部控制评价报告比例、内部控制评价范围披露比例、内部控制缺陷认定标准披露比例均低于全国整体水平；

4. 北京辖区披露存在内部控制重大缺陷和重要缺陷的上市公司比例略低于全国整体水平；

5. 北京辖区披露的内部控制缺陷中，大部分缺陷已开始整改，已开始整改的缺陷比例远高于全国整体水平，但缺陷整改后运行有效的比例却远低于全国整体水平；

6. 北京辖区 85.41% 的上市公司披露了内部控制审计报告，披露比例远高于全国平均水平；

7. 大部分北京辖区上市公司内部控制审计意见为标准无保留意见，标准无保留意见的比例远高于全国整体水平；

8. 北京辖区上市公司披露规范的内部控制审计报告比例低于全国整体水平；

9. 大部分北京上市公司采用整合审计方式，整合审计的比例高于全行业整体水平；

10. 大部分北京上市公司披露了内部控制审计费用，内部控制审计费用披露比例高于全行业整体水平；

11. 北京辖区上市公司对内部控制审计费用的投入远远高于全行业平均水平。

三、上海辖区上市公司内部控制报告

（一）上海辖区上市公司基本情况

截至 2014 年 4 月 30 日，上海辖区 A 股上市公司共 200 家，占全国 A 股上市公司数量的比例为 7.96%；上海辖区上市公司 2013 年年末的资产总额 13 624 297 927 125.70 元、2013 年营业总收入 2 926 950 809 494.91 元、2013 年净利润 232 331 038 751.00 元，占全国 A 股上市公司的比重分别为 10.24%、10.83% 和 9.66%。

依据《企业内部控制基本规范》、《企业内部控制配套指引》和《关于 2012 年主板上市公司分类分批实施企业内部控制规范体系的通知》等规范文件，上海辖区上市公司逐步推进企业内部控制规范体系的实施，并按照《公开发行证券的公司信息披露编报规则第 21 号——年度内部控制评价报告的一般规定》的要求规范内部控制信息披露。下文将通过归纳整理上海辖区上市公司披露的年报、内部控制评价报告、内部控制审计报告等公开资料,对上海辖区上市公司 2013 年内部控制信息披露以及内部控制体系的建立健全情况进行系统分析。

(二)上海辖区上市公司内部控制评级

迪博·中国上市公司内部控制指数是综合反映我国上市公司内部控制水平与风险管理能力的量化指数体系。迪博依据内部控制指数将上市公司的内部控制评级划分为四级八档,分别为:AAA、AA、A、BBB、BB、B、C 和 D 级。

为保证内部控制指数指标选取的客观、公正和完整性,迪博·中国上市公司内部控制指数以 2013 年 1 月 1 日前上市公司为样本[①],分析上市公司在 2013 年度内部控制执行情况。上海辖区 200 家上市公司中,2013 年 1 月 1 日前上市的共 197 家,2013 年 1 月 1 日 – 2014 年 4 月 30 日期间上市的共有 3 家。故纳入迪博·中国上市公司内部控制指数范围的上海辖区上市公司样本数量为 197 家。

上海辖区 197 家上市公司 2013 年内部控制评级情况如下:AA 级上市公司 1 家,占比 0.51%;A 级上市公司 7 家,占比 3.55%;BBB 级上市公司 19 家,占比 9.64%;BB 级上市公司 51 家,占比 25.89%;B 级上市公司 88 家,占比 44.67%;C 级上市公司 26 家,占比 13.20%;D 级上市公司 5 家,占比 2.54%,各级上市公司分布情况如图 4 – 33 所示。

---

① 因于 2013 年 1 月 1 日后新上市的公司违法违规、经营计划等内部控制指数指标数据不完整,故剔除。

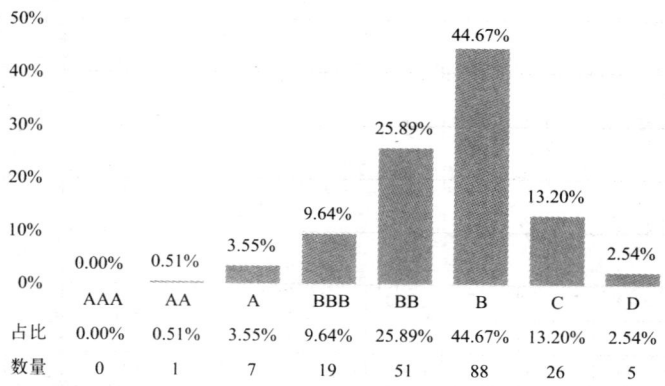

图 4 - 33　上海辖区上市公司内部控制评级分布情况
数据来源：DIB 迪博内部控制与风险管理数据库 www.ic-erm.com

（三）上海辖区上市公司内部控制评价报告

1. 内部控制评价报告披露情况

截至 2014 年 5 月 17 日，上海辖区 182 家上市公司披露了内部控制评价报告，披露比例为 91.00%；18 家未披露内部控制评价报告，占比 9.00%，如图 4 - 34 所示。

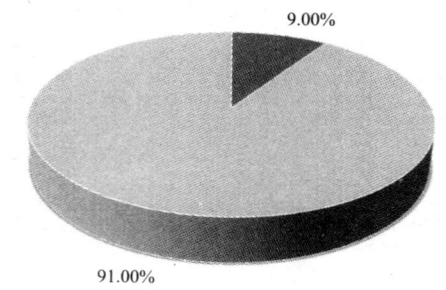

图 4 - 34　上海辖区上市公司内部控制评价报告披露情况
数据来源：DIB 迪博内部控制与风险管理数据库 www.ic-erm.com

上海辖区未披露内部控制评价报告的上市公司均为主板上市公司,其未披露内控评价报告的原因如表 4-13 所示。

表 4-13　　上海辖区上市公司未披露内部控制评价报告的原因

序号	证券代码	证券简称	未披露内控评价报告的原因
1	600818	中路股份	未披露具体原因
2	600695	大江股份	未披露具体原因
3	600613	神奇制药	未披露具体原因
4	600490	鹏欣资源	未披露具体原因
5	600193	创兴资源	未披露具体原因
6	603003	龙宇燃油	未披露具体原因
7	600851	海欣股份	未披露具体原因
8	600781	辅仁药业	未披露具体原因
9	600615	丰华股份	未披露具体原因
10	600555	*ST 九龙	未披露具体原因
11	600732	上海新梅	未披露具体原因
12	600605	汇通能源	未披露具体原因
13	600652	爱使股份	未披露具体原因
14	600767	运盛实业	重大资产重组
15	600617	*ST 联华	重大资产重组
16	600608	上海科技	未披露具体原因
17	600603	*ST 兴业	暂缓执行内控规范实施
18	600696	多伦股份	未披露具体原因

数据来源:DIB 迪博内部控制与风险管理数据库 www.ic-erm.com

2013 年,全国上市公司内部控制评价报告披露比例为 92.99%,上海辖区上市公司披露比例略于全国水平,对比情况如图 4-35 所示。

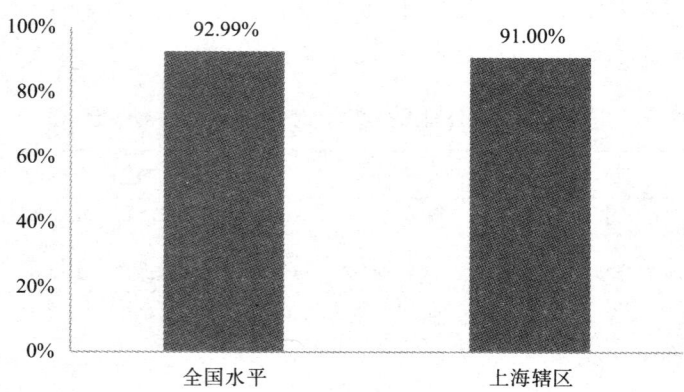

图4-35 内部控制评价报告披露比例与全国水平对比
数据来源：DIB 迪博内部控制与风险管理数据库 www.ic-erm.com

2. 内部控制评价结论

2013年，上海辖区182家披露了内部控制评价报告的上市公司中，内部控制评价结论为整体有效的为178家，占比97.80%；内部控制评价结论为其他的上市公司为4家，占比2.20%。

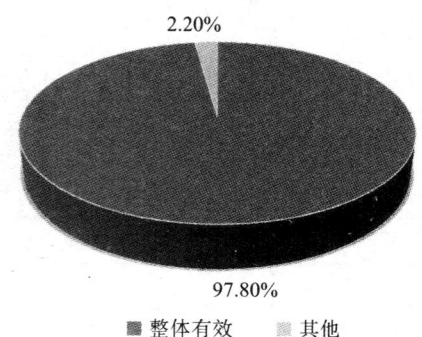

图4-36 上海辖区上市公司内部控制评价结论有效性
数据来源：DIB 迪博内部控制与风险管理数据库 www.ic-erm.com

2013年,全国上市公司内部控制评价整体有效的比例为98.93%,上海辖区上市公司内部控制评价结论有效比例低于全国水平,如图4-37所示。

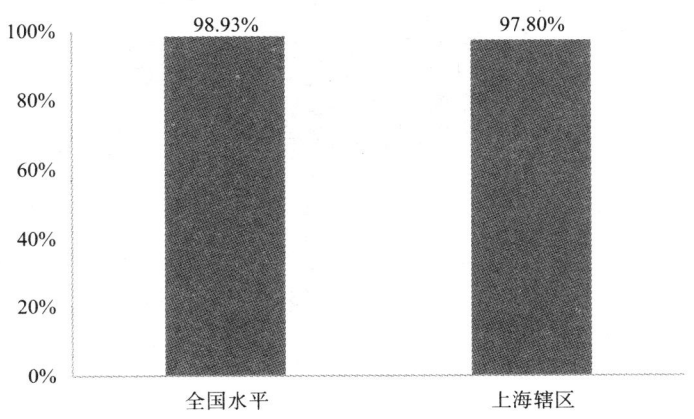

图4-37 上海辖区上市公司内部控制评价结论有效比例与全国水平对比
数据来源:DIB迪博内部控制与风险管理数据库 www.ic-erm.com

3. 内部控制评价报告格式的规范性

上海辖区182家披露了内部控制评价报告的上市公司中,150家上市公司按照"规范的格式"进行披露,占比82.42%;17家上市公司按照"以前的格式"进行披露,占比9.34%;15家上市公司按照"其他的格式"进行披露,占比8.24%,如图4-38所示。

2013年,全国上市公司内部控制评价报告格式规范的比例为75.43%,上海辖区上市公司内部控制评价报告规范比例高于全国水平,如图4-39所示。

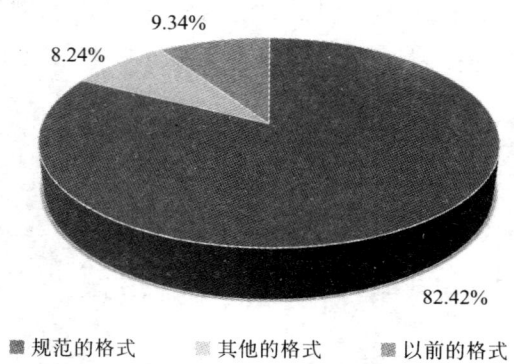

图4-38 上海辖区上市公司内部控制评价报告是否规范的情况
数据来源：DIB迪博内部控制与风险管理数据库 www.ic-erm.com

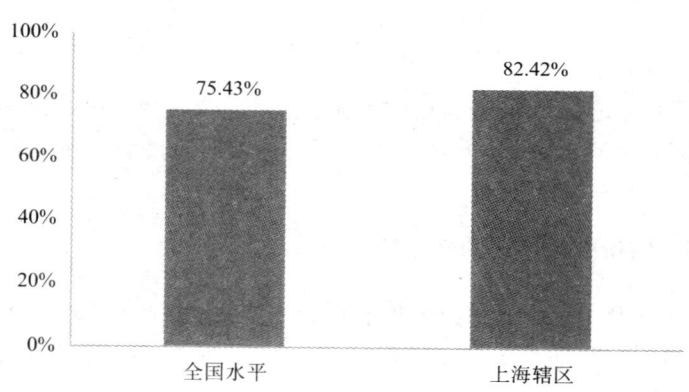

图4-39 上海辖区上市公司内部控制评价报告规范性比例与全国水平对比
数据来源：DIB迪博内部控制与风险管理数据库 www.ic-erm.com

4. 内部控制评价范围披露情况

（1）内部控制评价范围总体披露情况。在上海辖区182家披露了内部控制评价报告的上市公司中，156家上市公司披露了内部控制评价范围，披露比例为85.71%；26家上市公司未披露内部控制评价范围，占比

14.29%，如图 4-40 所示。

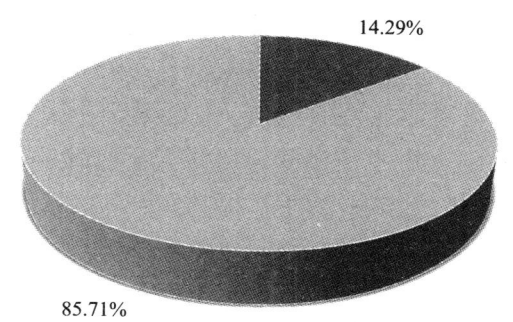

图 4-40　上海辖区内部控制评价范围披露情况
数据来源：DIB 迪博内部控制与风险管理数据库 www.ic-erm.com

2013 年，所有上市公司披露内部控制评价范围的比例为 82.62%，上海辖区内部控制评价范围的披露比例远远高于全国平均水平，如图 4-41 所示。

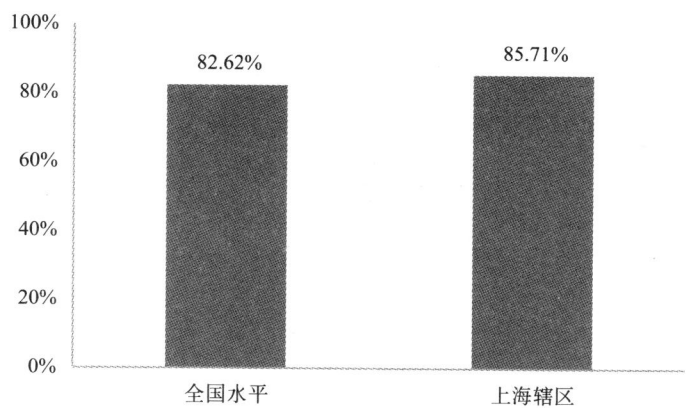

图 4-41　上海辖区内部控制评价范围披露比例与全国总体水平对比
数据来源：DIB 迪博内部控制与风险管理数据库 www.ic-erm.com

（2）纳入内部控制评价范围的单位资产总额及营业收入占比情况。在上海辖区披露了纳入内部控制评价范围单位的156家上市公司中，135家上市公司完整披露了"纳入评价范围单位资产总额占公司合并财务报表资产总额的百分比"及"纳入评价范围单位营业收入合计占公司合并财务报表营业收入总额的百分比"，占比86.54%；2家①仅披露了营业收入占比情况，未披露资产总额占比情况，占比1.28%；19家未披露纳入评价范围单位资产总额及营业收入总额百分比情况，占比12.18%，如图4-42所示。

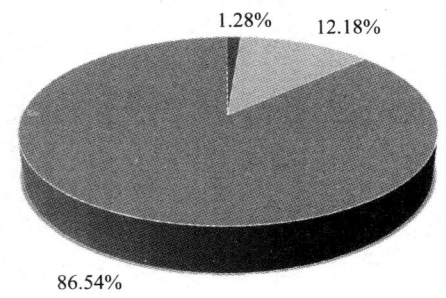

■ 仅披露营业收入占比　　　　　■ 未披露资产总额及营业收入占比
■ 完整披露资产总额及营业收入占比

图4-42　上海辖区披露纳入评价范围的单位的资产总额及营业收入占比情况
数据来源：DIB迪博内部控制与风险管理数据库www.ic-erm.com

135家完整披露了纳入评价范围单位资产总额及营业收入占比情况的上海辖区上市公司中，有31.11%（42家）上市公司纳入评价范围的资产总额和营业收入总额占比均为100%；另有10家上市公司仅营业收入总额占比100%。上海辖区上市公司纳入内部控制评价范围单位的资产总额及营业收入占比情况如表4-14所示。

---

① 仅披露营业收入总额占比情况，未披露资产总额占比情况的2家上市公司分别为：市北高新（600604）和紫江企业（600210）。

表 4-14　上海辖区上市公司纳入评价范围的单位资产总额及营业收入占比

序号	纳入评价范围单位资产总额及营业收入占比情况	上市公司数（家）	占比
1	资产总额占比 = 100%，营业收入占比 = 100%	42	31.11%
2	90% ≤ 资产总额占比 < 100%，营业收入占比 = 100%	10	7.41%
3	90% ≤ 资产总额占比 < 100%，90% ≤ 营业收入占比 < 100%	40	29.63%
4	其他	43	31.85%

数据来源：DIB 迪博内部控制与风险管理数据库 www.ic-erm.com

（四）上海辖区上市公司内部控制缺陷

1. 内部控制评价缺陷认定标准的披露情况

在上海辖区 182 家披露了内部控制评价报告的上市公司中，152 家上市公司披露了内部控制缺陷认定标准，占比 83.52%；30 家未披露内部控制缺陷认定标准，占比 16.48%，如图 4-43 所示。

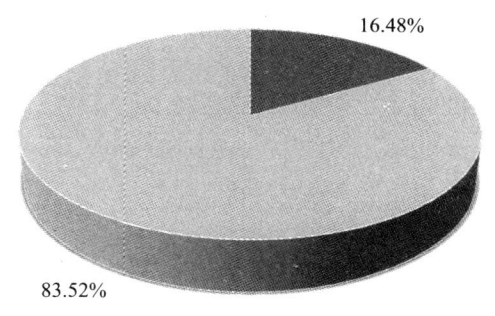

图 4-43　上海辖区上市公司内部控制缺陷认定标准披露情况
数据来源：DIB 迪博内部控制与风险管理数据库 www.ic-erm.com

2013 年，在披露了内部控制缺陷认定标准的上市公司中，92.11%（140 家）的上市公司披露了完整的财报内控缺陷定性及定量认定标准、非财报内控缺陷定性及定量认定标准；12 家上市公司未披露完整的内部控制缺陷认定标准。

未披露完整的缺陷认定标准的上海辖区上市公司如表 4-15 所示。

表 4-15　未披露完整的缺陷认定标准的上海辖区上市公司

序号	证券代码	证券简称
1	601616	广电电气
2	600171	上海贝岭
3	600611	大众交通
4	600530	交大昂立
5	600196	复星医药
6	600844	丹化科技
7	600508	上海能源
8	601328	交通银行
9	300327	中颖电子
10	600895	张江高科
11	300225	金力泰
12	300039	上海凯宝

数据来源：DIB 迪博内部控制与风险管理数据库 www.ic-erm.com

2013 年，全国上市公司披露了内部控制缺陷认定标准的比例为 76.58%，上海辖区上市公司内部控制缺陷认定标准的披露比例高于全国水平，对比情况如图 4-44 所示。

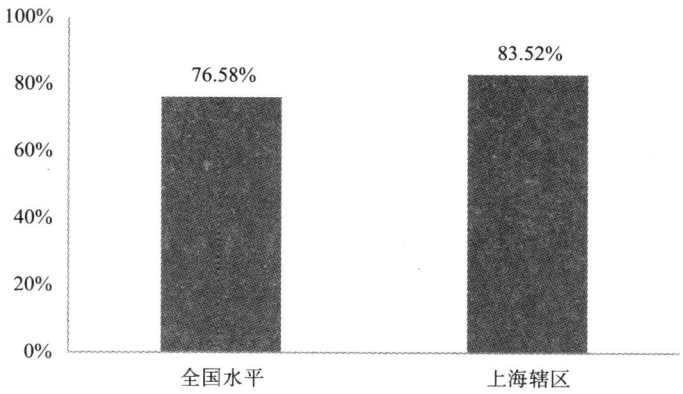

图4-44 上海辖区上市公司内部控制缺陷认定标准披露情况与全国水平对比
数据来源：DIB 迪博内部控制与风险管理数据库 www.ic-erm.com

2. 内部控制评价缺陷披露情况

2013年，在182家披露了内部控制评价报告的上市公司中，24家上市公司披露了内部控制缺陷，占比13.19%；158家上市公司未披露内部控制缺陷，占比86.81%，如图4-45所示。

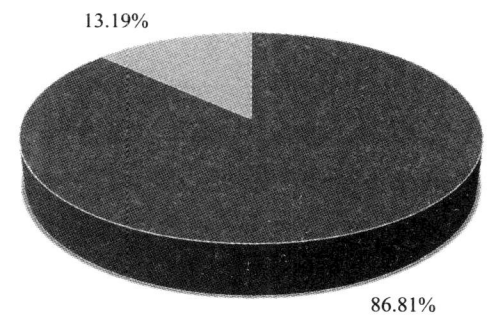

图4-45 上海辖区上市公司内部控制评价缺陷披露情况
数据来源：DIB 迪博内部控制与风险管理数据库 www.ic-erm.com

2013 年，全国 A 股上市公司内部控制缺陷披露的总体比例为 13.66%，上海辖区上市公司内部控制缺陷披露比例略低于全国水平，对比情况如图 4-46 所示。

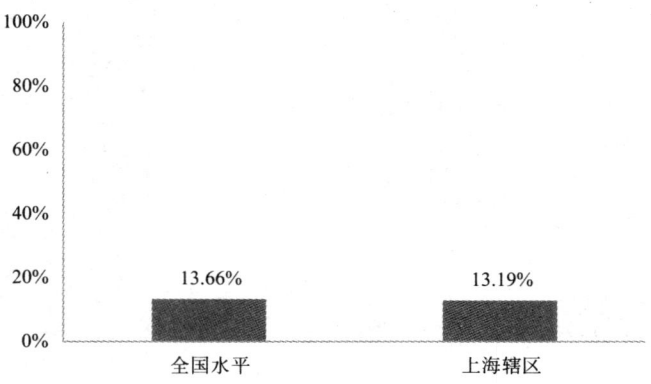

图 4-46　上海辖区上市公司内部控制评价缺陷披露情况与全国水平对比
数据来源：DIB 迪博内部控制与风险管理数据库 www.ic-erm.com

3. 内部控制缺陷分等级披露情况

2013 年，在上海辖区 24 家披露了内部控制缺陷的上市公司中，4 家上市公司披露了重大缺陷，在披露了内部控制评价报告的上市公司中占比 2.20%；5 家上市公司披露了重要缺陷，在披露了内部控制评价报告的上市公司中占比 2.75%；17 家上市公司披露了一般缺陷，在披露了内部控制评价报告的上市公司中占比 9.34%，具体情况如表 4-16 所示。

表 4-16　上海辖区上市公司内部控制缺陷分等级披露情况

缺陷等级	上市公司数（家）	占比
披露内部控制重大缺陷	4	2.20%
披露内部控制重要缺陷	5	2.75%
披露内部控制一般缺陷	17	9.34%

数据来源：DIB 迪博内部控制与风险管理数据库 www.ic-erm.com

4. 内部控制缺陷内容

2013年，上海辖区24家上市公司披露了71项内部控制缺陷，其中21家披露了具体的内部控制缺陷内容，共涉及58项①具体的内部控制缺陷内容，包含内部控制重大缺陷9项，内部控制重要缺陷11项。上海辖区上市公司披露的重大及重要缺陷内容如表4-17所示。

表4-17　　上海辖区上市公司重大及重要内部控制缺陷内容

证券简称	证券代码	缺陷内容	缺陷等级	缺陷类型	设计/运行
S公司	600315	关联交易管理中缺少主动识别、获取及确认关联方信息的机制，也未明确关联方清单维护的频率；无法保证关联方及关联方交易被及时识别，并履行相关的审批和披露事宜，影响财务报表中关联方及关联方交易完整性和披露准确性，与之相关财务报告内部控制设计失效。	重大缺陷	财报缺陷	运行缺陷，设计缺陷
		部分子公司尚未建立在会计期末对当期应付但未付的销售返利和运输费用总金额进行统计和预提的内部控制。上述重大缺陷影响财务报表中销售费用和运输费用的交易完整性、准确性和截止性，与之相关财务报告内部控制设计失效。	重大缺陷	财报缺陷	运行缺陷，设计缺陷
		对财务人员的专业培训尚不够充分、对最新会计准则的掌握不够准确、财务报告及披露流程中的审核存在部分运行失效，未能及时发现对委外加工业务、销售返利、可供出售的金融资产在长期资产与流动资产的分类、营销类费用在应付账款与其他应付款的分类等会计处理的差错，影响财务报表中多个会计科目的准确性。	重大缺陷	财报缺陷	运行缺陷

---

①　部分上市公司在披露内部控制缺陷时未将缺陷按照重大、重要、一般进行分类，本报告按照该公司缺陷认定标准、《企业内部控制基本规范》等规范对缺陷进行分类。

续表

证券简称	证券代码	缺陷内容	缺陷等级	缺陷类型	设计/运行
上海三毛	600689	公司下属企业特别是进出口企业新业务较多，报告期内，原控股子公司上海三毛进出口有限公司，因受美梭案影响（公司重要供应商上海美梭羊绒纺织品有限公司涉嫌刑事犯罪），导致上海市浦东新区国家税务局对涉案商品未退税的于2013年2月1日起暂不办理退税、已退税的采取税收保全措施，同时该公司大额应收账款逾期未能收回、大额银行贷款逾期未能归还，无法继续经营，已于2013年6月1日开始清算，进而直接导致公司连续两年的合并报表亏损。虽然美梭案目前尚未有司法结论，但公司通过检查，发现上海三毛进出口有限公司在与美梭案相关的业务中过分依赖新引入的中国进出口信用保险业务，而对海外客户和实际贸易方的调查有所放松，从而被非善意的贸易对象利用贸易习惯，造成公司损失。 截至2013年5月31日，上海三毛进出口有限公司账面净资产为人民币-5 778.77万元，已严重资不抵债，进而对上海三毛公司2013年度财务报表造成重大影响。 公司举一反三，对有外贸业务的其他子公司进行自查，特别对有出口业务的上海三进进出口有限公司进行了现有内控制度梳理和完善，发现上海三进进出口有限公司也同样存在对海外客户和实际贸易方进行调查的力度和管控不够的缺陷。	重大缺陷	非财报缺陷	运行缺陷

续表

证券简称	证券代码	缺陷内容	缺陷等级	缺陷类型	设计/运行
光大证券	601788	公司策略投资部策略交易内部控制缺陷：公司策略投资部在开展证券自营业务过程中，风控机制未实现有效覆盖，策略交易系统和交易控制缺乏有效管理，策略交易系统存在的技术设计缺陷未被及时发现，导致2013年8月16日异常交易。事件发生后，公司在考虑对冲风险、调剂头寸，降低可能产生的结算风险时，采取了错误的处理方案，被证监会认定为内幕交易、信息误导、违反证券公司内控管理规定等多项违法违规行为。	重大缺陷	非财报缺陷	设计缺陷
		公司投资银行保荐业务质量控制缺陷：公司在保荐"T公司"首次公开发行股票并上市项目中，保荐人未勤勉尽责，出具的发行保荐书及相关文件存在虚假记载，公司对"T公司"项目质量控制不严谨，在核查上市申请材料以及进行财务自查过程中未能勤勉尽责，反映出公司的尽职调查制度和内部控制制度存在一定的缺陷。	重要缺陷	非财报缺陷	运行缺陷
*ST超日	002506	长期股权投资和固定资产方案未进行严格的可行性研究与分析。	重大缺陷	财报缺陷	运行缺陷
		公司对境外电站的投资欠缺管理制度，缺乏有效控制。	重大缺陷	财报缺陷	运行缺陷，设计缺陷
		应收账款、其他应收款金额巨大，部分款项不能按期收回。	重大缺陷	财报缺陷	运行缺陷
		未履行对外担保的相关审批程序。	重大缺陷	财报缺陷	运行缺陷
		部分信息披露不及时。	重要缺陷	非财报缺陷	运行缺陷

续表

证券简称	证券代码	缺陷内容	缺陷等级	缺陷类型	设计/运行
开创国际	600097	公司缺失专职法务人员。公司未设立专门法务部门，存在潜在风险，不能有效对合同实施统一规范管理，无法审核合同条款的权利义务对等性，未建立合同标准文本。	重要缺陷	非财报缺陷	设计缺陷
上海贝岭	600171	无专门应收账款管理相关制度。	重要缺陷	财报缺陷	设计缺陷
		部分采购合同货款的支付方式规定不明确。	重要缺陷	财报缺陷	设计缺陷
		1. 在固定资产盘点过程中，找不到资产存放地点。出现资产卡片贴错现象。2. 目前固定资产转移单是由固定资产管理员电脑打印出 A4 纸并复印一式四联	重要缺陷	财报缺陷	运行缺陷
		岭芯公司无固定资产卡片，无固定资产登记台账，内部转移的资产无固定资产转移单，出现实物已转但账未转的情况。	重要缺陷	财报缺陷	运行缺陷
		未形成各级管理人员和关键岗位员工定期轮岗制度。	重要缺陷	非财报缺陷	设计缺陷
		研发项目末设立相关风险评估防御机制。	重要缺陷	非财报缺陷	运行缺陷
		岭芯公司无独立的的质量部门，依靠贝岭股份的质量部门对采购及委外加工的产品进行质量控制，容易造成责任不清，产品质量把控不到位的情况。	重要缺陷	非财报缺陷	设计缺陷
城投控股	600649	环城公司由我公司所属上海环境集团有限公司与威利雅环境服务中国有限公司（以下简称"威利雅公司"）合资组建，其中环境集团持股60%，威利雅公司持股40%。2013 年 12 月 5 日，环城公司所聘请的渗滤液处理项目生物滤池改造承包商单位上海希恩环保科技有限公司，在维修作业时发生事故，引发调节池爆炸。	重要缺陷	非财报缺陷	运行缺陷

数据来源：DIB 迪博内部控制与风险管理数据库 www.ic-erm.com

5. 按照设计缺陷/运行缺陷分类的内部控制缺陷情况

按照设计缺陷和运行缺陷进行分类统计,2013 年,上海辖区上市公司披露的 58 项含具体内容的内部控制缺陷中,15 项为设计缺陷,占比 25.86%;39 项为运行缺陷,占比 67.24%;4 项同时涉及设计缺陷和运行缺陷,占比 6.90%,如图 4-47 所示。

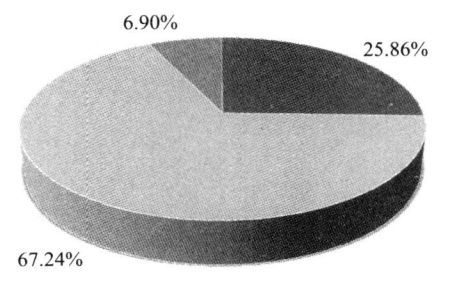

图 4-47 按设计缺陷/运行缺陷分类的内部控制缺陷情况
数据来源:DIB 迪博内部控制与风险管理数据库 www.ic-erm.com

6. 按照财报缺陷/非财报缺陷分类的内部控制缺陷情况

按照财报内控缺陷/非财报内控缺陷进行分类统计,2013 年,上海辖区上市公司披露的 58 项内部控制缺陷中,14 项为财报内控缺陷,占比 24.14%;44 项为非财报内控缺陷,占比 75.86%,如图 4-48 所示。

7. 内部控制缺陷整改情况

2013 年,上海辖区披露的 58 项内部控制缺陷中,47 项内部控制缺陷已开始整改,占比 81.03%;其他 11 项未开始整改,占比 18.97%,如图 4-49 所示。

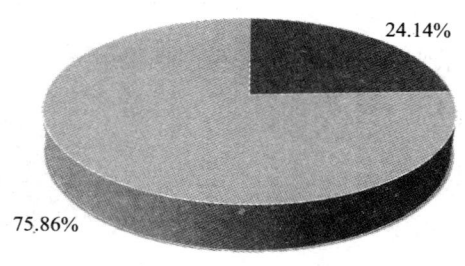

■ 财报内控缺陷　■ 非财报内控缺陷

图 4-48　按设计缺陷/运行缺陷分类的内部控制缺陷情况
数据来源：DIB 迪博内部控制与风险管理数据库 www.ic-erm.com

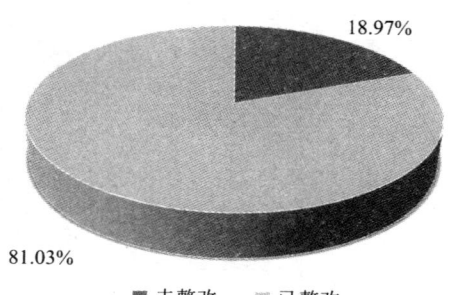

■ 未整改　■ 已整改

图 4-49　上海辖区上市公司内部控制缺陷整改情况
数据来源：DIB 迪博内部控制与风险管理数据库 www.ic-erm.com

上海辖区上市公司未开始整改的内部控制缺陷情况如表 4-18 所示。

表 4-18　　　　上海辖区上市公司未整改缺陷情况表

序号	证券简称	证券代码	未整改缺陷数目	未整改缺陷等级
1	*ST 超日	002506	3	重大缺陷
2	开创国际	600097	1	重要缺陷
3	巴安水务	300262	4	一般缺陷
4	网宿科技	300017	1	一般缺陷
5	丹化科技	600844	2	一般缺陷

数据来源：DIB 迪博内部控制与风险管理数据库 www.ic-erm.com

2013 年，全国上市公司内部控制缺陷整改比例为 67.50%%，上海辖区上市公司内部控制缺陷整改比例远远高于全国水平，如图 4-49 所示。

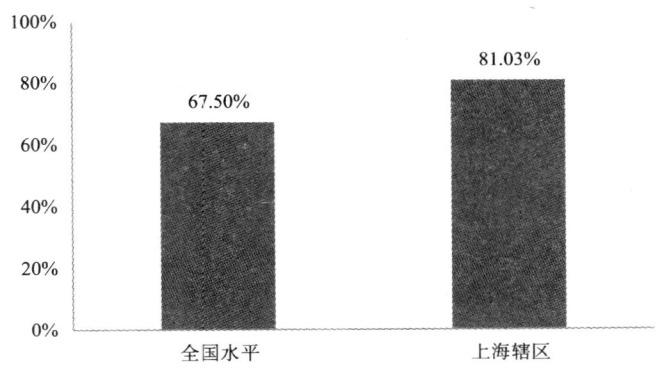

图 4-49　上海辖区上市公司内部控制缺陷整改情况与全国水平对比
数据来源：DIB 迪博内部控制与风险管理数据库 www.ic-erm.com

8. 内部控制缺陷整改有效性情况

2013 年，上海辖区 47 项已经开始整改的内部控制缺陷中，整改后运行有效的有 22 项，占比 46.81%；未完成整改的有 12 项，占比 25.53%；未披露整改后运行有效性结论的 13 项，占比 27.66%。如图 4-50 所示。

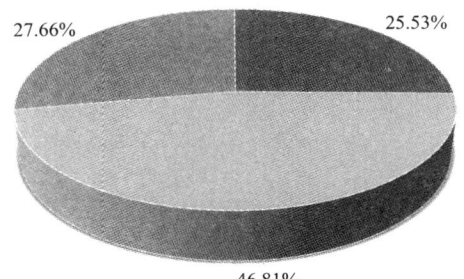

图 4-50　内部控制缺陷整改有效性情况
数据来源：DIB 迪博内部控制与风险管理数据库 www.ic-erm.com

2013年，全国上市公司内部控制缺陷整改有效比例为55.17%，上海辖区上市公司内部控制缺陷整改有效比例低于全国水平，如图4-51所示。

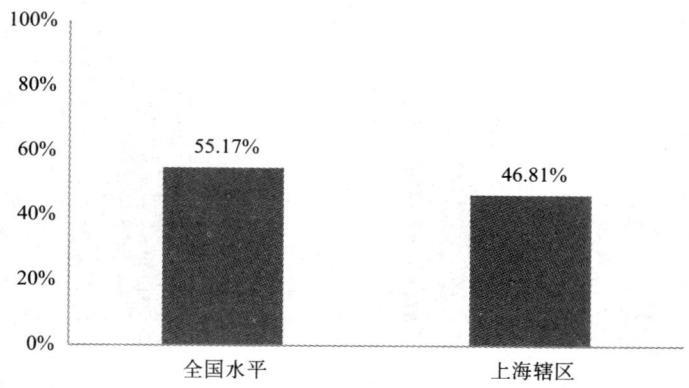

图4-51　上海辖区上市公司内部控制缺陷整改有效性与全国水平对比
数据来源：DIB迪博内部控制与风险管理数据库 www.ic-erm.com

（五）上海辖区上市公司内部控制审计报告

1. 内部控制审计报告披露情况

截至2014年5月17日，上海辖区149家上市公司披露了内部控制审计报告①，占比74.50%，51家上市公司未披露内部控制审计报告，占比25.50%，如图4-52所示。

未披露内部控制审计报告的上海辖区包括24家主板上市公司和27家中小板上市公司。主板上市公司未披露内部控制审计报告原因如表4-19所示。

---

① 仅包含截至2014年5月17日披露的报告。

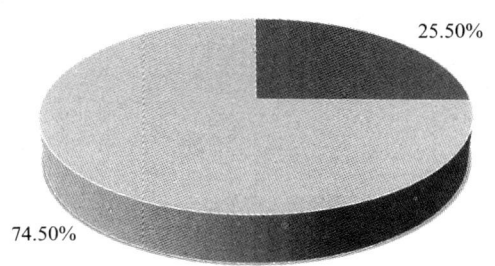

图4-52 上海辖区上市公司内部控制审计报告披露情况
数据来源：DIB迪博内部控制与风险管理数据库 www.ic-erm.com

表4-19 上海辖区未披露内部控制审计报告的主板上市公司情况

序号	证券代码	证券简称	未披露内控审计报告的原因
1	600818	中路股份	未披露具体原因
2	600620	天宸股份	未披露具体原因
3	600695	大江股份	未披露具体原因
4	600613	神奇制药	未披露具体原因
5	600490	鹏欣资源	未披露具体原因
6	600193	创兴资源	未披露具体原因
7	600696	多伦股份	未披露具体原因
8	603003	龙宇燃油	未披露具体原因
9	600851	海欣股份	未披露具体原因
10	600641	万业企业	未披露具体原因
11	000668	荣丰控股	重大资产重组
12	600781	辅仁药业	未披露具体原因
13	600634	ST澄海	重大资产重组
14	600615	丰华股份	未披露具体原因
15	600555	*ST九龙	未披露具体原因
16	600732	上海新梅	未披露具体原因
17	600605	汇通能源	未披露具体原因
18	600836	界龙实业	未披露具体原因
19	600652	爱使股份	未披露具体原因

续表

序号	证券代码	证券简称	未披露内控审计报告的原因
20	600767	运盛实业	重大资产重组
21	600617	*ST 联华	重大资产重组
22	600608	上海科技	未披露具体原因
23	600603	*ST 兴业	暂缓执行内控规范实施方案，未出具内部控制审计报告
24	600097	开创国际	年报披露聘请大信会计事务所进行内部控制审计，但未找到相应报告

数据来源：DIB 迪博内部控制与风险管理数据库 www.ic-erm.com

2013 年，全国 A 股上市公司内部控制审计报告的披露比例为 71.82%，上海辖区上市公司内部控制审计报告的披露比例略高于全国水平，对比情况如图 4-53 所示。

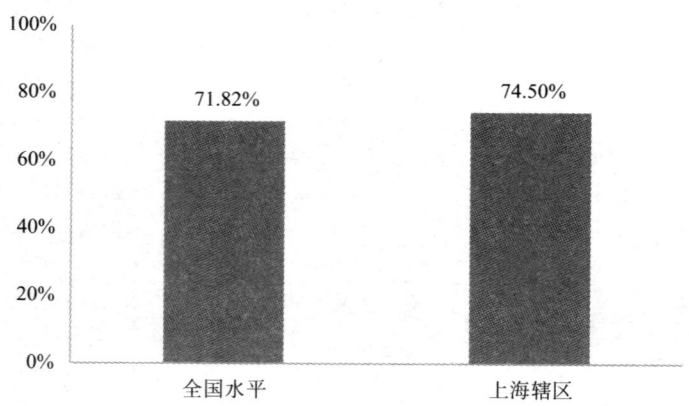

图 4-53　上海辖区上市公司内部控制审计报告披露情况与全国水平对比
数据来源：DIB 迪博内部控制与风险管理数据库 www.ic-erm.com

2. 内部控制审计报告意见

2013 年，上海辖区 149 家上市公司出具了内部控制审计报告，其内部控制审计意见如图 4-54 所示：内部控制审计意见为标准无保留意见的上市公司 144 家，占比 96.64%；带强调事项段无保留意见为 3 家，占比 2.01%；否定意见为 2 家，占比 1.34%。

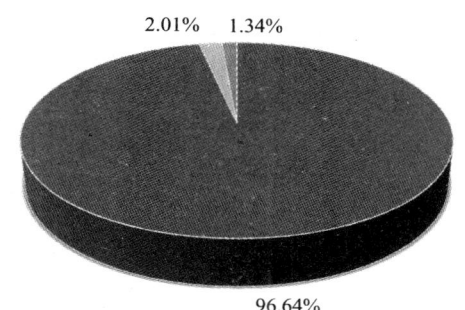

图 4-54　上海辖区上市公司 2013 年内部控制审计意见
数据来源：DIB 迪博内部控制与风险管理数据库 www.ic-erm.com

2013 年，全国上市公司内部控制审计意见为标准无保留意见的比例为 97.01%，上海辖区上市公司内部控制审计意见为标准无保留意见的比例略低于全国水平，如图 4-55 所示。

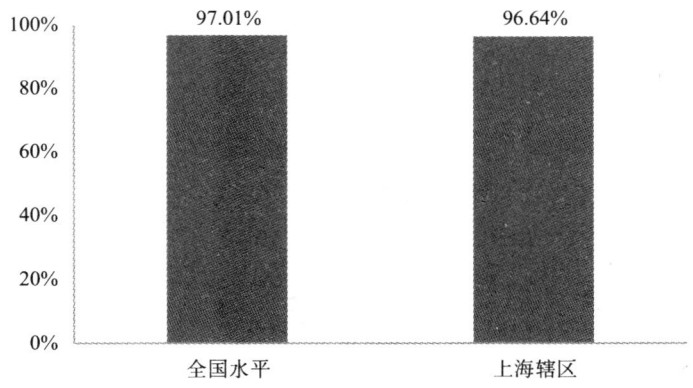

图 4-55　上海辖区上市公司 2013 年内部控制审计意见与全国水平对比
数据来源：DIB 迪博内部控制与风险管理数据库 www.ic-erm.com

内部控制审计结论为带强调事项段无保留意见和否定意见（非标审计意见）的上海辖区上市公司如表4-20所示。

表4-20　内部控制审计结论为非标审计意见的上海辖区上市公司

证券代码	证券简称	内部控制审计结论	涉及的业务活动/原因	影响的目标
600689	上海三毛	带强调事项段无保留意见	信息披露	合规目标
600637	百视通	带强调事项段无保留意见	信息系统	财务报告目标
600822	上海物贸	带强调事项段无保留意见	信息披露	合规目标
600315	S公司	否定意见	关联交易/子公司管控/财务报告	经营目标/财务报告目标
002506	*ST超日	否定意见	销售业务/资产管理/财务报告/信息披露	经营目标/财务报告目标/合规目标

数据来源：DIB迪博内部控制与风险管理数据库 www.ic-erm.com

3. 内部控制审计报告类型

2013年，在149家披露了内部控制审计报告的上市公司中，118家披露的为规范的内部控制审计报告，占比79.19%；27家披露的为内部控制鉴证报告，占比18.12%；4家披露的为内部控制审核报告，占比2.68%，如图4-56所示。

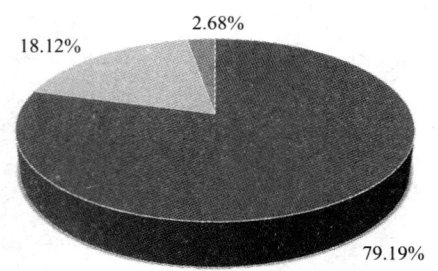

图4-56　上海辖区上市公司内部控制审计报告类型

数据来源：DIB迪博内部控制与风险管理数据库 www.ic-erm.com

2013年，全国披露了规范的内部控制审计报告的上市公司的比例为62.08%，上海辖区上市公司规范的内部控制审计报告披露比例远远高于全国水平，对比情况如图4-57所示。

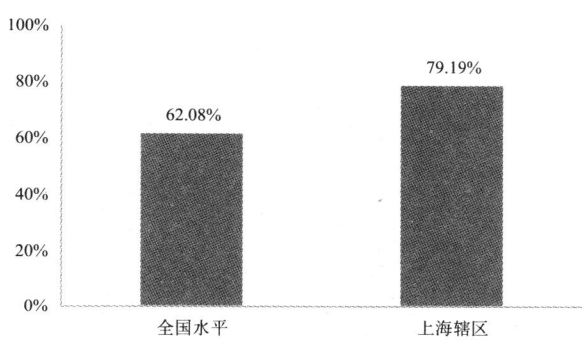

图4-57 上海辖区上市公司内部控制审计报告类型与全国水平对比
数据来源：DIB迪博内部控制与风险管理数据库 www.ic-erm.com

4. 内部控制审计费用

（1）内部控制审计费用总体披露情况。2013年，在上海辖区披露了内部控制审计报告149家上市公司中，113家在年报中披露其支付了内部控制审计费用，占比75.84%，36家未在年报中披露是否支付了内部控制审计费用，占比24.16%，如图4-58所示。

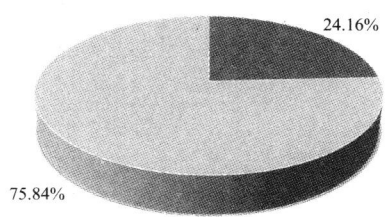

图4-58 上海辖区上市公司内部控制审计费用的披露情况
数据来源：DIB迪博内部控制与风险管理数据库 www.ic-erm.com

2013年，全国披露内部控制审计费用的上市公司所占比例为52.99%，上海辖区上市公司内部控制审计费用披露比例远远高于全国水平，对比情况如图4-59所示。

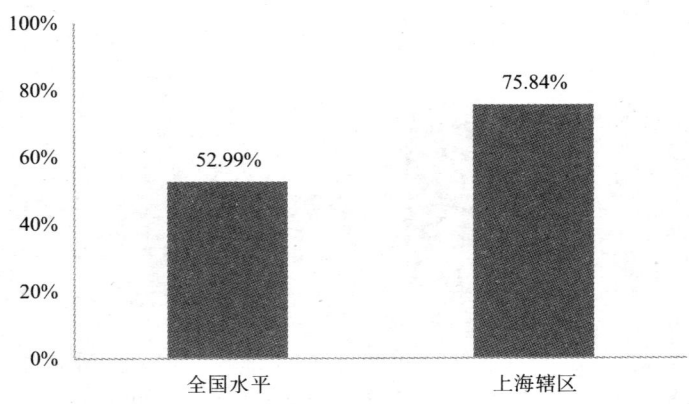

图4-59　上海辖区上市公司内部控制审计费用的披露情况与全国水平对比
数据来源：DIB迪博内部控制与风险管理数据库 www.ic-erm.com

（2）内部控制审计费用总额。2013年，上海辖区在年报中披露其支付了内部控制审计费用的113家上市公司中，112家单独披露了内部控制审计费用的数额，1家未披露具体的内部控制审计费用数额，未披露具体的内部控制审计费用金额的上市公司为棱光实业（600629）。

112家上市公司单独披露的内部控制审计费用总额为62 703 940元，平均每家公司花费的内部控制审计费用为559 857元。单独披露了内部控制审计费用的上市公司，其内部控制审计费用占审计费用总额的比例的平均值为26.02%。

2013年，全国上市公司披露的内部控制审计费用的平均值为475 690元，上海辖区上市公司内部控制审计费用平均值高于全国水平，对比情况如图4-60所示。

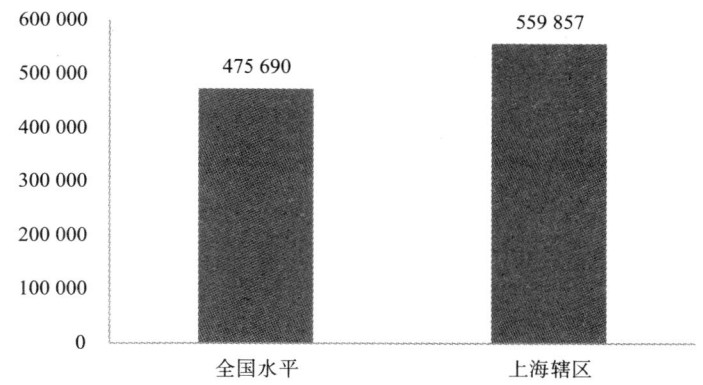

图4-60 上海辖区上市公司内部控制审计费用的平均值与全国水平对比
数据来源：DIB 迪博内部控制与风险管理数据库 www.ic-erm.com

5. 内部控制整合审计情况

2013年，在上海辖区149家披露了内部控制审计报告的上市公司中，有144家上市公司进行了整合审计，占比96.64%；5家上市公司进行独立审计，占比3.36%，如图4-61所示。

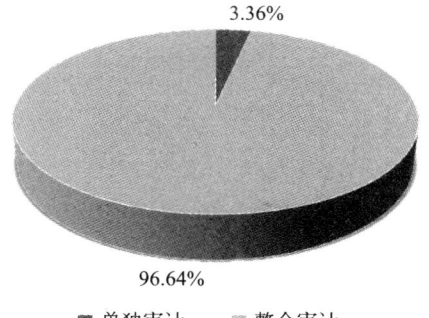

图4-61 上海辖区上市公司整合审计情况
数据来源：DIB 迪博内部控制与风险管理数据库 www.ic-erm.com

2013年，全国A股上市公司进行整合审计的比例为98.00%，上海辖区上市公司进行整合审计的比例略低于全国整体水平，如图4-62所示。

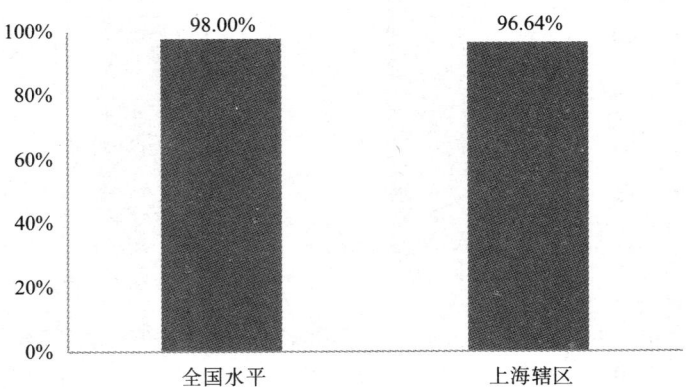

图4-62　上海辖区上市公司整合审计情况与全国整体水平对比

数据来源：DIB迪博内部控制与风险管理数据库www.ic-erm.com

2013年，上海辖区5家进行单独审计的上市公司聘请的会计师事务所情况如表4-21所示。

表4-21　　　　　上海辖区进行单独审计的上市公司情况

证券代码	证券简称	内部控制审计机构	出具内控审计意见的注册会计师	财务报表审计机构	出具财报审计意见的注册会计师
600009	上海机场	安永华明会计师事务所（特殊普通合伙）	张飞，林玲	立信会计师事务所（特殊普通合伙）	顾文贤，傅亚萍
600150	中国船舶	众环海华会计师事务所（特殊普通合伙）	罗芸，高晓峰	信永中和会计师事务所（特殊普通合伙）	陈刚，宋勇
600503	华丽家族	大华会计师事务所（特殊普通合伙）	范荣，韩军民	立信会计师事务所（特殊普通合伙）	李晨，姜丽君

续表

证券代码	证券简称	内部控制审计机构	出具内控审计意见的注册会计师	财务报表审计机构	出具财报审计意见的注册会计师
600655	豫园商城	安永华明会计师事务所（特殊普通合伙）	谈朝晖，曹绮冰	上会会计师事务所（特殊普通合伙）	张俊峰，张健
600663	陆家嘴	众华会计师事务所（特殊普通合伙）	陆友毅，钱晓蕾	安永华明会计师事务所（特殊普通合伙）	汤哲辉，赵英

数据来源：DIB 迪博内部控制与风险管理数据库 www.ic-erm.com

6. 出具内部控制审计报告的事务所

2013年，在149家披露了内部控制审计报告的上海辖区上市公司中，有30家上市公司聘请了四大会计师事务所进行内部控制审计，占比20.13%；119家上市公司聘请非四大会计师事务所进行内部控制审计，占比79.87%，如图4-63所示。

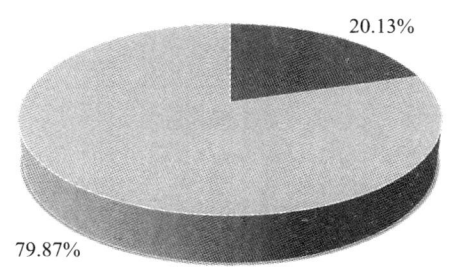

图4-63 上海辖区聘请会计师事务所进行内部控制审计情况
数据来源：DIB 迪博内部控制与风险管理数据库 www.ic-erm.com

2013年，为上海辖区149家上市公司出具内部控制审计报告的会计师事务所共19家，事务所具体分布情况如表4-22所示。

表 4-22　为上海辖区上市公司进行内部控制审计的会计师事务所情况

	为上市公司出具内控审计报告的事务所名称	上市公司数（家）	占比
四大会计师事务所	安永华明会计师事务所（特殊普通合伙）	11	7.38%
	德勤华永会计师事务所（特殊普通合伙）	10	6.71%
	普华永道中天会计师事务所（特殊普通合伙）	7	4.70%
	毕马威华振会计师事务所（特殊普通合伙）	2	1.34%
	四大会计师事务所小计	30	20.13%
非四大会计师事务所	立信会计师事务所（特殊普通合伙）	51	34.23%
	众华会计师事务所（特殊普通合伙）	20	13.42%
	上会计师事务所（特殊普通合伙）	11	7.38%
	大华会计师事务所（特殊普通合伙）	7	4.70%
	天职国际会计师事务所（特殊普通合伙）	6	4.03%
	瑞华会计师事务所（特殊普通合伙）	6	4.03%
	信永中和会计师事务所（特殊普通合伙）	4	2.68%
	大信会计师事务所（特殊普通合伙）	4	2.68%
	众环海华会计师事务所（特殊普通合伙）	3	2.01%
	中天运会计师事务所（特殊普通合伙）	2	1.34%
	中兴华会计师事务所（特殊普通合伙）	1	0.67%
	希格玛会计师事务所（特殊普通合伙）	1	0.67%
	利安达会计师事务所（特殊普通合伙）	1	0.67%
	华普天健会计师事务所（特殊普通合伙）	1	0.67%
	北京兴华会计师事务所（特殊普通合伙）	1	0.67%
	非四大会计师事务所合计	119	79.87%
总　计		149	100%

数据来源：DIB 迪博内部控制与风险管理数据库 www.ic-erm.com

7. 财务报表审计意见与内部控制审计意见对比

对比上海辖区上市公司内部控制审计意见与财务报表审计意见发现，2013 年，上海辖区有 4 家上市公司的两种审计意见不一致，占上海辖区出具内部控制审计报告上市公司数量的 2.68%。两种审计意见不一致的上海辖区上市公司如表 4 - 23 所示。

表 4 - 23　上海辖区内部控制审计意见与财务报表审计意见对比

证券简称	证券代码	内部控制审计意见	财务报告审计意见类别
S 中纺机	600610	标准无保留意见	带强调事项段的无保留意见
*ST 超日	002506	否定意见	无法（拒绝）表示意见
S 公司	600315	否定意见	标准无保留意见
百视通	600637	带强调事项段无保留意见	标准无保留意见

数据来源：DIB 迪博内部控制与风险管理数据库 www.ic - erm.com

（六）上海辖区上市公司内部控制实施特点

1. 上海辖区 91.00% 的上市公司披露了内部控制评价报告，披露比例低于全国平均水平；

2. 上海辖区上市公司内部控制评价结论为整体有效的比例低于全国整体水平；

3. 上海辖区规范格式的内部控制评价报告披露比例、内部控制评价范围披露比例、内部控制缺陷认定标准披露比例均高于全国整体水平；

4. 上海辖区存在内部控制重大缺陷和重要缺陷的上市公司比例均高于全国整体水平；

5. 上海辖区披露的内部控制缺陷中，大部分缺陷已开始整改，已开始整改的缺陷比例远高于全国整体水平，但整改后运行有效的比例却远低于全国整体水平；

6. 上海辖区 74.50% 的上市公司披露了内部控制审计报告，披露比例高于全国平均水平；

7. 上海辖区上市公司内部控制审计意见为标准无保留意见的比例略低于全国整体水平；

8. 大部分上海辖区上市公司披露了规范的内部控制审计报告，内部控制审计报告规范性比例远高于全国整体水平；

9. 上海辖区进行整合审计的上市公司比例略低于全国平均水平；

10. 大部分上海辖区上市公司披露了内部控制审计费用，内部控制审计费用披露比例远高于全行业整体水平；

11. 上海辖区上市公司对内部控制审计费用的投入远远高于全行业平均水平。

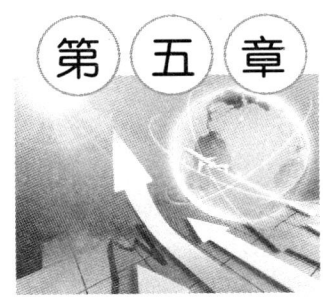

第五章

中国上市公司内部控制指数

在全面描述了 2013 年上市公司内部控制信息披露情况的基础上，本书将采用"迪博·中国上市公司内部控制指数"衡量各上市公司的内部控制水平，以指数的方式反映上市公司的内部控制水平及风险管控能力。

一、样本选取与数据来源

截至 2013 年 12 月 31 日，沪深 A 股共 2 468 家上市公司，其中 2013 年 1 月 1 日前上市公司共 2 466 家。为保证内部控制指数指标选取的客观、公正和完整性，迪博·中国上市公司内部控制指数以 2013 年 1 月 1 日前上市公司为样本，剔除本书数据收集截止日[①]前仍未披露年报的 3 家上市公司，2013 年纳入迪博·中国上市公司内部控制指数范围的样本数量为 2 463 家上市公司。

计算上市公司内部控制指数的数据来源于上市公司公开披露的年报、内部控制评价报告、内部控制审计报告、财务重述报告、诉讼报告以及各政府监管机构对上市公司违法违规行为的处理公告等，本书中所有上市公司内部控制指数及评级情况均已收录至 DIB 内部控制与风险管理数据库（www.ic-erm.com）。

二、上市公司内部控制评级总体情况

迪博·中国上市公司内部控制指数是综合反映我国上市公司内部控制水平与风险管理能力的量化指数体系，采用千分制，取值范围为 [0，1 000]，并根据上市公司内部控制指数值，按照四级八档的分类标准，将上市公司的内部控制水平分为 AAA、AA、A、BBB、BB、B、C 和

---

① 本书数据截止日为 2014 年 5 月 17 日。

D 八个等级。

2013年,2 463家A股上市公司内部控制整体水平如下:内部控制评级为AA的上市公司共有11家,占比0.45%;内部控制评级为A的公司共36家,占比1.46%;内部控制评级为BBB的公司共103家,占比4.18%;内部控制评级为BB的公司共548家,占比22.25%;内部控制评级为B的公司共1 295家,占比52.58%;内部控制评级为C的公司共412家,占比16.73%;内部控制评级为D的公司共58家,占比2.35%;如图5-1所示。

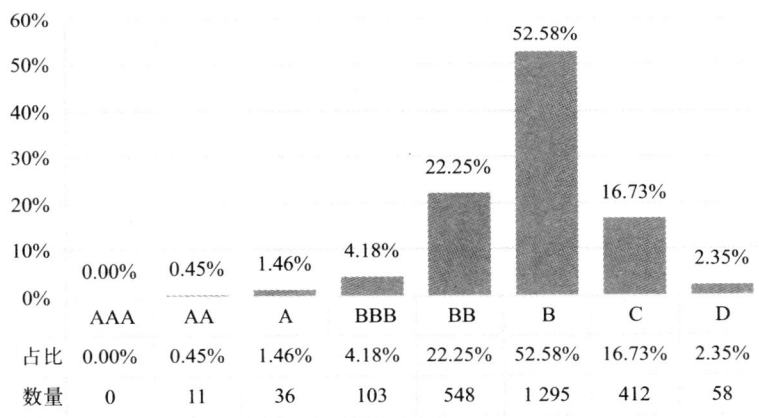

图5-1 2013年中国上市公司内部控制整体水平
数据来源:DIB迪博内部控制与风险管理数据库 www.ic-erm.com

从2013年中国上市公司内部控制评级来看,中国上市公司整体的内部控制水平普遍处于基本合格状态,上市公司中内部控制评级为A级及以上的公司数量偏少,整体的内部控制水平还有待进一步加强。

三、分行业上市公司内部控制评级情况

根据证监发 2012 第 31 号文件,按照制造业二级、其他行业一级的行业划分方法,2013 年各行业上市公司内部控制评级情况如下①:

1. 农、林、牧、渔业

2013 年,农、林、牧、渔业纳入内部控制指数范围的上市公司样本总量为 39 家,其内部控制评级情况如下:BB 级上市公司 4 家,占比 10.26%;B 级上市公司 19 家,占比 48.72%;C 级上市公司 13 家,占比 33.33%;D 级上市公司 3 家,占比 7.69%。农、林、牧、渔业上市公司 2013 年内部控制等级整体分布情况如图 5-2 所示。

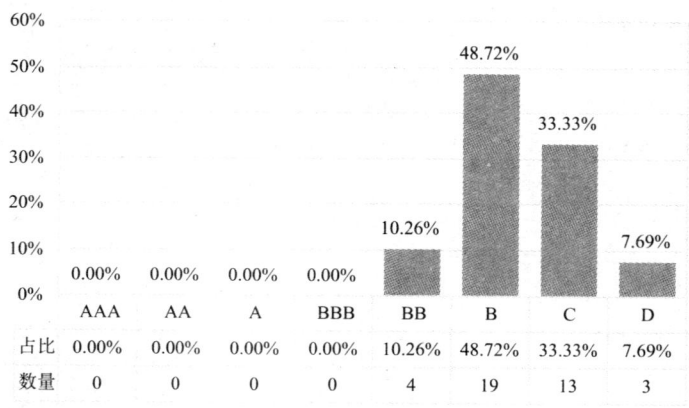

图 5-2 农、林、牧、渔业上市公司内部控制评级分布情况

数据来源:DIB 迪博内部控制与风险管理数据库 www.ic-erm.com

---

① 因废弃资源综合利用业和教育业均只有 1 家上市公司,卫生和社会工作业仅 3 家上市公司,故下文不对上述 3 个行业内部控制评级情况进行具体说明,若需要了解这 3 个行业的内部控制情况,请联系作者查阅。

在39家农、林、牧、渔业上市公司中,内部控制水平排名前五的依次为:登海种业(002041)、国联水产(300094)、罗牛山(000735)、海南橡胶(601118)和亚盛集团(600108),其内部控制评级情况如表5-1所示。

表5-1　农、林、牧、渔业内部控制前五强等级分布情况

行业排名	证券代码	证券简称	内部控制等级	行业
1	002041	登海种业	BB	农、林、牧、渔业
2	300094	国联水产	BB	农、林、牧、渔业
3	000735	罗牛山	BB	农、林、牧、渔业
4	601118	海南橡胶	BB	农、林、牧、渔业
5	600108	亚盛集团	B	农、林、牧、渔业

数据来源:DIB迪博内部控制与风险管理数据库 www.ic-erm.com

2. 采矿业

2013年,采矿业纳入内部控制指数范围的上市公司样本总量为65家,其内部控制评级情况如下:A级上市公司1家,占比1.54%;BBB级上市公司5家,占比7.69%;BB级上市公司8家,占比12.31%;B级上市公司32家,占比49.23%;C级上市公司17家,占比26.15%;D级上市公司2家,占比3.08%。采矿业上市公司2013年内部控制等级整体分布情况如图5-3所示。

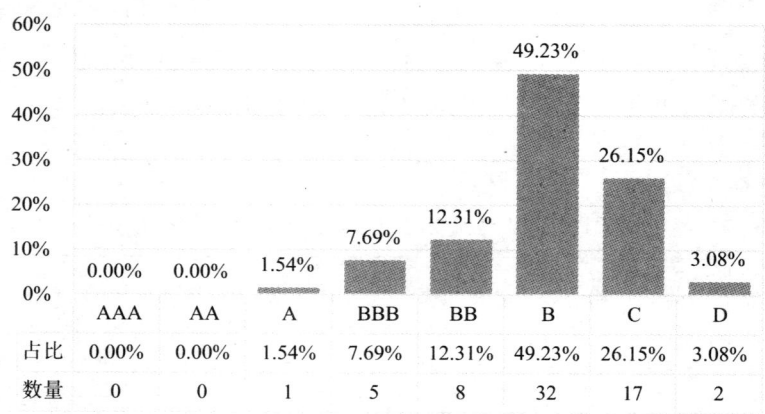

图 5-3 采矿业上市公司内部控制评级分布情况

数据来源：DIB 迪博内部控制与风险管理数据库 www.ic-erm.com

在 65 家采矿业上市公司中，内部控制水平排名前五的依次为：中国石化（600028）、海油工程（600583）、中海油服（601808）、中国石油（601875）和中煤能源（601898），其内部控制评级情况如表 5-2 所示。

表 5-2 采矿业内部控制前五强等级分布情况

行业排名	证券代码	证券简称	内部控制等级	行业
1	600028	中国石化	A	采矿业
2	600583	海油工程	BBB	采矿业
3	601808	中海油服	BBB	采矿业
4	601857	中国石油	BBB	采矿业
5	601898	中煤能源	BBB	采矿业

数据来源：DIB 迪博内部控制与风险管理数据库 www.ic-erm.com

3. 农副食品加工业

2013 年，农副食品加工业纳入内部控制指数范围的上市公司样本总量为37家,其内部控制评级情况如下:AA级上市公司1家,占比2.70%;BBB级上市公司2家,占比5.41%;BB级上市公司10家,占比27.03%;B级上市公司18家,占比48.65%;C级上市公司6家,占比16.22%。农副食品加工业上市公司2013年内部控制等级整体分布情况如图5-4所示。

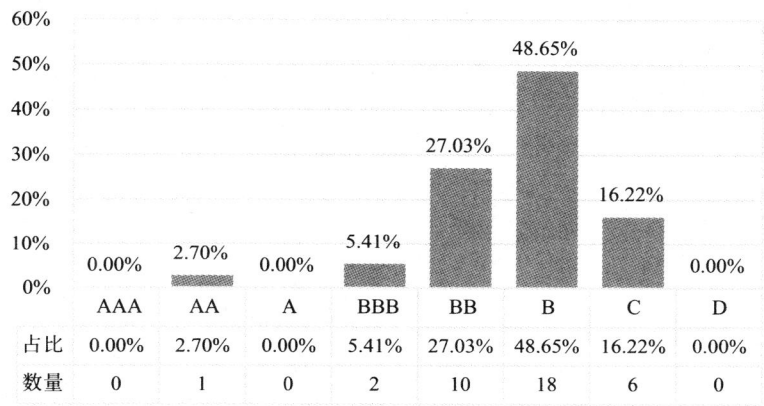

图5-4 农副食品加工业上市公司内部控制评级分布情况

数据来源:DIB迪博内部控制与风险管理数据库 www.ic-erm.com

在37家农副食品加工业上市公司中,内部控制水平排名前五的依次为:新希望(000876)、大北农(002385)、东凌粮油(000893)、顺鑫农业(000860)和天康生物(002100),其内部控制评级情况如表5-3所示。

表5-3　　农副食品加工业内部控制前五强等级分布情况

行业排名	证券代码	证券简称	内部控制等级	行业
1	000876	新希望	AA	农副食品加工业
2	002385	大北农	BBB	农副食品加工业
3	000893	东凌粮油	BBB	农副食品加工业
4	000860	顺鑫农业	BB	农副食品加工业
5	002100	天康生物	BB	农副食品加工业

数据来源:DIB迪博内部控制与风险管理数据库 www.ic-erm.com

4. 食品制造业

2013年，食品制造业纳入内部控制指数范围的上市公司样本总量为22家，其内部控制评级情况如下：A级上市公司1家，占比4.55%；BBB级上市公司1家，占比4.55%；BB级上市公司7家，占比31.82%；B级上市公司8家，占比36.36%；C级上市公司5家，占比22.73%。食品制造业上市公司2013年内部控制等级整体分布情况如图5-5所示。

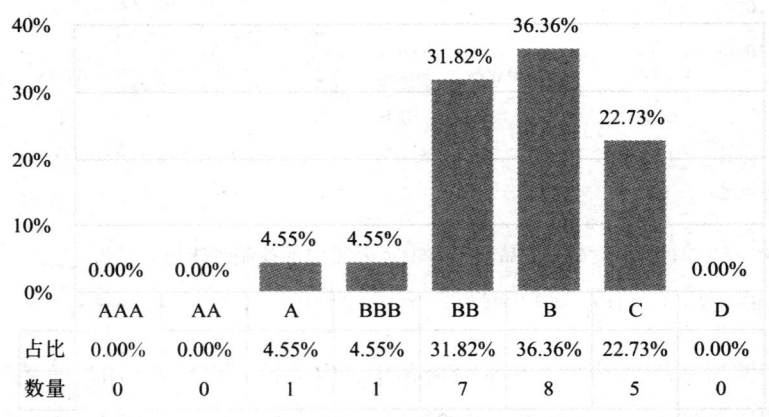

图5-5 食品制造业上市公司内部控制评级分布情况
数据来源：DIB迪博内部控制与风险管理数据库 www.ic-erm.com

在22家食品制造业上市公司中，内部控制水平排名前五的依次为：伊利股份（600887）、光明乳业（600597）、汤臣倍健（300146）、上海梅林（600073）和中炬高新（600872），其内部控制评级情况如表5-4所示。

表 5-4　食品制造业内部控制前五强等级分布情况

行业排名	证券代码	证券简称	内部控制等级	行业
1	600887	伊利股份	A	食品制造业
2	600597	光明乳业	BBB	食品制造业
3	300146	汤臣倍健	BB	食品制造业
4	600073	上海梅林	BB	食品制造业
5	600872	中炬高新	BB	食品制造业

数据来源：DIB 迪博内部控制与风险管理数据库 www.ic-erm.com

5. 酒、饮料和精制茶制造业

2013 年，酒、饮料和精制茶制造业纳入内部控制指数范围的上市公司样本总量为 35 家，其内部控制评级情况如下：BBB 级上市公司 2 家，占比 5.71%；BB 级上市公司 2 家，占比 5.71%；B 级上市公司 16 家，占比 45.71%；C 级上市公司 14 家，占比 40.00%；D 级上市公司 1 家，占比 2.86%。酒、饮料和精制茶制造业上市公司 2013 年内部控制等级整体分布情况如图 5-6 所示。

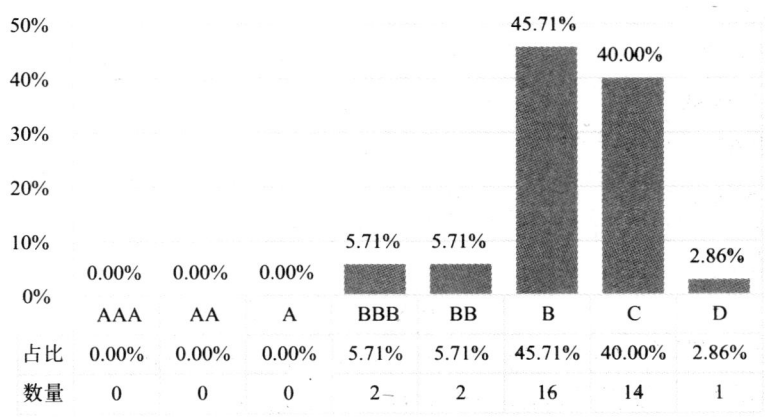

图 5-6　酒、饮料和精制茶制造业上市公司内部控制评级分布情况
数据来源：DIB 迪博内部控制与风险管理数据库 www.ic-erm.com

在 35 家酒、饮料和精制茶制造业上市公司中,内部控制水平排名前五的依次为:青岛啤酒(600600)、燕京啤酒(000729)、洋河股份(002304)、承德露露(000848)和贵州茅台(600519),其内部控制评级情况如表 5-4 所示。

表 5-5　酒、饮料和精制茶制造业内部控制前五强等级分布情况

行业排名	证券代码	证券简称	内部控制等级	行业
1	600600	青岛啤酒	BBB	酒、饮料和精制茶制造业
2	000729	燕京啤酒	BBB	酒、饮料和精制茶制造业
3	002304	洋河股份	BB	酒、饮料和精制茶制造业
4	000848	承德露露	BB	酒、饮料和精制茶制造业
5	600519	贵州茅台	B	酒、饮料和精制茶制造业

数据来源:DIB 迪博内部控制与风险管理数据库 www.ic-erm.com

6. 纺织业

2013 年,纺织业纳入内部控制指数范围的上市公司样本总量为 43 家,其内部控制评级情况如下:BB 级上市公司 7 家,占比 16.28%;B 级上市公司 28 家,占比 65.12%;C 级上市公司 5 家,占比 11.63%;D 级上市公司 3 家,占比 6.98%。纺织业上市公司 2013 年内部控制等级整体分布情况如图 5-7 所示。

在 43 家纺织业上市公司中,内部控制水平排名前五的依次为:鲁泰 A(000726)、富安娜(002327)、常山股份(000158)、华孚色纺(002042)和众和股份(002070),其内部控制评级情况如表 5-6 所示。

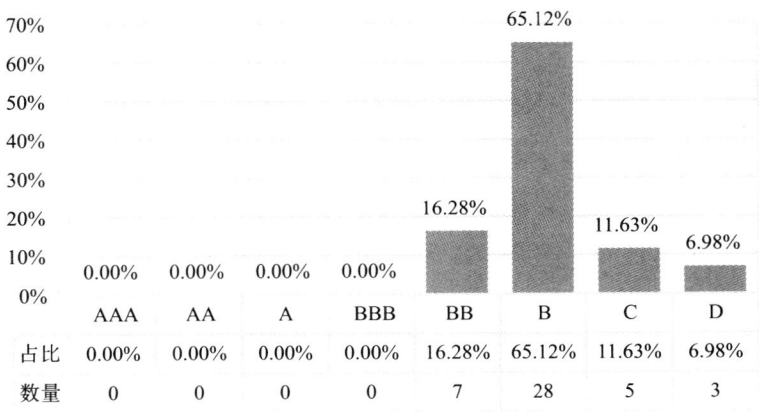

图 5-7 纺织业上市公司内部控制评级分布情况

数据来源：DIB 迪博内部控制与风险管理数据库 www.ic-erm.com

表 5-6　　　　　　纺织业内部控制前五强等级分布情况

行业排名	证券代码	证券简称	内部控制等级	行业
1	000726	鲁泰A	BB	纺织业
2	002327	富安娜	BB	纺织业
3	000158	常山股份	BB	纺织业
4	002042	华孚色纺	BB	纺织业
5	002070	众和股份	BB	纺织业

数据来源：DIB 迪博内部控制与风险管理数据库 www.ic-erm.com

7. 纺织服装、服饰业

2013 年，纺织服装、服饰业纳入内部控制指数范围的上市公司样本总量为 28 家，其内部控制评级情况如下：BB 级上市公司 11 家，占比 39.29%；B 级上市公司 13 家，占比 46.43%；C 级上市公司 4 家，占比 14.29%。纺织服装、服饰业上市公司 2013 年内部控制等级整体分布情况如图 5-8 所示。

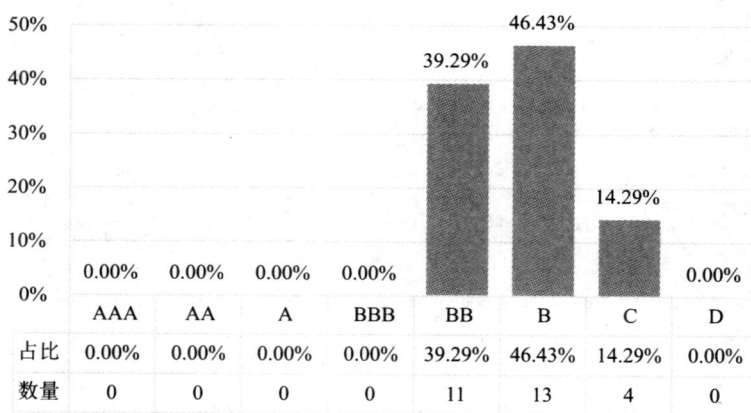

图 5-8　纺织服装、服饰业上市公司内部控制评级分布情况
数据来源：DIB 迪博内部控制与风险管理数据库 www.ic-erm.com

在 28 家纺织服装、服饰业上市公司中，内部控制水平排名前五的依次为：际华集团（601718）、雅戈尔（600177）、嘉麟杰（002486）、宜科科技（002036）和九牧王（601566），其内部控制评级情况如表 5-7 所示。

表 5-7　纺织服装、服饰业内部控制前五强等级分布情况

行业排名	证券代码	证券简称	内部控制等级	行业
1	601718	际华集团	BB	纺织服装、服饰业
2	600177	雅戈尔	BB	纺织服装、服饰业
3	002486	嘉麟杰	BB	纺织服装、服饰业
4	002036	宜科科技	BB	纺织服装、服饰业
5	601566	九牧王	BB	纺织服装、服饰业

数据来源：DIB 迪博内部控制与风险管理数据库 www.ic-erm.com

8. 皮革、毛皮、羽毛及其制品和制鞋业

2013年，皮革、毛皮、羽毛及其制品和制鞋业纳入内部控制指数范围的上市公司样本总量为6家，其内部控制评级全部为B级，其中内部控制水平排名前五的依次为：兴业科技（002674）、瑞贝卡（600439）、华斯股份（002494）、奥康国际（603001）、泰亚股份（002517），皮革、毛皮、羽毛及其制品和制鞋业内部控制评级情况如表5－8所示。

表5－8　皮革、毛皮、羽毛及其制品和制鞋业内部控制前五强等级分布情况

行业排名	证券代码	证券简称	内部控制等级	行业
1	002674	兴业科技	B	皮革、毛皮、羽毛及其制品和制鞋业
2	600439	瑞贝卡	B	皮革、毛皮、羽毛及其制品和制鞋业
3	002494	华斯股份	B	皮革、毛皮、羽毛及其制品和制鞋业
4	603001	奥康国际	B	皮革、毛皮、羽毛及其制品和制鞋业
5	002517	泰亚股份	B	皮革、毛皮、羽毛及其制品和制鞋业

数据来源：DIB迪博内部控制与风险管理数据库 www.ic－erm.com

9. 木材加工及木、竹、藤、棕、草制品业

2013年，木材加工及木、竹、藤、棕、草制品业纳入内部控制指数范围的上市公司样本总量为9家，其内部控制评级情况如下：BB级上市公司2家，占比22.22%；B级上市公司5家，占比55.56%；C级上市公司2家，占比22.22%。木材加工及木、竹、藤、棕、草制品业上市公司2013年内部控制等级整体分布情况如图5－9所示。

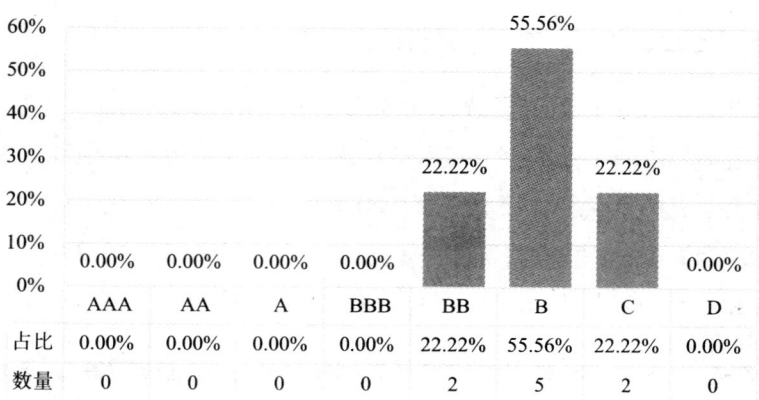

图5-9 木材加工及木、竹、藤、棕、草制品业上市公司内部控制评级分布情况
数据来源：DIB迪博内部控制与风险管理数据库 www.ic-erm.com

在9家木材加工及木、竹、藤、棕、草制品业上市公司中，内部控制水平排名前五的依次为：大亚科技（000910）、吉林森工（600189）、科冕木业（002354）、兔宝宝（002043）和丰林集团（601996），其内部控制评级情况如表5-9所示。

表5-9 木材加工及木、竹、藤、棕、草制品业内部控制前五强等级分布情况

行业排名	证券代码	证券简称	内部控制等级	行业
1	000910	大亚科技	BB	木材加工及木、竹、藤、棕、草制品业
2	600189	吉林森工	BB	木材加工及木、竹、藤、棕、草制品业
3	002354	科冕木业	B	木材加工及木、竹、藤、棕、草制品业
4	002043	兔宝宝	B	木材加工及木、竹、藤、棕、草制品业
5	601996	丰林集团	B	木材加工及木、竹、藤、棕、草制品业

数据来源：DIB迪博内部控制与风险管理数据库 www.ic-erm.com

10. 家具制造业

2013年，家具制造业纳入内部控制指数范围的上市公司样本总量为6家，其内部控制评级情况如下：BB级上市公司3家，占比50.00%；B级上市公司3家，占比50.00%。家具制造业上市公司2013年内部控制等级整体分布情况如图5-10所示。

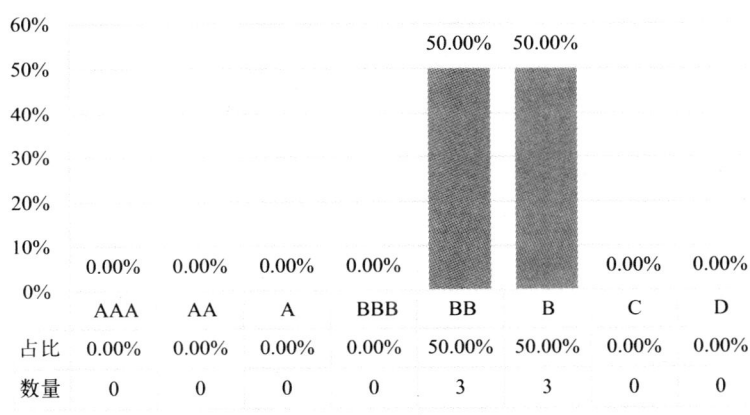

图5-10 家具制造业上市公司内部控制评级分布情况

数据来源：DIB迪博内部控制与风险管理数据库 www.ic-erm.com

在6家家具制造业上市公司中，内部控制水平排名前五的依次为：索菲亚（002572）、浙江永强（002489）、喜临门（603008）、美克股份（600337）和梅花伞（002174），其内部控制评级情况如表5-10所示。

11. 造纸及纸制品业

2013年，造纸及纸制品业纳入内部控制指数范围的上市公司样本总量为26家，其内部控制评级情况如下：BBB级上市公司1家，占比3.85%；BB级上市公司10家，占比38.46%；B级上市公司8家，占比30.77%；

表5-10　　家具制造业内部控制前五强等级分布情况

行业排名	证券代码	证券简称	内部控制等级	行业
1	002572	索菲亚	BB	家具制造业
2	002489	浙江永强	BB	家具制造业
3	603008	喜临门	BB	家具制造业
4	600337	美克股份	B	家具制造业
5	002174	梅花伞	B	家具制造业

数据来源：DIB迪博内部控制与风险管理数据库 www.ic-erm.com

C级上市公司6家，占比23.08%；D级上市公司1家，占比3.85%。造纸及纸制品业上市公司2013年内部控制等级整体分布情况如图5-11所示。

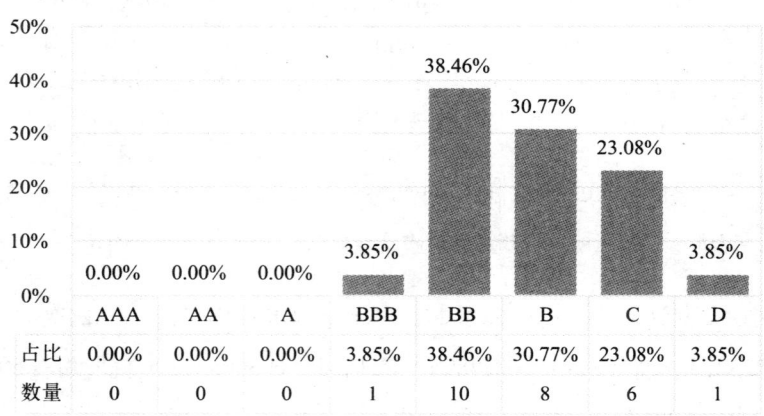

	AAA	AA	A	BBB	BB	B	C	D
占比	0.00%	0.00%	0.00%	3.85%	38.46%	30.77%	23.08%	3.85%
数量	0	0	0	1	10	8	6	1

图5-11　家具制造业上市公司内部控制评级分布情况

数据来源：DIB迪博内部控制与风险管理数据库 www.ic-erm.com

在26家造纸及纸制品业上市公司中，内部控制水平排名前五的依次为：晨鸣纸业（000488）、上海绿新（002565）、山鹰纸业（600567）、齐峰新材（002521）和华泰股份（600308），其内部控制评级情况如表5-11所示。

表 5-11　　造纸及纸制品业内部控制前五强等级分布情况

行业排名	证券代码	证券简称	内部控制等级	行业
1	000488	晨鸣纸业	BBB	造纸及纸制品业
2	002565	上海绿新	BB	造纸及纸制品业
3	600567	山鹰纸业	BB	造纸及纸制品业
4	002521	齐峰新材	BB	造纸及纸制品业
5	600308	华泰股份	BB	造纸及纸制品业

数据来源：DIB 迪博内部控制与风险管理数据库 www.ic-erm.com

12. 印刷和记录媒介复制业

2013 年，印刷和记录媒介复制业纳入内部控制指数范围的上市公司样本总量为 7 家，其内部控制评级情况如下：BBB 级上市公司 2 家，占比 3.85%；BB 级上市公司 2 家，占比 38.46%；B 级上市公司 3 家，占比 30.77%。印刷和记录媒介复制业上市公司 2013 年内部控制等级整体分布情况如图 5-12 所示。

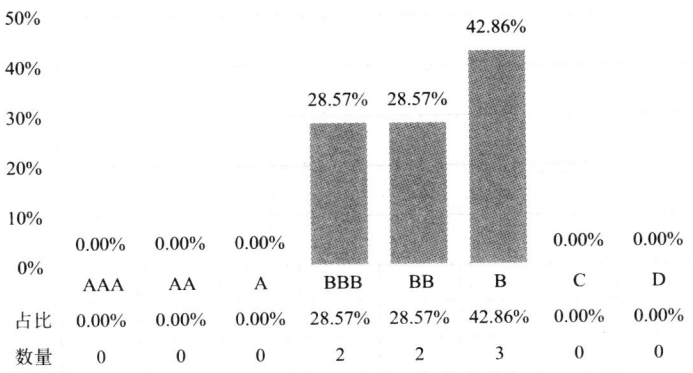

图 5-12　印刷和记录媒介复制业上市公司内部控制评级分布情况
数据来源：DIB 迪博内部控制与风险管理数据库 www.ic-erm.com

在 7 家印刷和记录媒介复制业上市公司中，内部控制水平排名前五的依次为：东风股份（601515）、劲嘉股份（002191）、东港股份（002117）、陕西金叶（000812）和界龙实业（600836），其内部控制评级情况如表 5-12 所示。

表 5-12 印刷和记录媒介复制业内部控制前五强等级分布情况

行业排名	证券代码	证券简称	内部控制等级	行业
1	601515	东风股份	BBB	印刷和记录媒介复制业
2	002191	劲嘉股份	BBB	印刷和记录媒介复制业
3	002117	东港股份	BB	印刷和记录媒介复制业
4	000812	陕西金叶	BB	印刷和记录媒介复制业
5	600836	界龙实业	B	印刷和记录媒介复制业

数据来源：DIB 迪博内部控制与风险管理数据库 www.ic-erm.com

13. 文教、工美、体育和娱乐用品制造业

2013 年，文教、工美、体育和娱乐用品制造业纳入内部控制指数范围的上市公司样本总量为 10 家，其内部控制评级情况如下：BBB 级上市公司 1 家，占比 10.00%；BB 级上市公司 4 家，占比 40.00%；B 级上市公司 5 家，占比 50.00%。文教、工美、体育和娱乐用品制造业上市公司 2013 年内部控制等级整体分布情况如图 5-13 所示。

在 10 家文教、工美、体育和娱乐用品制造业上市公司中，内部控制水平排名前五的依次为：互动娱乐（300043）、奥飞动漫（002292）、姚记扑克（002605）、珠江钢琴（002678）和海伦钢琴（300329），其内部控制评级情况如表 5-13 所示。

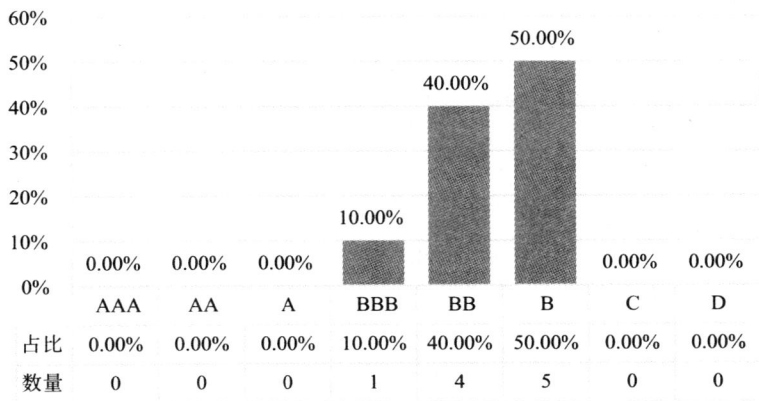

图 5-13 文教、工美、体育和娱乐用品制造业
上市公司内部控制评级分布情况

数据来源：DIB 迪博内部控制与风险管理数据库 www.ic-erm.com

表 5-13 文教、工美、体育和娱乐用品制造业
内部控制前五强等级分布情况

行业排名	证券代码	证券简称	内部控制等级	行业
1	300043	互动娱乐	BBB	文教、工美、体育和娱乐用品制造业
2	002292	奥飞动漫	BB	文教、工美、体育和娱乐用品制造业
3	002605	姚记扑克	BB	文教、工美、体育和娱乐用品制造业
4	002678	珠江钢琴	BB	文教、工美、体育和娱乐用品制造业
5	300329	海伦钢琴	BB	文教、工美、体育和娱乐用品制造业

数据来源：DIB 迪博内部控制与风险管理数据库 www.ic-erm.com

14. 石油加工、炼焦及核燃料加工业

2013 年，石油加工、炼焦及核燃料加工业纳入内部控制指数范围的上市公司样本总量为 18 家，其内部控制评级情况如下：BBB 级上市公司 1 家，

占比5.56%；BB级上市公司2家，占比11.11%；B级上市公司9家，占比50.00%；C级上市公司6家，占比33.33%。石油加工、炼焦及核燃料加工业上市公司2013年内部控制等级整体分布情况如图5-14所示。

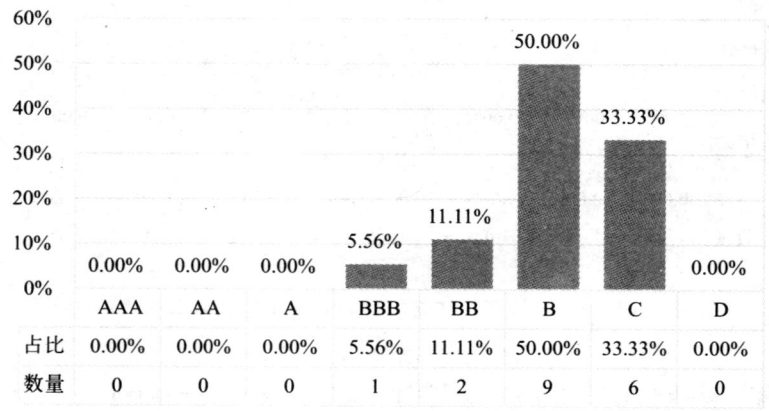

图5-14 石油加工、炼焦及核燃料加工业上市公司内部控制评级分布情况
数据来源：DIB迪博内部控制与风险管理数据库 www.ic-erm.com

在18家石油加工、炼焦及核燃料加工业上市公司中，内部控制水平排名前五的依次为：华锦股份（000059）、岳阳兴长（000819）、上海石化（600688）、沈阳化工（000698）和山西焦化（600740），其内部控制评级情况如表5-14所示。

表5-14 石油加工、炼焦及核燃料加工业内部控制前五强等级分布情况

行业排名	证券代码	证券简称	内部控制等级	行业
1	000059	华锦股份	BBB	石油加工、炼焦及核燃料加工业
2	000819	岳阳兴长	BB	石油加工、炼焦及核燃料加工业
3	600688	上海石化	BB	石油加工、炼焦及核燃料加工业
4	000698	沈阳化工	B	石油加工、炼焦及核燃料加工业
5	600740	山西焦化	B	石油加工、炼焦及核燃料加工业

数据来源：DIB迪博内部控制与风险管理数据库 www.ic-erm.com

15. 化学原料及化学制品制造业

2013年，化学原料及化学制品制造业纳入内部控制指数范围的上市公司样本总量为174家，其内部控制评级情况如下：A级上市公司1家，占比0.57%；BBB级上市公司2家，占比1.15%；BB级上市公司32家，占比18.39%；B级上市公司96家，占比55.17%；C级上市公司34家，占比19.54%；D级上市公司9家，占比5.17%。化学原料及化学制品制造业上市公司2013年内部控制等级整体分布情况如图5-15所示。

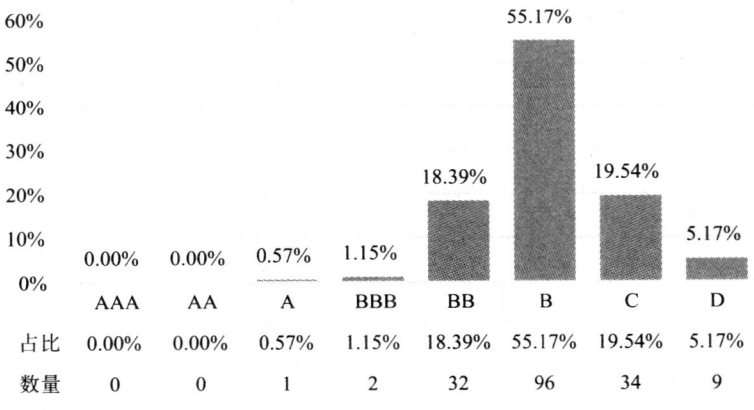

图5-15 化学原料及化学制品制造业上市公司内部控制评级分布情况

数据来源：DIB迪博内部控制与风险管理数据库 www.ic-erm.com

在174家化学原料及化学制品制造业上市公司中，内部控制水平排名前五的依次为：云天化（600096）、万华化学（600309）、中化国际（600500）、金浦钛业（000545）和沙隆达A（000553），其内部控制评级情况如表5-15所示。

表 5-15　化学原料及化学制品制造业内部控制前五强等级分布情况

行业排名	证券代码	证券简称	内部控制等级	行业
1	600096	云天化	A	化学原料及化学制品制造业
2	600309	万华化学	BBB	化学原料及化学制品制造业
3	600500	中化国际	BBB	化学原料及化学制品制造业
4	000545	金浦钛业	BB	化学原料及化学制品制造业
5	000553	沙隆达A	BB	化学原料及化学制品制造业

数据来源：DIB 迪博内部控制与风险管理数据库 www.ic-erm.com

16. 医药制造业

2013年，医药制造业纳入内部控制指数范围的上市公司样本总量为137家，其内部控制评级情况如下：A级上市公司1家，占比0.73%；BBB级上市公司4家，占比2.92%；BB级上市公司33家，占比24.09%；B级上市公司72家，占比52.55%；C级上市公司24家，占比17.52%；D级上市公司3家，占比2.19%。医药制造业上市公司2013年内部控制等级整体分布情况如图5-16所示。

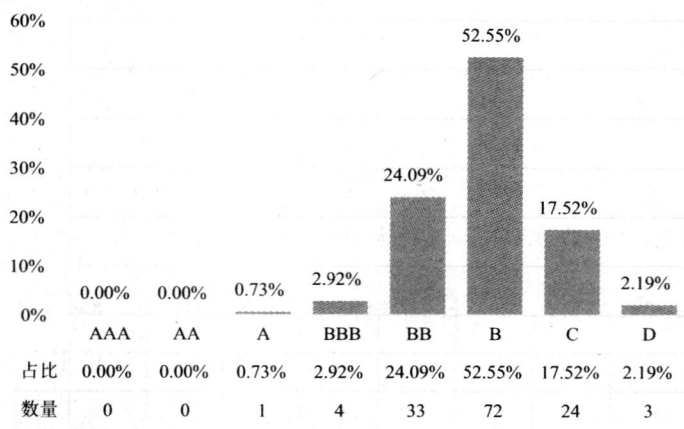

图 5-16　医药制造业上市公司内部控制评级分布情况

数据来源：DIB 迪博内部控制与风险管理数据库 www.ic-erm.com

在137家医药制造业上市公司中,内部控制水平排名前五的依次为:云南白药(000538)、白云山(600332)、中国医药(600056)、复星医药(600196)和吉林敖东(000623),其内部控制评级情况如表5-16所示。

表5-16　　　医药制造业内部控制前五强等级分布情况

行业排名	证券代码	证券简称	内部控制等级	行业
1	000538	云南白药	A	医药制造业
2	600332	白云山	BBB	医药制造业
3	600056	中国医药	BBB	医药制造业
4	600196	复星医药	BBB	医药制造业
5	000623	吉林敖东	BBB	医药制造业

数据来源:DIB迪博内部控制与风险管理数据库 www.ic-erm.com

17. 化学纤维制造业

2013年,化学纤维制造业纳入内部控制指数范围的上市公司样本总量为24家,其内部控制评级情况如下:BBB级上市公司1家,占比4.17%;BB级上市公司4家,占比16.67%;B级上市公司8家,占比33.33%;C级上市公司9家,占比37.50%;D级上市公司2家,占比8.33%。化学纤维制造业上市公司2013年内部控制等级整体分布情况如图5-17所示。

在24家化学纤维制造业上市公司中,内部控制水平排名前五的依次为:荣盛石化(002493)、恒逸石化(000703)、泰和新材(002254)、神马股份(600810)和南京化纤(600889),其内部控制评级情况如表5-17所示。

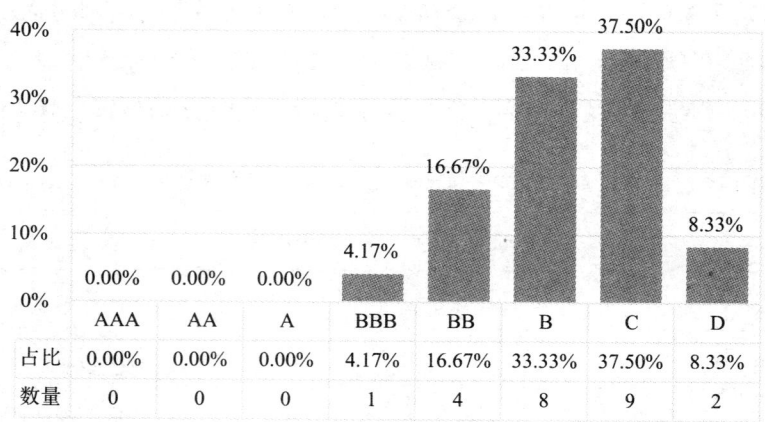

图 5-17 化学纤维制造业上市公司内部控制评级分布情况

数据来源：DIB 迪博内部控制与风险管理数据库 www.ic-erm.com

表 5-17　化学纤维制造业内部控制前五强等级分布情况

行业排名	证券代码	证券简称	内部控制等级	行业
1	002493	荣盛石化	BBB	化学纤维制造业
2	000703	恒逸石化	BB	化学纤维制造业
3	002254	泰和新材	BB	化学纤维制造业
4	600810	神马股份	BB	化学纤维制造业
5	600889	南京化纤	BB	化学纤维制造业

数据来源：DIB 迪博内部控制与风险管理数据库 www.ic-erm.com

18. 橡胶和塑料制品业

2013 年，橡胶和塑料制品业纳入内部控制指数范围的上市公司样本总量为 50 家，其内部控制评级情况如下：BBB 级上市公司 1 家，占比 2.00%；BB 级上市公司 8 家，占比 16.00%；B 级上市公司 31 家，占比 62.00%；C 级上市公司 8 家，占比 16.00%；D 级上市公司 2 家，占比 4.00%。橡胶和塑料制品业上市公司 2013 年内部控制等级整体分布情况如图 5 – 18 所示。

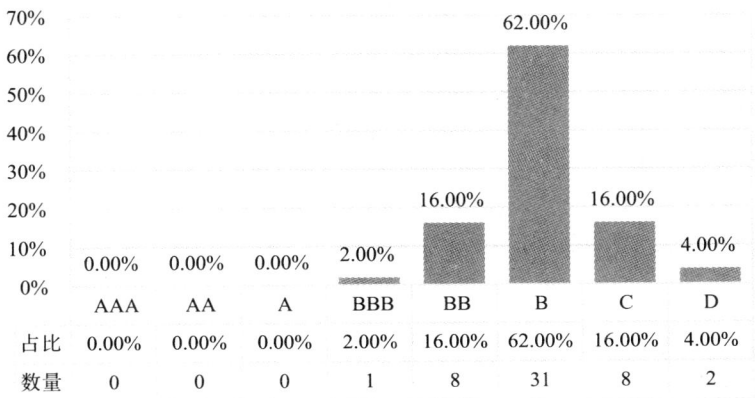

图 5 – 18　橡胶和塑料制品业上市公司内部控制评级分布情况
数据来源：DIB 迪博内部控制与风险管理数据库 www.ic – erm.com

在 50 家橡胶和塑料制品业上市公司中，内部控制水平排名前五的依次为：双钱股份（600623）、伟星新材（002372）、金发科技（600143）、康得新（002450）和海达股份（300320），其内部控制评级情况如表 5 – 18 所示。

表 5 – 18　　橡胶和塑料制品业内部控制前五强等级分布情况

行业排名	证券代码	证券简称	内部控制等级	行业
1	600623	双钱股份	BBB	橡胶和塑料制品业
2	002372	伟星新材	BB	橡胶和塑料制品业
3	600143	金发科技	BB	橡胶和塑料制品业
4	002450	康得新	BB	橡胶和塑料制品业
5	300320	海达股份	BB	橡胶和塑料制品业

数据来源：DIB 迪博内部控制与风险管理数据库 www.ic – erm.com

19. 非金属矿物制品业

2013 年，非金属矿物制品业纳入内部控制指数范围的上市公司样本总量为 72 家，其内部控制评级情况如下：A 级上市公司 1 家，占比 1.39%；BBB 级上市公司 2 家，占比 2.78%；BB 级上市公司 10 家，占比 13.89%；B 级上市公司 38 家，占比 52.78%；C 级上市公司 17 家，占比 23.61%；D 级上市公司 4 家，占比 5.56%。非金属矿物制品业上市公司 2013 年内部控制等级整体分布情况如图 5-19 所示。

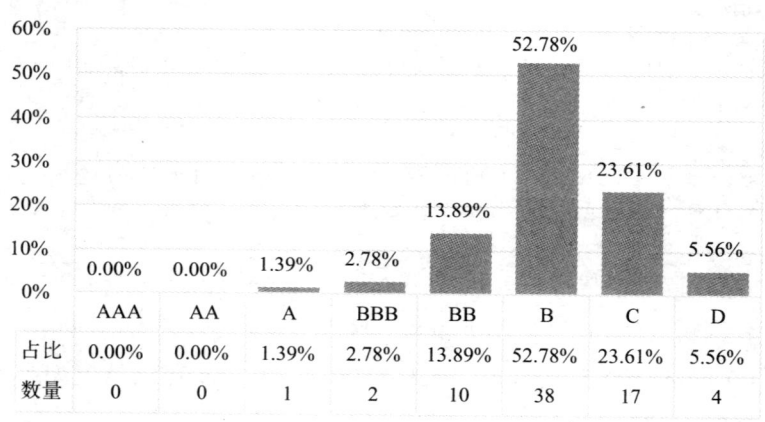

图 5-19　非金属矿物制品业上市公司内部控制评级分布情况
数据来源：DIB 迪博内部控制与风险管理数据库 www.ic-erm.com

在 72 家非金属矿物制品业上市公司中，内部控制水平排名前五的依次为：海螺水泥（600585）、金隅股份（601992）、西水股份（600291）、福耀玻璃（600660）和华新水泥（600801），其内部控制评级情况如表 5-19 所示。

表 5－19　非金属矿物制品业内部控制前五强等级分布情况

行业排名	证券代码	证券简称	内部控制等级	行业
1	600585	海螺水泥	A	非金属矿物制品业
2	601992	金隅股份	BBB	非金属矿物制品业
3	600291	西水股份	BBB	非金属矿物制品业
4	600660	福耀玻璃	BB	非金属矿物制品业
5	600801	华新水泥	BB	非金属矿物制品业

数据来源：DIB 迪博内部控制与风险管理数据库 www.ic－erm.com

20. 黑色金属冶炼及压延加工业

2013 年，黑色金属冶炼及压延加工业纳入内部控制指数范围的上市公司样本总量为 32 家，其内部控制评级情况如下：A 级上市公司 1 家，占比 3.13%；BBB 级上市公司 4 家，占比 12.50%；BB 级上市公司 9 家，占比 28.13%；B 级上市公司 13 家，占比 40.63%；C 级上市公司 4 家，占比 12.50%；D 级上市公司 1 家，占比 3.13%。黑色金属冶炼及压延加工业上市公司 2013 年内部控制等级整体分布情况如图 5－20 所示。

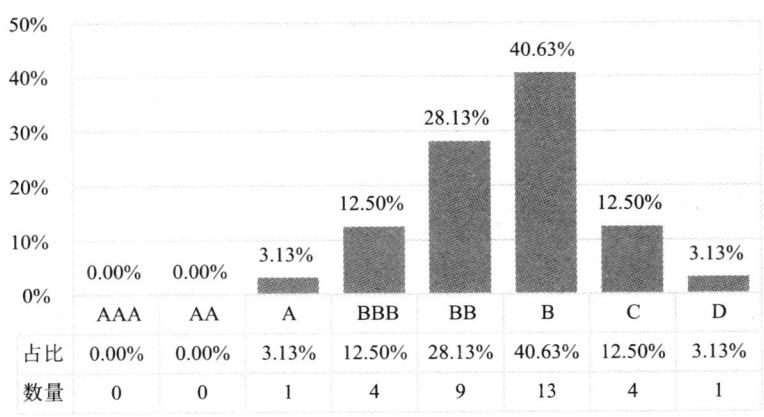

图 5－20　黑色金属冶炼及压延加工业上市公司内部控制评级分布情况

数据来源：DIB 迪博内部控制与风险管理数据库 www.ic－erm.com

在 32 家黑色金属冶炼及压延加工业上市公司中，内部控制水平排名前五的依次为：宝钢股份（600019）、河北钢铁（000709）、华菱钢铁（000932）、马钢股份（600808）和太钢不锈（000825），其内部控制评级情况如表 5-20 所示。

表 5-20　黑色金属冶炼及压延加工业内部控制前五强等级分布情况

行业排名	证券代码	证券简称	内部控制等级	行业
1	600019	宝钢股份	A	黑色金属冶炼及压延加工业
2	000709	河北钢铁	BBB	黑色金属冶炼及压延加工业
3	000932	华菱钢铁	BBB	黑色金属冶炼及压延加工业
4	600808	马钢股份	BBB	黑色金属冶炼及压延加工业
5	000825	太钢不锈	BBB	黑色金属冶炼及压延加工业

数据来源：DIB 迪博内部控制与风险管理数据库 www.ic-erm.com

21. 有色金属冶炼和压延加工业

2013 年，有色金属冶炼和压延加工业纳入内部控制指数范围的上市公司样本总量为 51 家，其内部控制评级情况如下：BBB 级上市公司 2 家，占比 3.92%；BB 级上市公司 11 家，占比 21.57%；B 级上市公司 27 家，占比 52.94%；C 级上市公司 9 家，占比 17.62%；D 级上市公司 2 家，占比 3.92%。有色金属冶炼和压延加工业上市公司 2013 年内部控制等级整体分布情况如图 5-21 所示。

在 51 家有色金属冶炼和压延加工业上市公司中，内部控制水平排名前五的依次为：江西铜业（600362）、铜陵有色（000630）、中钨高新（000657）、云南铜业（000878）和中金岭南（000060），其内部控制评级情况如表 5-21 所示。

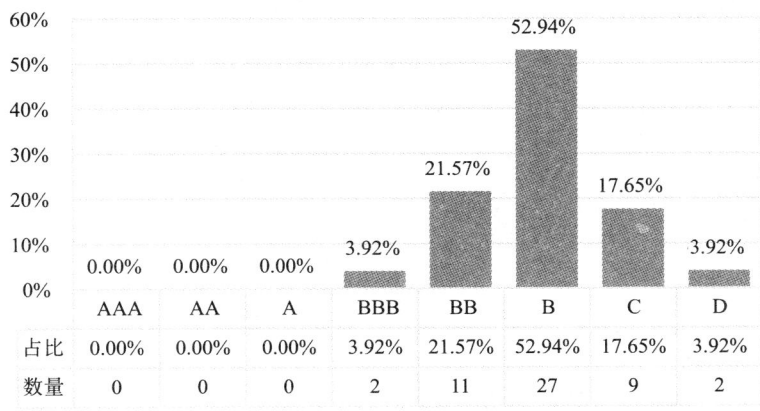

图 5-21 有色金属冶炼和压延加工业上市公司内部控制评级分布情况
数据来源：DIB 迪博内部控制与风险管理数据库 www.ic-erm.com

表 5-21 有色金属冶炼和压延加工业内部控制前五强等级分布情况

行业排名	证券代码	证券简称	内部控制等级	行业
1	600362	江西铜业	BBB	有色金属冶炼和压延加工业
2	000630	铜陵有色	BBB	有色金属冶炼和压延加工业
3	000657	中钨高新	BB	有色金属冶炼和压延加工业
4	000878	云南铜业	BB	有色金属冶炼和压延加工业
5	000060	中金岭南	BB	有色金属冶炼和压延加工业

数据来源：DIB 迪博内部控制与风险管理数据库 www.ic-erm.com

22. 金属制品业

2013 年，金属制品业纳入内部控制指数范围的上市公司样本总量为 42 家，其内部控制评级情况如下：A 级上市公司 1 家，占比 2.38%；BBB 级上市公司 1 家，占比 2.38%；BB 级上市公司 7 家，占比 16.67%；B 级上市公司 27 家，占比 64.29%；C 级上市公司 6 家，占比 14.29%。金属制品业上市公司 2013 年内部控制等级整体分布情况如图 5-22 所示。

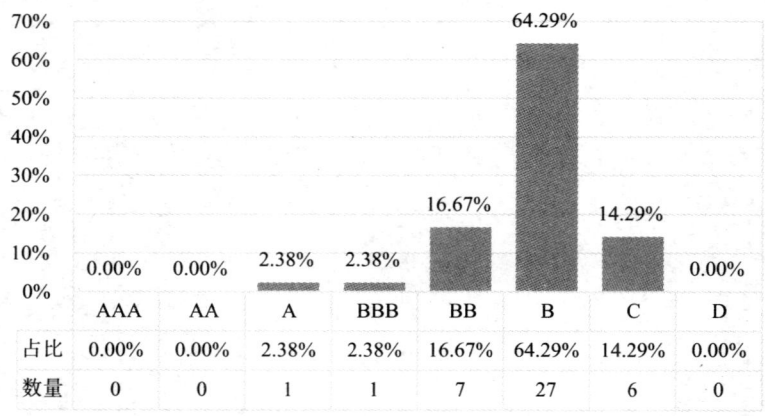

图 5-22　金属制品业上市公司内部控制评级分布情况
数据来源：DIB 迪博内部控制与风险管理数据库 www.ic-erm.com

在 42 家金属制品业上市公司中，内部控制水平排名前五的依次为：新兴铸管（000778）、中集集团（000039）、苏泊尔（002032）、鼎泰新材（002352）和奥瑞金（002701），其内部控制评级情况如表 5-22 所示。

表 5-22　　　　金属制品业内部控制前五强等级分布情况

行业排名	证券代码	证券简称	内部控制等级	行业
1	000778	新兴铸管	A	金属制品业
2	000039	中集集团	BBB	金属制品业
3	002032	苏泊尔	BB	金属制品业
4	002352	鼎泰新材	BB	金属制品业
5	002701	奥瑞金	BB	金属制品业

数据来源：DIB 迪博内部控制与风险管理数据库 www.ic-erm.com

23. 通用设备制造业

2013年,通用设备制造业纳入内部控制指数范围的上市公司样本总量为95家,其内部控制评级情况如下:BBB级上市公司2家,占比2.11%;BB级上市公司10家,占比10.53%;B级上市公司58家,占比61.05%;C级上市公司22家,占比23.16%;D级上市公司3家,占比3.16%。通用设备制造业上市公司2013年内部控制等级整体分布情况如图5-23所示。

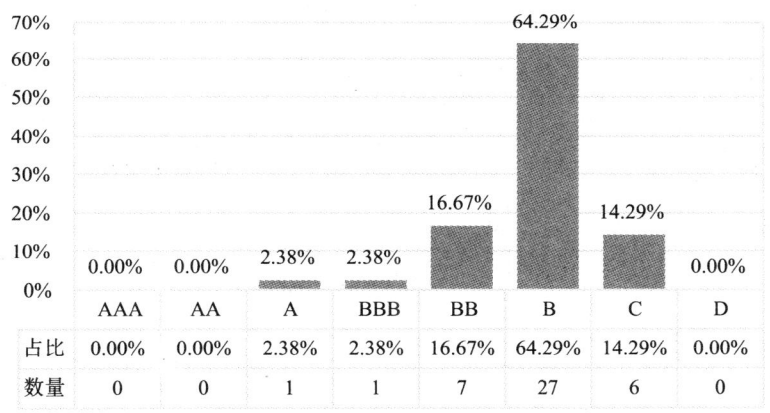

图5-23 通用设备制造业上市公司内部控制评级分布情况
数据来源:DIB迪博内部控制与风险管理数据库 www.ic-erm.com

在95家通用设备制造业上市公司中,内部控制水平排名前五的依次为:东方电气(600875)、上海机电(600835)、广电运通(002152)、康力电梯(002367)和金风科技(002202),其内部控制评级情况如表5-23所示。

表 5-23 通用设备制造业内部控制前五强等级分布情况

行业排名	证券代码	证券简称	内部控制等级	行业
1	600875	东方电气	BBB	通用设备制造业
2	600835	上海机电	BBB	通用设备制造业
3	002152	广电运通	BB	通用设备制造业
4	002367	康力电梯	BB	通用设备制造业
5	002202	金风科技	BB	通用设备制造业

数据来源：DIB 迪博内部控制与风险管理数据库 www.ic-erm.com

24. 专用设备制造业

2013 年，专用设备制造业纳入内部控制指数范围的上市公司样本总量为 128 家，其内部控制评级情况如下：BB 级上市公司 19 家，占比 14.84%；B 级上市公司 75 家，占比 58.59%；C 级上市公司 29 家，占比 22.66%；D 级上市公司 5 家，占比 3.91%。专用设备制造业上市公司 2013 年内部控制等级整体分布情况如图 5-24 所示。

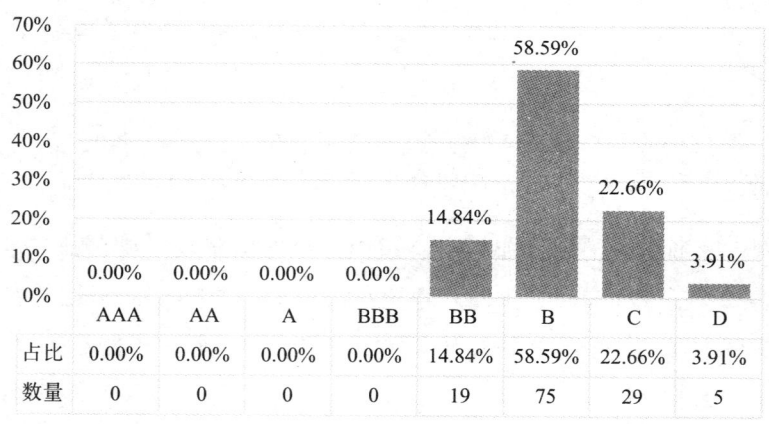

图 5-24 专用设备制造业上市公司内部控制评级分布情况

数据来源：DIB 迪博内部控制与风险管理数据库 www.ic-erm.com

在128家专用设备制造业上市公司中，内部控制水平排名前五的依次为：富瑞特装（300228）、振华重工（600320）、蓝英装备（300293）、恒立实业（000622）和深华新（000010），其内部控制评级情况如表5-24所示。

表5-24　　专用设备制造业内部控制前五强等级分布情况

行业排名	证券代码	证券简称	内部控制等级	行业
1	300228	富瑞特装	BB	专用设备制造业
2	600320	振华重工	BB	专用设备制造业
3	300293	蓝英装备	BB	专用设备制造业
4	000622	恒立实业	BB	专用设备制造业
5	000010	深华新	BB	专用设备制造业

数据来源：DIB迪博内部控制与风险管理数据库 www.ic-erm.com

25. 汽车制造业

2013年，汽车制造业纳入内部控制指数范围的上市公司样本总量为77家，其内部控制评级情况如下：AA级上市公司1家，占比1.30%；A级上市公司5家，占比6.49%；BBB级上市公司4家，占比5.19%；BB级上市公司16家，占比20.78%；B级上市公司40家，占比51.95%；C级上市公司10家，占比12.99%；D级上市公司1家，占比1.30%。汽车制造业上市公司2013年内部控制等级整体分布情况如图5-25所示。

在77家汽车制造业上市公司中，内部控制水平排名前五的依次为：华域汽车（600741）、长城汽车（601633）、上汽集团（600104）、长安汽车（000625）和一汽轿车（000800），其内部控制评级情况如表5-25所示。

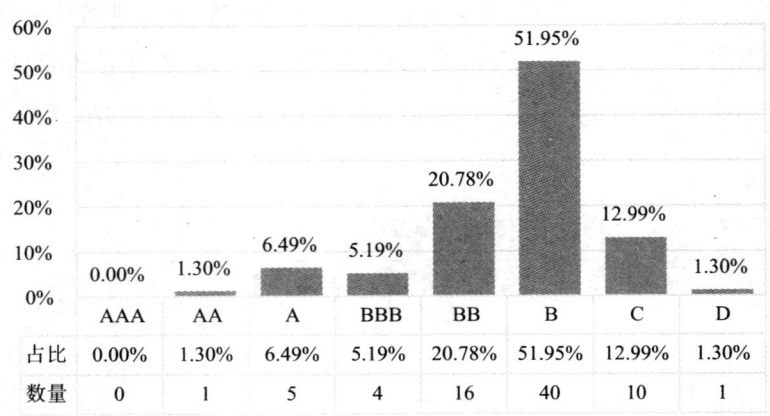

图 5-25 汽车制造业上市公司内部控制评级分布情况

数据来源：DIB 迪博内部控制与风险管理数据库 www.ic-erm.com

表 5-25　　汽车制造业内部控制前五强等级分布情况

行业排名	证券代码	证券简称	内部控制等级	行业
1	600741	华域汽车	AA	汽车制造业
2	601633	长城汽车	A	汽车制造业
3	600104	上汽集团	A	汽车制造业
4	000625	长安汽车	A	汽车制造业
5	000800	一汽轿车	A	汽车制造业

数据来源：DIB 迪博内部控制与风险管理数据库 www.ic-erm.com

26. 铁路、船舶、航空航天和其他运输设备制造业

2013 年，铁路、船舶、航空航天和其他运输设备制造业纳入内部控制指数范围的上市公司样本总量为 32 家，其内部控制评级情况如下：A 级上市公司 1 家，占比 3.13%；BBB 级上市公司 1 家，占比 3.13%；BB 级上市公司 12 家，占比 37.50%；B 级上市公司 14 家，占比 43.75%；C 级上市公司 3 家，占比 9.38%；D 级上市公司 1 家，占比 3.13%。铁路、船

舶、航空航天和其他运输设备制造业上市公司2013年内部控制等级整体分布情况如图5-26所示。

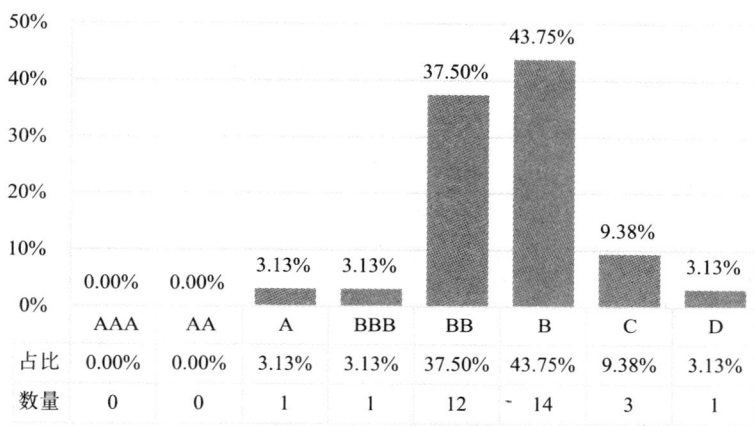

图5-26 铁路、船舶、航空航天和其他运输设备制造业上市公司内部控制评级分布情况
数据来源：DIB迪博内部控制与风险管理数据库 www.ic-erm.com

在32家铁路、船舶、航空航天和其他运输设备制造业上市公司中，内部控制水平排名前五的依次为：中国南车（601766）、舜天船舶（002608）、中国北车（601299）、中航动控（000738）和南方汇通（000920），其内部控制评级情况如表5-26所示。

表5-26　　铁路、船舶、航空航天和其他运输设备制造业内部控制前五强等级分布情况

行业排名	证券代码	证券简称	内部控制等级	行业
1	601766	中国南车	A	铁路、船舶、航空航天和其他运输设备制造业
2	002608	舜天船舶	BBB	铁路、船舶、航空航天和其他运输设备制造业
3	601299	中国北车	BB	铁路、船舶、航空航天和其他运输设备制造业
4	000738	中航动控	BB	铁路、船舶、航空航天和其他运输设备制造业
5	000920	南方汇通	BB	铁路、船舶、航空航天和其他运输设备制造业

数据来源：DIB迪博内部控制与风险管理数据库 www.ic-erm.com

27. 电气机械及器材制造业

2013年，电气机械及器材制造业纳入内部控制指数范围的上市公司样本总量为152家，其内部控制评级情况如下：AA级上市公司1家，占比0.66%；A级上市公司1家，占比0.66%；BBB级上市公司1家，占比0.66%；BB级上市公司34家，占比22.37%；B级上市公司86家，占比56.58%；C级上市公司28家，占比18.42%；D级上市公司1家，占比0.66%。电气机械及器材制造业上市公司2013年内部控制等级整体分布情况如图5-27所示。

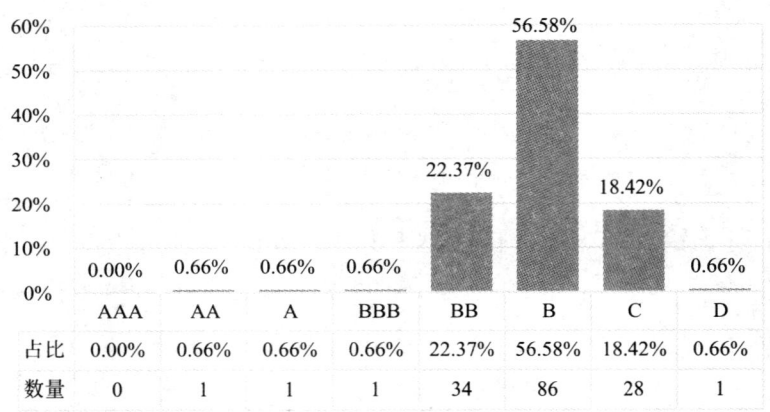

图5-27 电气机械及器材制造业上市公司内部控制评级分布情况
数据来源：DIB迪博内部控制与风险管理数据库 www.ic-erm.com

在152家电气机械及器材制造业上市公司中，内部控制水平排名前五的依次为：格力电器（000651）、青岛海尔（600690）、海信科龙（000921）、正泰电器（601877）和特变电工（600089），其内部控制评级情况如表5-27所示。

表 5-27　电气机械及器材制造业内部控制前五强等级分布情况

行业排名	证券代码	证券简称	内部控制等级	行业
1	000651	格力电器	AA	电气机械及器材制造业
2	600690	青岛海尔	A	电气机械及器材制造业
3	000921	海信科龙	BBB	电气机械及器材制造业
4	601877	正泰电器	BB	电气机械及器材制造业
5	600089	特变电工	BB	电气机械及器材制造业

数据来源：DIB 迪博内部控制与风险管理数据库 www.ic-erm.com

28. 计算机、通信和其他电子设备制造业

2013 年，计算机、通信和其他电子设备制造业纳入内部控制指数范围的上市公司样本总量为 211 家，其内部控制评级情况如下：BBB 级上市公司 6 家，占比 2.84%；BB 级上市公司 44 家，占比 20.85%；B 级上市公司 131 家，占比 62.09%；C 级上市公司 26 家，占比 12.32%；D 级上市公司 4 家，占比 1.90%。计算机、通信和其他电子设备制造业上市公司 2013 年内部控制等级整体分布情况如图 5-28 所示。

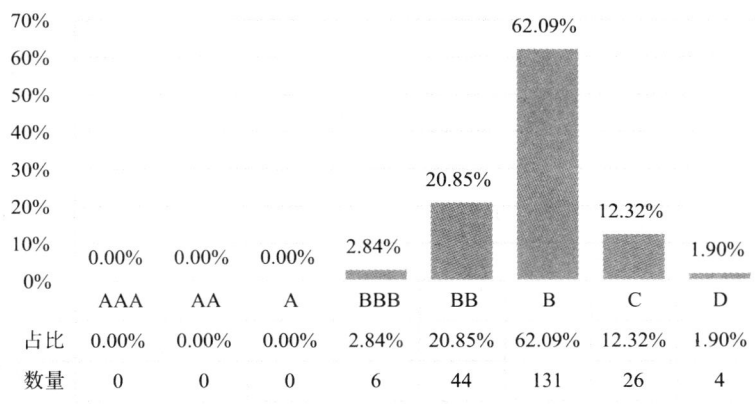

图 5-28　计算机、通信和其他电子设备制造业上市公司内部控制评级分布情况
数据来源：DIB 迪博内部控制与风险管理数据库 www.ic-erm.com

在211家计算机、通信和其他电子设备制造业上市公司中,内部控制水平排名前五的依次为:TCL集团(000100)、中兴通讯(000063)、大华股份(002236)、海信电器(600060)和紫光股份(000938),其内部控制评级情况如表5-28所示。

表5-28　　　　　计算机、通信和其他电子设备制造业
内部控制前五强等级分布情况

行业排名	证券代码	证券简称	内部控制等级	行业
1	000100	TCL集团	BBB	计算机、通信和其他电子设备制造业
2	000063	中兴通讯	BBB	计算机、通信和其他电子设备制造业
3	002236	大华股份	BBB	计算机、通信和其他电子设备制造业
4	600060	海信电器	BBB	计算机、通信和其他电子设备制造业
5	000938	紫光股份	BBB	计算机、通信和其他电子设备制造业

数据来源:DIB迪博内部控制与风险管理数据库 www.ic-erm.com

29. 仪器仪表制造业

2013年,仪器仪表制造业纳入内部控制指数范围的上市公司样本总量为24家,其内部控制评级情况如下:BBB级上市公司1家,占比4.17%;BB级上市公司10家,占比41.67%;B级上市公司13家,占比54.17%。仪器仪表制造业上市公司2013年内部控制等级整体分布情况如图5-29所示。

在24家仪器仪表制造业上市公司中,内部控制水平排名前五的依次为:雪迪龙(002658)、金卡股份(300349)、科陆电子(002121)、聚光科技(300203)和奥普光电(002338),其内部控制评级情况如表5-29所示。

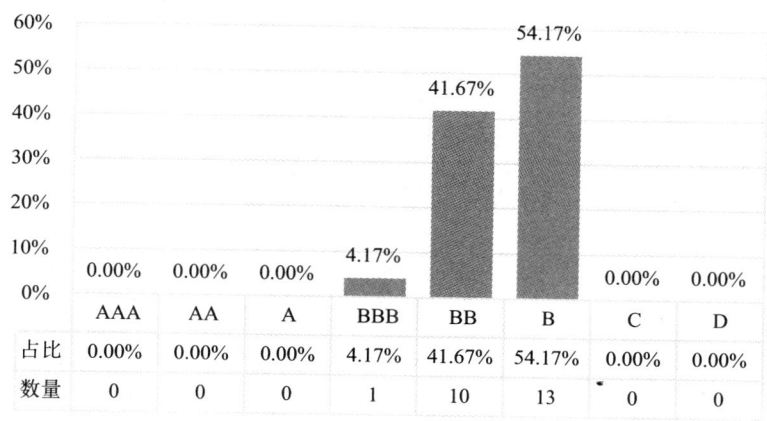

图5-29 仪器仪表制造业上市公司内部控制评级分布情况

数据来源:DIB迪博内部控制与风险管理数据库 www.ic-erm.com

表5-29 仪器仪表制造业内部控制前五强等级分布情况

行业排名	证券代码	证券简称	内部控制等级	行业
1	002658	雪迪龙	BBB	仪器仪表制造业
2	300349	金卡股份	BB	仪器仪表制造业
3	002121	科陆电子	BB	仪器仪表制造业
4	300203	聚光科技	BB	仪器仪表制造业
5	002338	奥普光电	BB	仪器仪表制造业

数据来源:DIB迪博内部控制与风险管理数据库 www.ic-erm.com

30. 其他制造业

2013年,其他制造业纳入内部控制指数范围的上市公司样本总量为14家,其内部控制评级情况如下:A级上市公司1家,占比7.14%;BBB级上市公司1家,占比7.14%;BB级上市公司5家,占比35.71%;B级上市公司5家,占比35.71%;C级上市公司2家,占比14.29%。其他制造业上市公司 2013 年内部控制等级整体分布情况如图 5-30 所示。

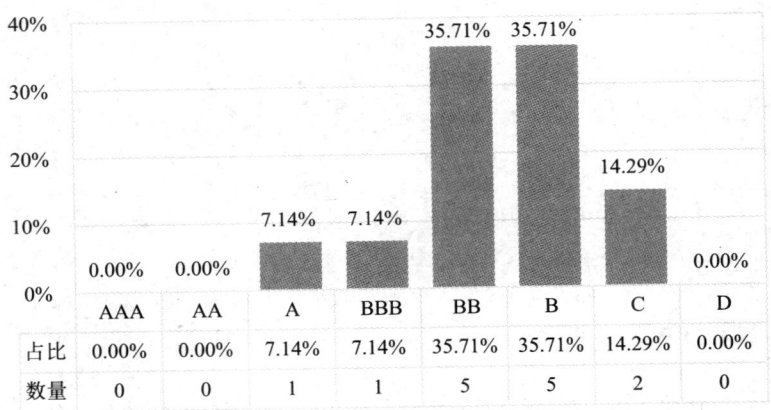

图 5-30　其他制造业上市公司内部控制评级分布情况

数据来源：DIB 迪博内部控制与风险管理数据库 www.ic-erm.com

在 14 家其他制造业上市公司中，内部控制水平排名前五的依次为：老凤祥（600612）、富奥股份（000030）、潮宏基（002345）、帝龙新材（002247）和明牌珠宝（002574），其内部控制评级情况如表 5-30 所示。

表 5-30　其他制造业内部控制前五强等级分布情况

行业排名	证券代码	证券简称	内部控制等级	行业
1	600612	老凤祥	A	其他制造业
2	000030	富奥股份	BBB	其他制造业
3	002345	潮宏基	BB	其他制造业
4	002247	帝龙新材	BB	其他制造业
5	002574	明牌珠宝	BB	其他制造业

数据来源：DIB 迪博内部控制与风险管理数据库 www.ic-erm.com

31. 电力、热力、燃气及水生产和供应业

2013年，电力、热力、燃气及水生产和供应业纳入内部控制指数范围的上市公司样本总量为78家，其内部控制评级情况如下：A级上市公司5家，占比6.41%；BBB级上市公司4家，占比5.13%；BB级上市公司15家，占比19.23%；B级上市公司48家，占比61.54%；C级上市公司6家，占比7.69%。电力、热力、燃气及水生产和供应业上市公司2013年内部控制等级整体分布情况如图5-31所示。

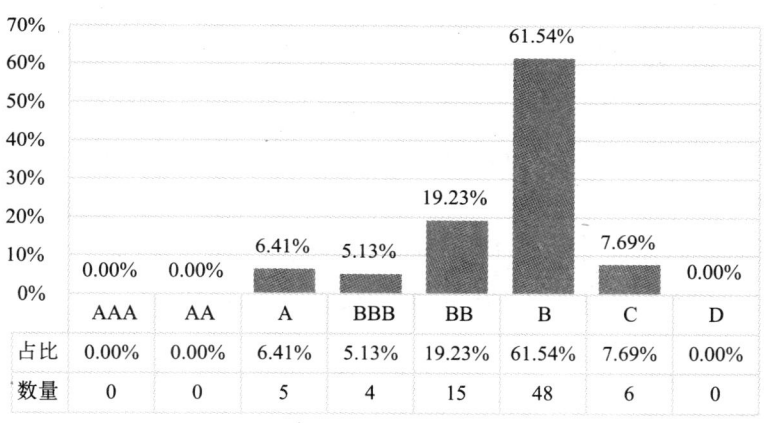

图5-31 电力、热力、燃气及水生产和供应业上市公司内部控制评级分布情况
数据来源：DIB迪博内部控制与风险管理数据库 www.ic-erm.com

在78家电力、热力、燃气及水生产和供应业上市公司中，内部控制水平排名前五的依次为：国投电力（600886）、国电电力（600795）、华电国际（600027）、华能国际（600011）和粤电力A（000539），其内部控制评级情况如表5-31所示。

表5-31　电力、热力、燃气及水生产和供应业内部控制前五强等级分布情况

行业排名	证券代码	证券简称	内部控制等级	行业
1	600886	国投电力	A	电力、热力、燃气及水生产和供应业
2	600795	国电电力	A	电力、热力、燃气及水生产和供应业
3	600027	华电国际	A	电力、热力、燃气及水生产和供应业
4	600011	华能国际	A	电力、热力、燃气及水生产和供应业
5	000539	粤电力A	A	电力、热力、燃气及水生产和供应业

数据来源：DIB迪博内部控制与风险管理数据库 www.ic-erm.com

32. 建筑业

2013年，建筑业纳入内部控制指数范围的上市公司样本总量为62家，其内部控制评级情况如下：AA级上市公司1家，占比1.61%；A级上市公司3家，占比4.84%；BBB级上市公司4家，占比6.45%；BB级上市公司14家，占比22.58%；B级上市公司25家，占比40.32%；C级上市公司14家，占比22.58%；D级上市公司1家，占比1.61%。建筑业上市公司2013年内部控制等级整体分布情况如图5-32所示。

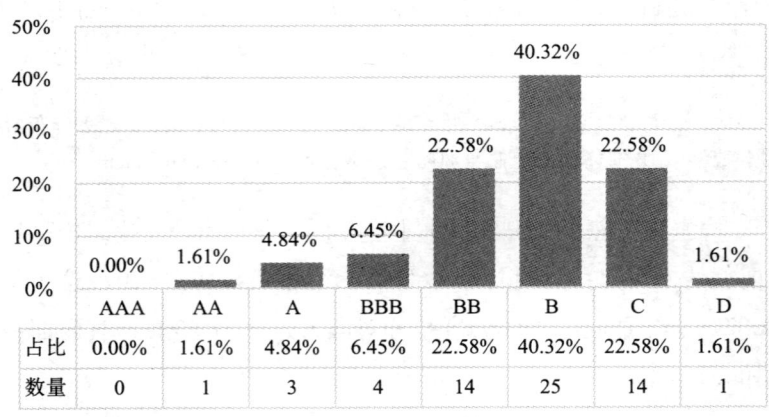

图5-32　建筑业上市公司内部控制评级分布情况

数据来源：DIB迪博内部控制与风险管理数据库 www.ic-erm.com

在62家建筑业上市公司中，内部控制水平排名前五的依次为：中国建筑（601668）、中国中铁（601390）、中国交建（601800）、上海建工（600170）和中国铁建（601186），其内部控制评级情况如表5-32所示。

表5-32 建筑业内部控制前五强等级分布情况

行业排名	证券代码	证券简称	内部控制等级	行业
1	601668	中国建筑	AA	建筑业
2	601390	中国中铁	A	建筑业
3	601800	中国交建	A	建筑业
4	600170	上海建工	A	建筑业
5	601186	中国铁建	BBB	建筑业

数据来源：DIB迪博内部控制与风险管理数据库 www.ic-erm.com

33. 批发和零售业

2013年，批发和零售业纳入内部控制指数范围的上市公司样本总量为152家，其内部控制评级情况如下：A级上市公司4家，占比2.63%；BBB级上市公司12家，占比7.89%；BB级上市公司32家，占比21.05%；B级上市公司77家，占比50.66%；C级上市公司25家，占比16.45%；D级上市公司2家，占比1.32%。批发和零售业上市公司2013年内部控制等级整体分布情况如图5-33所示。

在152家批发和零售业上市公司中，内部控制水平排名前五的依次为：厦门信达（000701）、如意集团（000626）、友谊股份（600827）、建发股份（600153）和重庆百货（600729），其内部控制评级情况如表5-33所示。

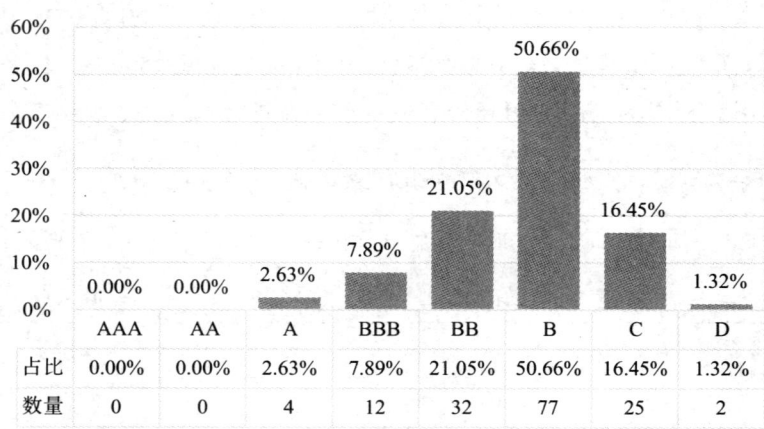

图 5-33　批发和零售业上市公司内部控制评级分布情况

数据来源：DIB 迪博内部控制与风险管理数据库 www.ic-erm.com

表 5-33　　批发和零售业内部控制前五强等级分布情况

行业排名	证券代码	证券简称	内部控制等级	行业
1	000701	厦门信达	A	批发和零售业
2	000626	如意集团	A	批发和零售业
3	600827	友谊股份	A	批发和零售业
4	600153	建发股份	A	批发和零售业
5	600729	重庆百货	BBB	批发和零售业

数据来源：DIB 迪博内部控制与风险管理数据库 www.ic-erm.com

34. 交通运输、仓储和邮政业

2013 年，交通运输、仓储和邮政业纳入内部控制指数范围的上市公司样本总量为 81 家，其内部控制评级情况如下：AA 级上市公司 1 家，占比 1.23%；A 级上市公司 2 家，占比 2.47%；BBB 级上市公司 7 家，占比 8.64%；BB 级上市公司 29 家，占比 35.80%；B 级上市公司 33 家，占比

40.74%；C级上市公司6家，占比7.41%；D级上市公司3家，占比3.70%。交通运输、仓储和邮政业上市公司2013年内部控制等级整体分布情况如图5-34所示。

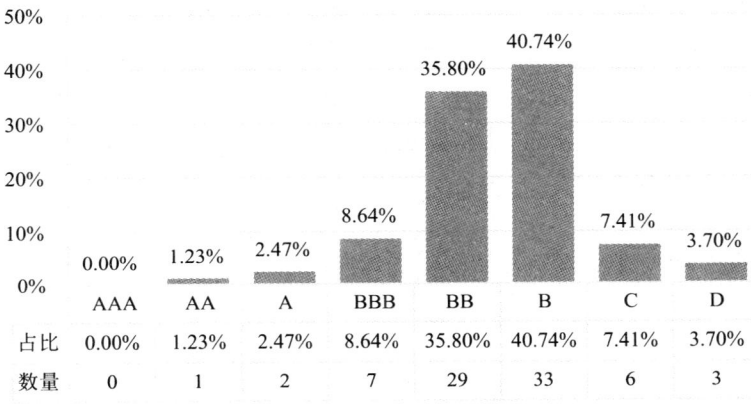

图5-34 交通运输、仓储和邮政业上市公司内部控制评级分布情况
数据来源：DIB迪博内部控制与风险管理数据库 www.ic-erm.com

在81家交通运输、仓储和邮政业上市公司中，内部控制水平排名前五的依次为：大秦铁路（601006）、上港集团（600018）、芜湖港（600575）、东方航空（600115）和中国国航（601111），其内部控制评级情况如表5-34所示。

表5-34 交通运输、仓储和邮政业内部控制前五强等级分布情况

行业排名	证券代码	证券简称	内部控制等级	行业
1	601006	大秦铁路	AA	交通运输、仓储和邮政业
2	600018	上港集团	A	交通运输、仓储和邮政业
3	600575	芜湖港	A	交通运输、仓储和邮政业
4	600115	东方航空	BBB	交通运输、仓储和邮政业
5	601111	中国国航	BBB	交通运输、仓储和邮政业

数据来源：DIB迪博内部控制与风险管理数据库 www.ic-erm.com

35. 住宿和餐饮业

2013年，住宿和餐饮业纳入内部控制指数范围的上市公司样本总量为12家，其内部控制评级情况如下：BBB级上市公司1家，占比8.33%；BB级上市公司2家，占比16.67%；B级上市公司5家，占比41.67%；C级上市公司3家，占比25.00%；D级上市公司1家，占比8.33%。住宿和餐饮业上市公司2013年内部控制等级整体分布情况如图5-35所示。

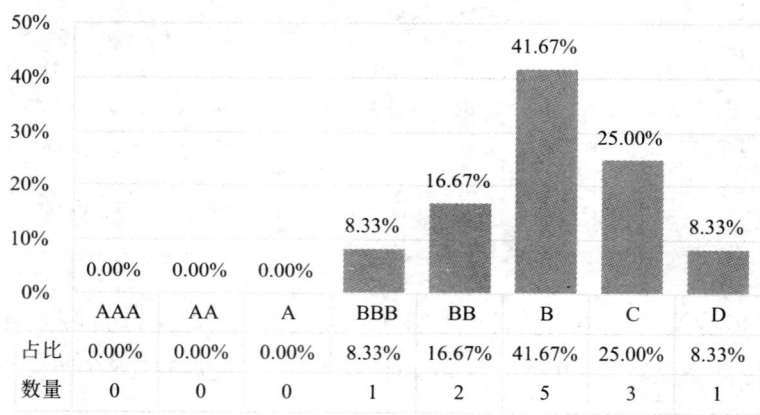

图5-35　住宿和餐饮业上市公司内部控制评级分布情况
数据来源：DIB迪博内部控制与风险管理数据库 www.ic-erm.com

在12家住宿和餐饮业上市公司中，内部控制水平排名前五的依次为：锦江股份（600754）、全聚德（002186）、华天酒店（000428）、易食股份（000796）和西安饮食（000721），其内部控制评级情况如表5-35所示。

表 5-35　　住宿和餐饮业内部控制前五强等级分布情况

行业排名	证券代码	证券简称	内部控制等级	行业
1	600754	锦江股份	BBB	住宿和餐饮业
2	002186	全聚德	BB	住宿和餐饮业
3	000428	华天酒店	BB	住宿和餐饮业
4	000796	易食股份	B	住宿和餐饮业
5	000721	西安饮食	B	住宿和餐饮业

数据来源：DIB 迪博内部控制与风险管理数据库 www.ic-erm.com

36. 信息传输、软件和信息技术服务业

2013 年，信息传输、软件和信息技术服务业纳入内部控制指数范围的上市公司样本总量为 123 家，其内部控制评级情况如下：BBB 级上市公司 2 家，占比 1.63%；BB 级上市公司 48 家，占比 39.02%；B 级上市公司 57 家，占比 46.34%；C 级上市公司 15 家，占比 12.20%；D 级上市公司 1 家，占比 0.81%。信息传输、软件和信息技术服务业上市公司 2013 年内部控制等级整体分布情况如图 5-36 所示。

在 123 家信息传输、软件和信息技术服务业上市公司中，内部控制水平排名前五的依次为：中国联通（600050）、国电南瑞（600406）、电广传媒（000917）、东华软件（002065）和易华录（300212），其内部控制评级情况如表 5-36 所示。

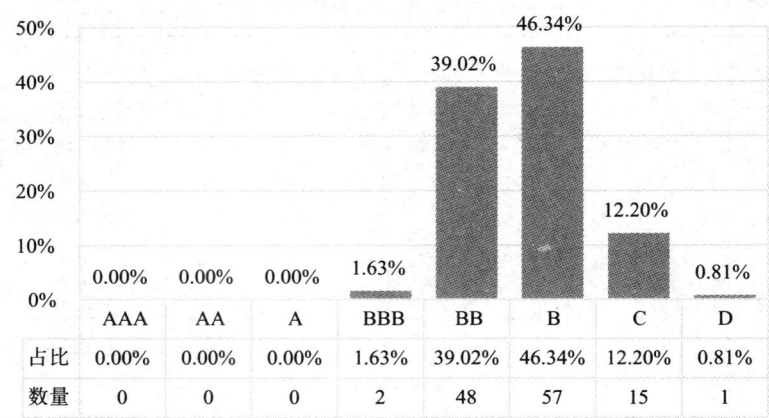

图5-36 信息传输、软件和信息技术服务业上市公司内部控制评级分布情况
数据来源：DIB迪博内部控制与风险管理数据库 www.ic-erm.com

表5-36 信息传输、软件和信息技术服务业内部控制前五强等级分布情况

行业排名	证券代码	证券简称	内部控制等级	行业
1	600050	中国联通	BBB	信息传输、软件和信息技术服务业
2	600406	国电南瑞	BBB	信息传输、软件和信息技术服务业
3	000917	电广传媒	BB	信息传输、软件和信息技术服务业
4	002065	东华软件	BB	信息传输、软件和信息技术服务业
5	300212	易华录	BB	信息传输、软件和信息技术服务业

数据来源：DIB迪博内部控制与风险管理数据库 www.ic-erm.com

37. 金融业

2013年，金融业纳入内部控制指数范围的上市公司样本总量为43家，其内部控制评级情况如下：AA级上市公司2家，占比4.65%；A级上市公司3家，占比6.98%；BBB级上市公司10家，占比23.26%；BB级上市公司8家，占比18.60%；B级上市公司19家，占比44.19%；C级上

公司1家，占比2.33%。金融业上市公司2013年内部控制等级整体分布情况如图5-37所示。

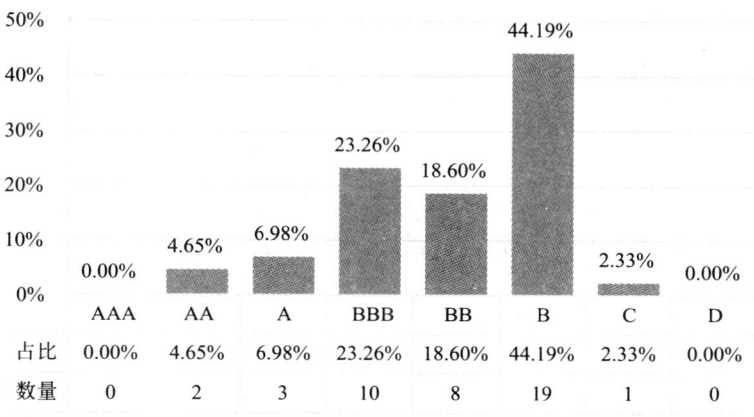

图5-37 金融业上市公司内部控制评级分布情况

数据来源：DIB迪博内部控制与风险管理数据库 www.ic-erm.com

在43家金融业上市公司中，内部控制水平排名前五的依次为：中国人寿（601628）、中国平安（601318）、中国太保（601601）、建设银行（601939）和招商银行（600036），其内部控制评级情况如表5-37所示。

表5-37 金融业内部控制前五强等级分布情况

行业排名	证券代码	证券简称	内部控制等级	行业
1	601628	中国人寿	AA	金融业
2	601318	中国平安	AA	金融业
3	601601	中国太保	A	金融业
4	601939	建设银行	A	金融业
5	600036	招商银行	A	金融业

数据来源：DIB迪博内部控制与风险管理数据库 www.ic-erm.com

38. 房地产业

2013年，房地产业纳入内部控制指数范围的上市公司样本总量为135家，其内部控制评级情况如下：AA级上市公司4家，占比2.96%；A级上市公司2家，占比1.48%；BBB级上市公司5家，占比3.70%；BB级上市公司29家，占比21.48%；B级上市公司70家，占比51.85%；C级上市公司25家，占比18.52%。房地产业上市公司2013年内部控制等级整体分布情况如图5-38所示。

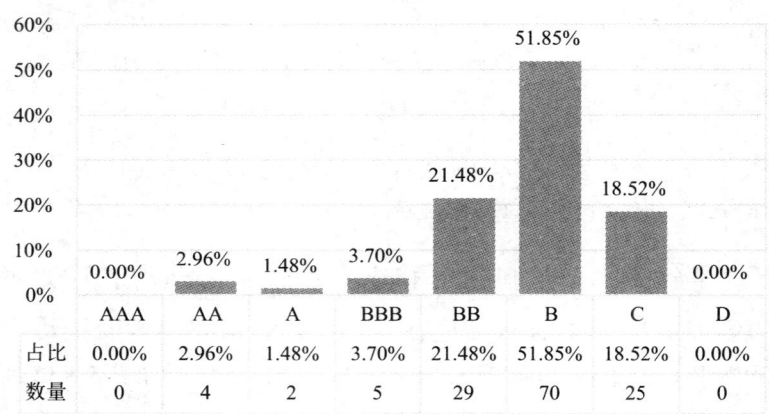

图5-38　房地产业上市公司内部控制评级分布情况

数据来源：DIB迪博内部控制与风险管理数据库 www.ic-erm.com

在135家房地产业上市公司中，内部控制水平排名前五的依次为：万科A（000002）、保利地产（600048）、招商地产（000024）、金地集团（600383）和华夏幸福（600340），其内部控制评级情况如表5-38所示。

39. 租赁和商务服务业

2013年，租赁和商务服务业纳入内部控制指数范围的上市公司样本总

表 5-38　　　　房地产业内部控制前五强等级分布情况

行业排名	证券代码	证券简称	内部控制等级	行业
1	000002	万科 A	AA	房地产业
2	600048	保利地产	AA	房地产业
3	000024	招商地产	AA	房地产业
4	600383	金地集团	AA	房地产业
5	600340	华夏幸福	A	房地产业

数据来源：DIB 迪博内部控制与风险管理数据库 www.ic-erm.com

量为 21 家，其内部控制评级情况如下：A 级上市公司 1 家，占比 4.76%；BBB 级上市公司 3 家，占比 14.29%；BB 级上市公司 8 家，占比 38.10%；B 级上市公司 8 家，占比 38.10%；C 级上市公司 1 家，占比 4.76%。租赁和商务服务业上市公司 2013 年内部控制等级整体分布情况如图 5-39 所示。

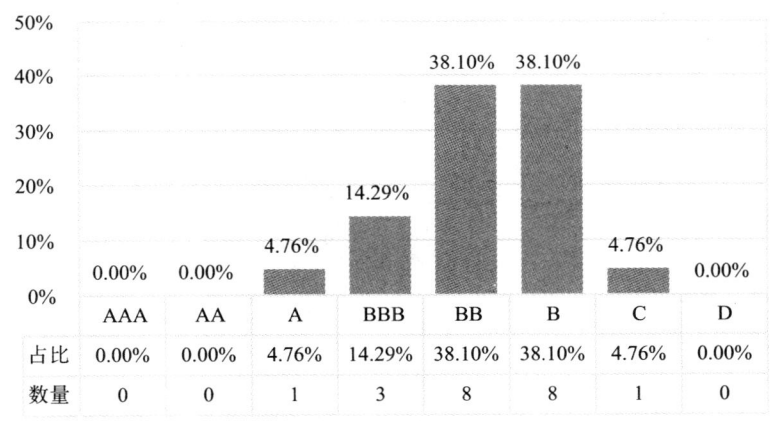

图 5-39　租赁和商务服务业上市公司内部控制评级分布情况
数据来源：DIB 迪博内部控制与风险管理数据库 www.ic-erm.com

在 21 家租赁和商务服务业上市公司中，内部控制水平排名前五的依次为：飞马国际（002210）、中国国旅（601888）、象屿股份（600057）、怡亚通（002183）和省广股份（002400），其内部控制评级情况如表 5-39 所示。

表 5-39　租赁和商务服务业内部控制前五强等级分布情况

行业排名	证券代码	证券简称	内部控制等级	行业
1	002210	飞马国际	A	租赁和商务服务业
2	601888	中国国旅	BBB	租赁和商务服务业
3	600057	象屿股份	BBB	租赁和商务服务业
4	002183	怡亚通	BBB	租赁和商务服务业
5	002400	省广股份	BB	租赁和商务服务业

数据来源：DIB 迪博内部控制与风险管理数据库 www.ic-erm.com

40. 科学研究和技术服务业

2013 年，科学研究和技术服务业纳入内部控制指数范围的上市公司样本总量为 12 家，其内部控制评级情况如下：BBB 级上市公司 2 家，占比 16.67%；BB 级上市公司 5 家，占比 41.67%；B 级上市公司 5 家，占比 41.67%。科学研究和技术服务业上市公司 2013 年内部控制等级整体分布情况如图 5-40 所示。

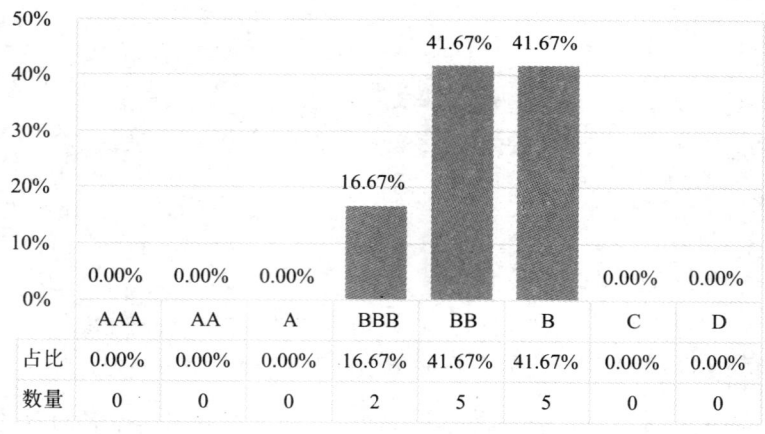

图 5-40　科学研究和技术服务业上市公司内部控制评级分布情况

数据来源：DIB 迪博内部控制与风险管理数据库 www.ic-erm.com

在 12 家科学研究和技术服务业上市公司中，内部控制水平排名前五的依次为：华测检测（300012）、延华智能（002178）、天壕节能（300332）、中国海诚（002116）和电科院（300215），其内部控制评级情况如表 5-40 所示。

表 5-40　科学研究和技术服务业内部控制前五强等级分布情况

行业排名	证券代码	证券简称	内部控制等级	行业
1	300012	华测检测	BBB	科学研究和技术服务业
2	002178	延华智能	BBB	科学研究和技术服务业
3	300332	天壕节能	BB	科学研究和技术服务业
4	002116	中国海诚	BB	科学研究和技术服务业
5	300215	电科院	BB	科学研究和技术服务业

数据来源：DIB 迪博内部控制与风险管理数据库 www.ic-erm.com

41. 水利、环境和公共设施管理业

2013 年，水利、环境和公共设施管理业纳入内部控制指数范围的上市公司样本总量为 26 家，其内部控制评级情况如下：A 级上市公司 1 家，占比 3.85%；BBB 级上市公司 2 家，占比 7.69%；BB 级上市公司 6 家，占比 23.08%；B 级上市公司 13 家，占比 50.00%；C 级上市公司 4 家，占比 15.38%。水利、环境和公共设施管理业上市公司 2013 年内部控制等级整体分布情况如图 5-41 所示。

在 26 家水利、环境和公共设施管理业上市公司中，内部控制水平排名前五的依次为：华侨城 A（000069）、东方明珠（600832）、碧水源（300070）、桑德环境（000826）和丽江旅游（002033），其内部控制评级情况如表 5-41 所示。

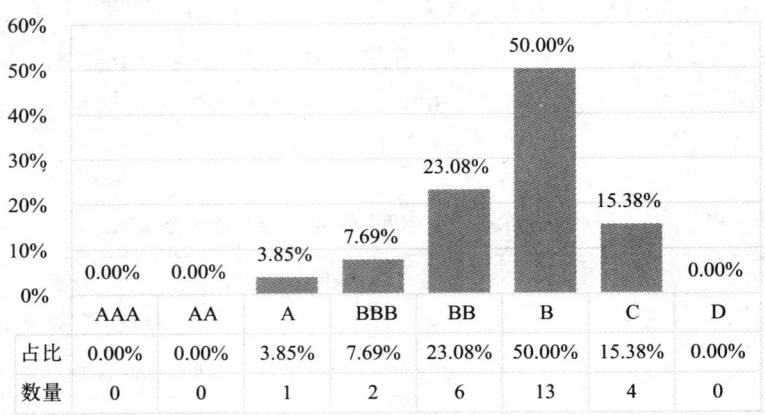

图 5-41 水利、环境和公共设施管理业上市公司内部控制评级分布情况
数据来源：DIB 迪博内部控制与风险管理数据库 www.ic-erm.com

表 5-41 水利、环境和公共设施管理业内部控制前五强等级分布情况

行业排名	证券代码	证券简称	内部控制等级	行业
1	000069	华侨城A	A	水利、环境和公共设施管理业
2	600832	东方明珠	BBB	水利、环境和公共设施管理业
3	300070	碧水源	BBB	水利、环境和公共设施管理业
4	000826	桑德环境	BB	水利、环境和公共设施管理业
5	002033	丽江旅游	BB	水利、环境和公共设施管理业

数据来源：DIB 迪博内部控制与风险管理数据库 www.ic-erm.com

42. 文化、体育和娱乐业

2013 年，文化、体育和娱乐业纳入内部控制指数范围的上市公司样本总量为 24 家，其内部控制评级情况如下：BB 级上市公司 12 家，占比 50.00%；B 级上市公司 11 家，占比 45.83%；D 级上市公司 1 家，占比 4.17%。文化、体育和娱乐业上市公司 2013 年内部控制等级整体分布情况

如图 5-42 所示。

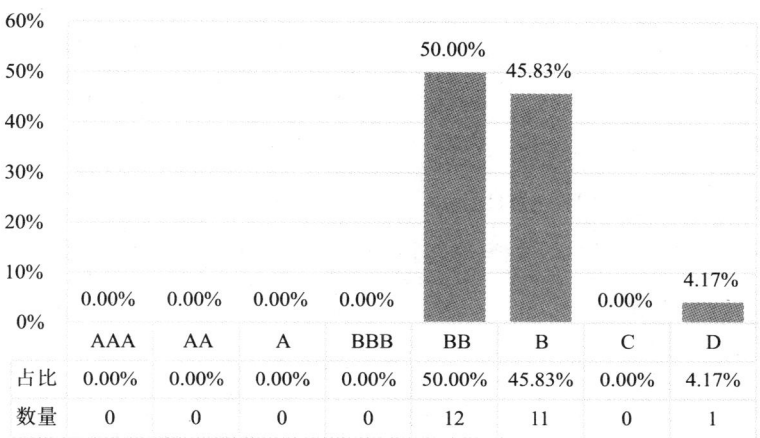

图 5-42　文化、体育和娱乐业上市公司内部控制评级分布情况

数据来源：DIB 迪博内部控制与风险管理数据库 www.ic-erm.com

在 24 家文化、体育和娱乐业上市公司中，内部控制水平排名前五的依次为：华谊兄弟（300027）、华策影视（300133）、大地传媒（000719）、中南传媒（601098）和时代出版（600551），其内部控制评级情况如表 5-42 所示。

表 5-42　文化、体育和娱乐业内部控制前五强等级分布情况

行业排名	证券代码	证券简称	内部控制等级	行业
1	300027	华谊兄弟	BB	文化、体育和娱乐业
2	300133	华策影视	BB	文化、体育和娱乐业
3	000719	大地传媒	BB	文化、体育和娱乐业
4	601098	中南传媒	BB	文化、体育和娱乐业
5	600551	时代出版	BB	文化、体育和娱乐业

数据来源：DIB 迪博内部控制与风险管理数据库 www.ic-erm.com

43. 综合

2013年，综合业纳入内部控制指数范围的上市公司样本总量为23家，其内部控制评级情况如下：BBB级上市公司3家，占比13.04%；BB级上市公司2家，占比8.70%；B级上市公司14家，占比60.87%；C级上市公司3家，占比13.04%；D级上市公司1家，占比4.35%。综合业上市公司2013年内部控制等级整体分布情况如图5-43所示。

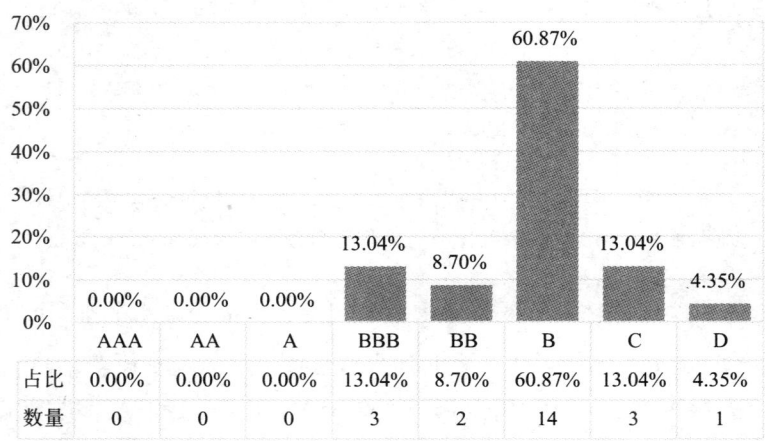

图5-43　综合业上市公司内部控制评级分布情况
数据来源：DIB迪博内部控制与风险管理数据库 www.ic-erm.com

在23家综合业上市公司中，内部控制水平排名前五的依次为：悦达投资（600805）、张江高科（600895）、创元科技（000551）、数源科技（000909）、中国宝安（000009），其内部控制评级情况如表5-43所示。

表 5-43　　　　　综合业内部控制前五强等级分布情况

行业排名	证券代码	证券简称	内部控制等级	行业
1	600805	悦达投资	BBB	综合业
2	600895	张江高科	BBB	综合业
3	000551	创元科技	BBB	综合业
4	000909	数源科技	BB	综合业
5	000009	中国宝安	BB	综合业

数据来源：DIB 迪博内部控制与风险管理数据库 www.ic-erm.com

四、分辖区上市公司内部控制评级情况

根据证监会派出机构的划分方法，2013 年全国 36 个辖区上市公司内部控制评级情况分别如下：

1. 安徽辖区

2013 年，安徽辖区纳入内部控制指数范围的上市公司样本总量为 78 家，其内部控制评级情况如下：A 级上市公司 2 家，占比 2.56%；BBB 级上市公司 3 家，占比 3.85%；BB 级上市公司 16 家，占比 20.51%；B 级上市公司 45 家，占比 57.69%；C 级上市公司 12 家，占比 15.38%。安徽辖区上市公司 2013 年内部控制等级整体分布情况如图 5-44 所示。

在 78 家安徽辖区上市公司中，内部控制水平排名前五的依次为：芜湖港（600575）、海螺水泥（600585）、江淮汽车（600418）、马钢股份（600808）和铜陵有色（000630），其内部控制评级情况如表 5-44 所示。

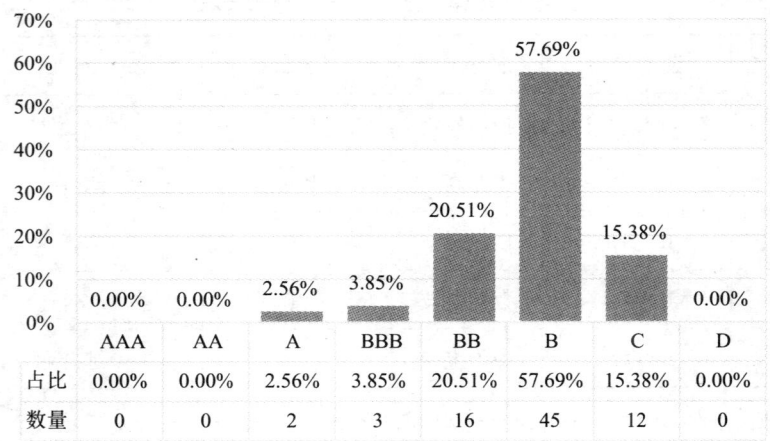

图 5–44　安徽辖区上市公司内部控制评级分布情况

数据来源：DIB 迪博内部控制与风险管理数据库 www.ic-erm.com

表 5–44　　　　　安徽辖区内部控制前五强等级分布情况

行业排名	证券代码	证券简称	内部控制等级	辖区
1	600575	芜湖港	A	安徽辖区
2	600585	海螺水泥	A	安徽辖区
3	600418	江淮汽车	BBB	安徽辖区
4	600808	马钢股份	BBB	安徽辖区
5	000630	铜陵有色	BBB	安徽辖区

数据来源：DIB 迪博内部控制与风险管理数据库 www.ic-erm.com

2. 北京辖区

2013 年，北京辖区纳入内部控制指数范围的上市公司样本总量为 217 家，其内部控制评级情况如下：AA 级上市公司 2 家，占比 0.92%；A 级上市公司 6 家，占比 2.76%；BBB 级上市公司 23 家，占比 10.60%；BB 级上市公司 80 家，占比 36.87%；B 级上市公司 84 家，占比 38.71%；C 级上市公司 18 家，占比 8.29%；D 级上市公司 4 家，占比 1.84%。北京辖区上市公司 2013 年内部控制等级整体分布情况如图 5-45 所示。

在 217 家北京辖区上市公司中，内部控制水平排名前五的依次为：中国建筑（601668）、中国人寿（601628）、中国中铁（601390）、华能国际（600011）和中国石化（600028），其内部控制评级情况如表 5-45 所示。

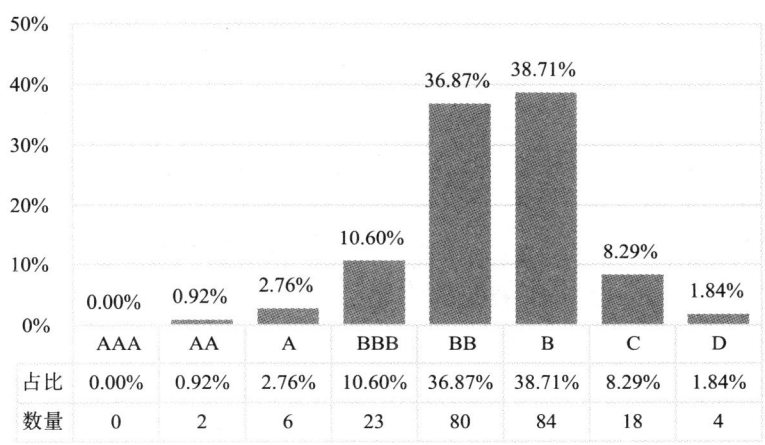

图 5-45　北京辖区上市公司内部控制评级分布情况

数据来源：DIB 迪博内部控制与风险管理数据库 www.ic-erm.com

表 5-45　　　　　　　北京辖区内部控制前五强等级分布情况

行业排名	证券代码	证券简称	内部控制等级	辖区
1	601668	中国建筑	AA	北京辖区
2	601628	中国人寿	AA	北京辖区
3	601390	中国中铁	A	北京辖区
4	600011	华能国际	A	北京辖区
5	600028	中国石化	A	北京辖区

数据来源：DIB 迪博内部控制与风险管理数据库 www.ic-erm.com

3. 大连辖区

2013 年，大连辖区纳入内部控制指数范围的上市公司样本总量为 25

家，其内部控制评级情况如下：A 级上市公司 1 家，占比 4.00%；BB 级上市公司 5 家，占比 20.00%；B 级上市公司 11 家，占比 44.00%；C 级上市公司 8 家，占比 32.00%。大连辖区上市公司 2013 年内部控制等级整体分布情况如图 5 - 46 所示。

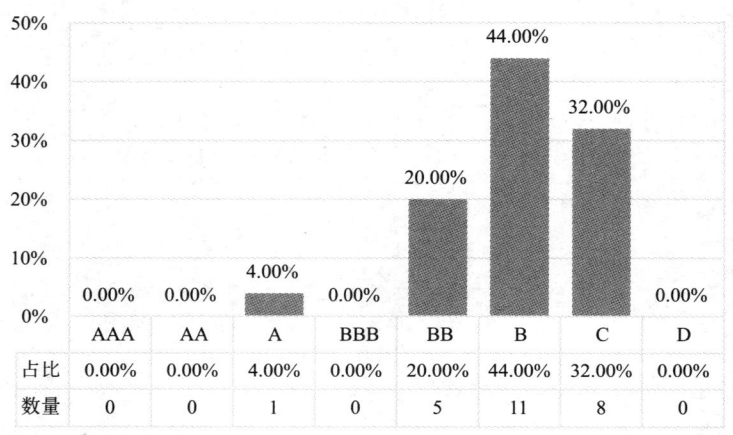

图 5 - 46　大连辖区上市公司内部控制评级分布情况
数据来源：DIB 迪博内部控制与风险管理数据库 www.ic - erm.com

在 25 家大连辖区上市公司中，内部控制水平排名前五的依次为：国电电力（600795）、大连港（601880）、铁龙物流（600125）、辽宁成大（600739）和大冷股份（000530），其内部控制评级情况如表 5 - 46 所示。

表 5 - 46　　　　大连辖区内部控制前五强等级分布情况

行业排名	证券代码	证券简称	内部控制等级	辖区
1	600795	国电电力	A	大连辖区
2	601880	大连港	BB	大连辖区
3	600125	铁龙物流	BB	大连辖区
4	600739	辽宁成大	BB	大连辖区
5	000530	大冷股份	BB	大连辖区

数据来源：DIB 迪博内部控制与风险管理数据库 www.ic - erm.com

4. 福建辖区

2013 年，福建辖区①纳入内部控制指数范围的上市公司样本总量为 60 家，其内部控制评级情况如下：BBB 级上市公司 3 家，占比 5.00%；BB 级上市公司 10 家，占比 16.67%；B 级上市公司 39 家，占比 65.00%；C 级上市公司 8 家，占比 13.33%。福建辖区上市公司 2013 年内部控制等级整体分布情况如图 5-47 所示。

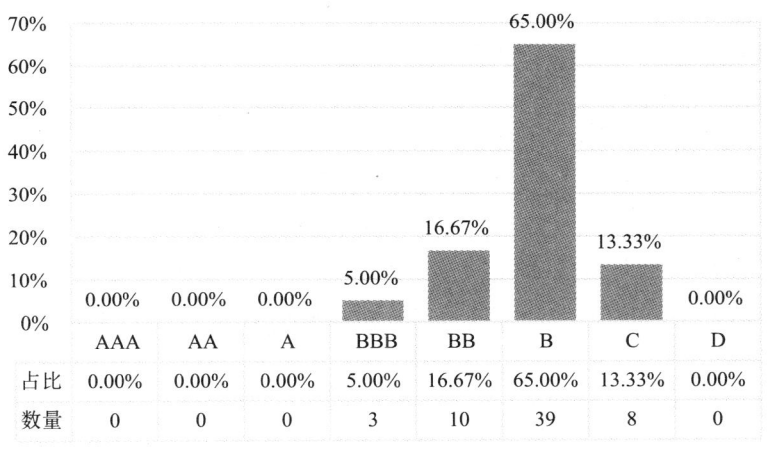

图 5-47 福建辖区上市公司内部控制评级分布情况
数据来源：DIB 迪博内部控制与风险管理数据库 www.ic-erm.com

在 60 家福建辖区上市公司中，内部控制水平排名前五的依次为：阳光城（000671）、兴业银行（601166）、永辉超市（601933）、福耀玻璃（600660）和冠城大通（600067），其内部控制评级情况如表 5-47 所示。

---

① 因厦门被单独划分为一个证监会辖区，福建辖区的分析中不含厦门市的上市公司。

表 5-47　　福建辖区内部控制前五强等级分布情况

行业排名	证券代码	证券简称	内部控制等级	辖区
1	000671	阳光城	BBB	福建辖区
2	601166	兴业银行	BBB	福建辖区
3	601933	永辉超市	BBB	福建辖区
4	600660	福耀玻璃	BB	福建辖区
5	600067	冠城大通	BB	福建辖区

数据来源：DIB 迪博内部控制与风险管理数据库 www.ic-erm.com

5. 甘肃辖区

2013 年，甘肃辖区纳入内部控制指数范围的上市公司样本总量为 24 家，其内部控制评级情况如下：A 级上市公司 1 家，占比 4.17%；BB 级上市公司 3 家，占比 12.50%；B 级上市公司 13 家，占比 54.17%；C 级上市公司 6 家，占比 25.00%；D 级上市公司 1 家，占比 4.17%。甘肃辖区上市公司 2013 年内部控制等级整体分布情况如图 5-48 所示。

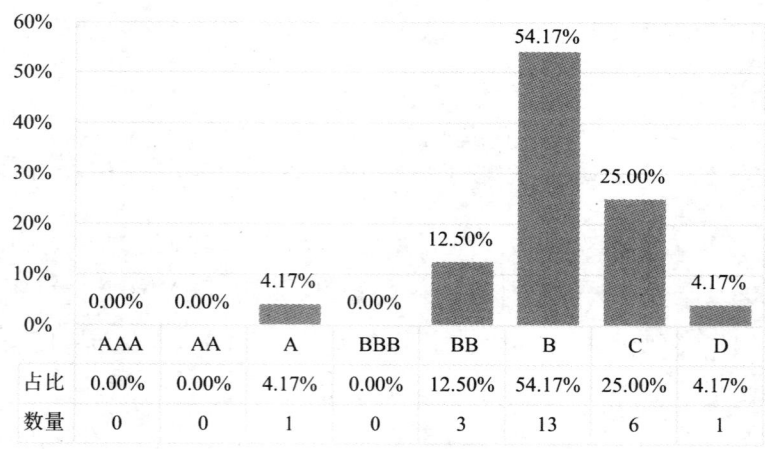

图 5-48　甘肃辖区上市公司内部控制评级分布情况

数据来源：DIB 迪博内部控制与风险管理数据库 www.ic-erm.com

在 24 家甘肃辖区上市公司中，内部控制水平排名前五的依次为：国投电力（600886）、恒康医疗（002219）、上峰水泥（000672）、佛慈制药（002644）和亚盛集团（600108），其内部控制评级情况如表 5-48 所示。

表 5-48　　　　　甘肃辖区内部控制前五强等级分布情况

行业排名	证券代码	证券简称	内部控制等级	辖区
1	600886	国投电力	A	甘肃辖区
2	002219	恒康医疗	BB	甘肃辖区
3	000672	上峰水泥	BB	甘肃辖区
4	002644	佛慈制药	BB	甘肃辖区
5	600108	亚盛集团	B	甘肃辖区

数据来源：DIB 迪博内部控制与风险管理数据库 www.ic-erm.com

6. 广东辖区

2013 年，广东辖区①纳入内部控制指数范围的上市公司样本总量为 182 家，其内部控制评级情况如下：AA 级上市公司 2 家，占比 1.10%；A 级上市公司 1 家，占比 0.55%；BBB 级上市公司 8 家，占比 4.40%；BB 级上市公司 56 家，占比 30.77%；B 级上市公司 90 家，占比 49.45%；C 级上市公司 24 家，占比 13.19%；D 级上市公司 1 家，占比 0.55%。广东辖区上市公司 2013 年内部控制等级整体分布情况如图 5-49 所示。

---

① 深圳被单独划分为一个证监会辖区，故广东辖区的分析中不含深圳市的上市公司。

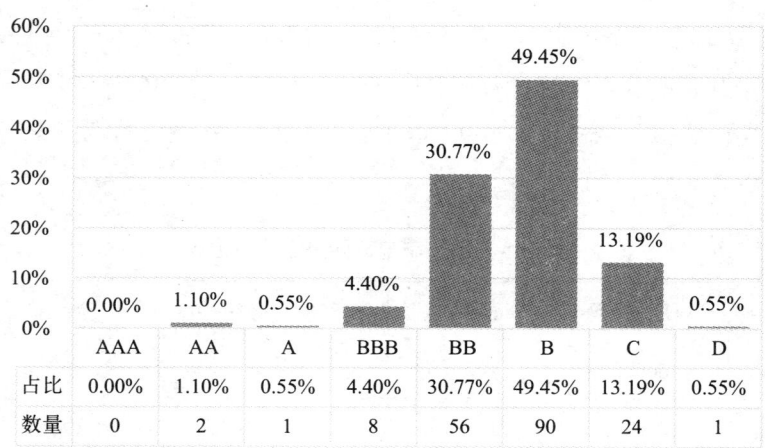

图 5-49　广东辖区上市公司内部控制评级分布情况

数据来源：DIB 迪博内部控制与风险管理数据库 www.ic-erm.com

在 182 家广东辖区上市公司中，内部控制水平排名前五的依次为：保利地产（600048）、格力电器（000651）、粤电力 A（000539）、海信科龙（000921）和 TCL 集团（000100），其内部控制评级情况如表 5-49 所示。

表 5-49　　　　广东辖区内部控制前五强等级分布情况

行业排名	证券代码	证券简称	内部控制等级	辖区
1	600048	保利地产	AA	广东辖区
2	000651	格力电器	AA	广东辖区
3	000539	粤电力 A	A	广东辖区
4	000921	海信科龙	BBB	广东辖区
5	000100	TCL 集团	BBB	广东辖区

数据来源：DIB 迪博内部控制与风险管理数据库 www.ic-erm.com

7. 广西辖区

2013 年，广西辖区纳入内部控制指数范围的上市公司样本总量为 30 家，其内部控制评级情况如下：BB 级上市公司 6 家，占比 20.00%；B 级上市公司12家，占比40.00%；C级上市公司10家，占比33.33%；D级上市公司2家，占比6.67%。广西辖区上市公司2013年内部控制等级整体分布情况如图5-50所示。

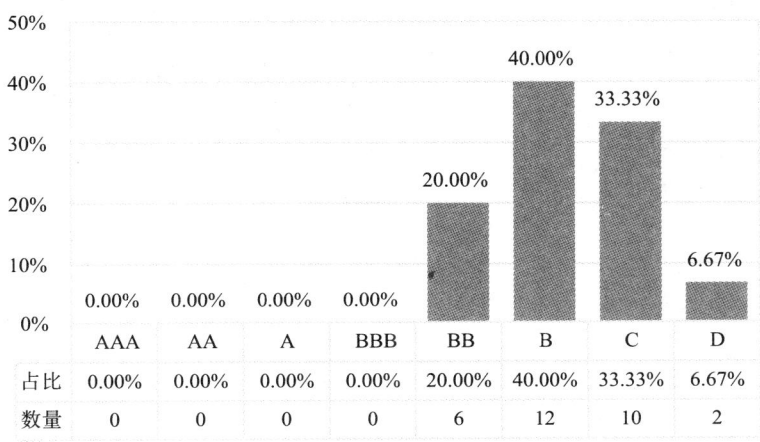

图5-50　广西辖区上市公司内部控制评级分布情况

数据来源：DIB迪博内部控制与风险管理数据库 www.ic-erm.com

在30家广西辖区上市公司中，内部控制水平排名前五的依次为：恒逸石化（000703）、柳钢股份（601003）、桂林三金（002275）、北部湾港（000582）和南方食品（000716），其内部控制评级情况如表5-50所示。

表5-50　　　　广西辖区内部控制前五强等级分布情况

行业排名	证券代码	证券简称	内部控制等级	辖区
1	000703	恒逸石化	BB	广西辖区
2	601003	柳钢股份	BB	广西辖区
3	002275	桂林三金	BB	广西辖区
4	000582	北部湾港	BB	广西辖区
5	000716	南方食品	BB	广西辖区

数据来源：DIB迪博内部控制与风险管理数据库 www.ic-erm.com

8. 贵州辖区

2013年,贵州辖区纳入内部控制指数范围的上市公司样本总量为21家,其内部控制评级情况如下:BB级上市公司6家,占比28.57%;B级上市公司10家,占比47.62%;C级上市公司4家,占比19.05%%;D级上市公司1家,占比4.76%。贵州辖区上市公司2013年内部控制等级整体分布情况如图5-51所示。

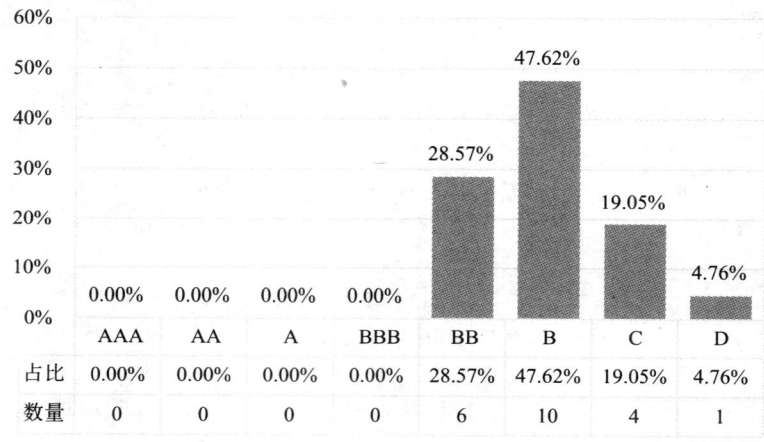

图5-51 贵州辖区上市公司内部控制评级分布情况
数据来源:DIB 迪博内部控制与风险管理数据库 www.ic-erm.com

在21家贵州辖区上市公司中,内部控制水平排名前五的依次为:久联发展(002037)、南方汇通(000920)、高鸿股份(000851)、航天电器(002025)和中航重机(600765),其内部控制评级情况如表5-51所示。

表5-51　　　　贵州辖区内部控制前五强等级分布情况

行业排名	证券代码	证券简称	内部控制等级	辖区
1	002037	久联发展	BB	贵州辖区
2	000920	南方汇通	BB	贵州辖区
3	000851	高鸿股份	BB	贵州辖区
4	002025	航天电器	BB	贵州辖区
5	600765	中航重机	BB	贵州辖区

数据来源：DIB 迪博内部控制与风险管理数据库 www.ic-erm.com

9. 海南辖区

2013 年，海南辖区纳入内部控制指数范围的上市公司样本总量为 26 家，其内部控制评级情况如下：BBB 级上市公司 1 家，占比 3.85%；BB 级上市公司 7 家，占比 26.92%；B 级上市公司 9 家，占比 34.62%；C 级上市公司 9 家，占比 34.62%。海南辖区上市公司 2013 年内部控制等级整体分布情况如图 5-52 所示。

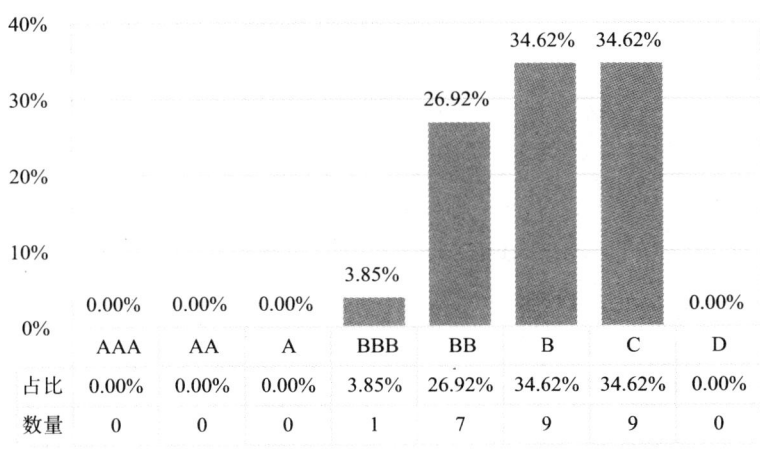

图 5-52　海南辖区上市公司内部控制评级分布情况

数据来源：DIB 迪博内部控制与风险管理数据库 www.ic-erm.com

在 26 家海南辖区上市公司中，内部控制水平排名前五的依次为：海南航空（600221）、中钨高新（000657）、海马汽车（000572）、海南海药（000566）和海岛建设（600515），其内部控制评级情况如表 5－52 所示。

表 5－52　　　　　海南辖区内部控制前五强等级分布情况

行业排名	证券代码	证券简称	内部控制等级	辖区
1	600221	海南航空	BBB	海南辖区
2	000657	中钨高新	BB	海南辖区
3	000572	海马汽车	BB	海南辖区
4	000566	海南海药	BB	海南辖区
5	600515	海岛建设	BB	海南辖区

数据来源：DIB 迪博内部控制与风险管理数据库 www.ic－erm.com

10. 河北辖区

2013 年，河北辖区纳入内部控制指数范围的上市公司样本总量为 47 家，其内部控制评级情况如下：A 级上市公司 4 家，占比 8.51%；BBB 级上市公司 1 家，占比 2.13%；BB 级上市公司 10 家，占比 21.28%；B 级上市公司 22 家，占比 46.81%；C 级上市公司 8 家，占比 17.02%；D 级上市公司 2 家，占比 4.26%。河北辖区上市公司 2013 年内部控制等级整体分布情况如图 5－53 所示。

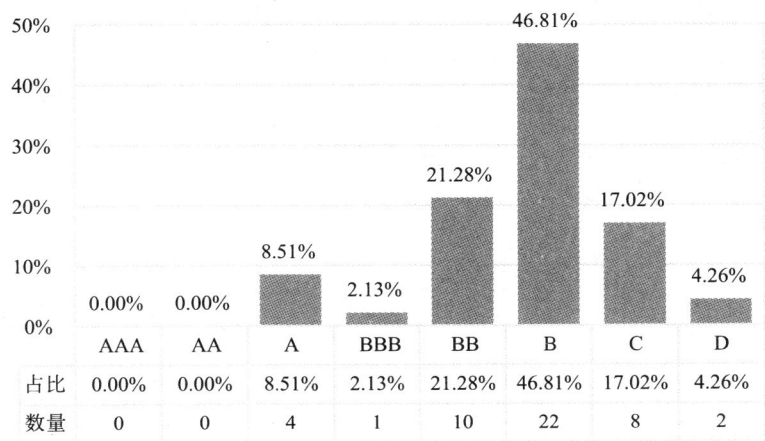

图 5-53 河北辖区上市公司内部控制评级分布情况
数据来源：DIB 迪博内部控制与风险管理数据库 www.ic-erm.com

在 47 家河北辖区上市公司中，内部控制水平排名前五的依次为：长城汽车（601633）、新兴铸管（000778）、华夏幸福（600340）、荣盛发展（002146）和河北钢铁（000709），其内部控制评级情况如表 5-53 所示。

表 5-53 河北辖区内部控制前五强等级分布情况

行业排名	证券代码	证券简称	内部控制等级	辖区
1	601633	长城汽车	A	河北辖区
2	000778	新兴铸管	A	河北辖区
3	600340	华夏幸福	A	河北辖区
4	002146	荣盛发展	A	河北辖区
5	000709	河北钢铁	BBB	河北辖区

数据来源：DIB 迪博内部控制与风险管理数据库 www.ic-erm.com

11. 河南辖区

2013 年，河南辖区纳入内部控制指数范围的上市公司样本总量为 66

家,其内部控制评级情况如下:BBB级上市公司1家,占比1.52%;BB级上市公司15家,占比22.73%;B级上市公司31家,占比46.97%;C级上市公司17家,占比25.76%;D级上市公司2家,占比3.03%。河南辖区上市公司2013年内部控制等级整体分布情况如图5-54所示。

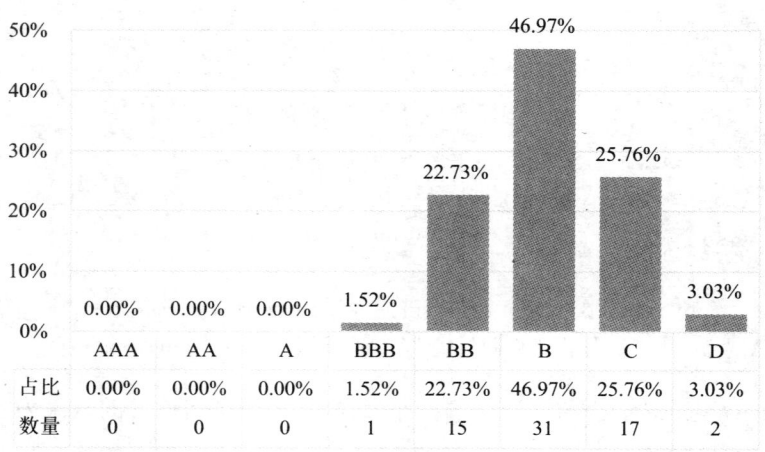

图5-54 河南辖区上市公司内部控制评级分布情况

数据来源:DIB迪博内部控制与风险管理数据库 www.ic-erm.com

在66家河南辖区上市公司中,内部控制水平排名前五的依次为:宇通客车(600066)、大地传媒(000719)、太阳鸟(300123)、神马股份(600810)和汉威电子(300007),其内部控制评级情况如表5-54所示。

表5-54　　　　河南辖区内部控制前五强等级分布情况

行业排名	证券代码	证券简称	内部控制等级	辖区
1	600066	宇通客车	BBB	河南辖区
2	000719	大地传媒	BB	河南辖区
3	300123	太阳鸟	BB	河南辖区
4	600810	神马股份	BB	河南辖区
5	300007	汉威电子	BB	河南辖区

数据来源:DIB迪博内部控制与风险管理数据库 www.ic-erm.com

12. 黑龙江辖区

2013年，黑龙江辖区纳入内部控制指数范围的上市公司样本总量为31家，其内部控制评级情况如下：BBB级上市公司1家，占比3.23%；BB级上市公司6家，占比19.35%；B级上市公司12家，占比38.71%；C级上市公司10家，占比32.26%；D级上市公司2家，占比6.45%。黑龙江辖区上市公司2013年内部控制等级整体分布情况如图5-55所示。

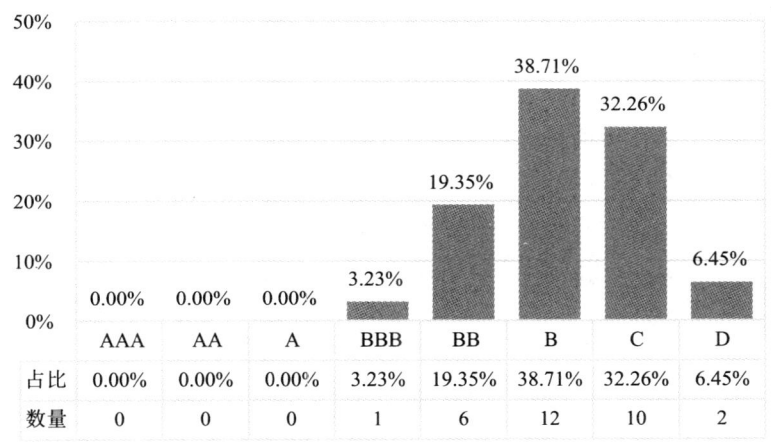

图5-55 黑龙江辖区上市公司内部控制评级分布情况
数据来源：DIB迪博内部控制与风险管理数据库 www.ic-erm.com

在31家黑龙江辖区上市公司中，内部控制水平排名前五的依次为：东方集团（600811）、哈投股份（600864）、中航投资（600705）、誉衡药业（002437）和博实股份（002698），其内部控制评级情况如表5-55所示。

表5-55 黑龙江辖区内部控制前五强等级分布情况

行业排名	证券代码	证券简称	内部控制等级	辖区
1	600811	东方集团	BBB	黑龙江辖区
2	600864	哈投股份	BB	黑龙江辖区

续表

行业排名	证券代码	证券简称	内部控制等级	辖区
3	600705	中航投资	BB	黑龙江辖区
4	002437	誉衡药业	BB	黑龙江辖区
5	002698	博实股份	BB	黑龙江辖区

数据来源：DIB 迪博内部控制与风险管理数据库 www.ic-erm.com

13. 湖北辖区

2013 年，湖北辖区纳入内部控制指数范围的上市公司样本总量为 82 家，其内部控制评级情况如下：BBB 级上市公司 2 家，占比 2.44%；BB 级上市公司 9 家，占比 10.98%；B 级上市公司 54 家，占比 65.85%；C 级上市公司 16 家，占比 19.51%；D 级上市公司 1 家，占比 1.22%。湖北辖区上市公司 2013 年内部控制等级整体分布情况如图 5-56 所示。

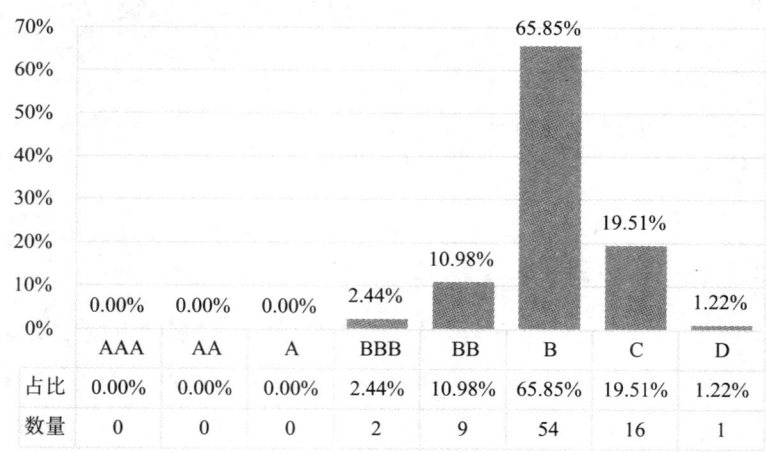

图 5-56 湖北辖区上市公司内部控制评级分布情况
数据来源：DIB 迪博内部控制与风险管理数据库 www.ic-erm.com

在 82 家湖北辖区上市公司中，内部控制水平排名前五的依次为：葛洲坝（600068）、南国置业（002305）、沙隆达 A（000553）、华新水泥

（600801）和桑德环境（000826），其内部控制评级情况如表 5-56 所示。

表 5-56　　　　湖北辖区内部控制前五强等级分布情况

行业排名	证券代码	证券简称	内部控制等级	辖区
1	600068	葛洲坝	BBB	湖北辖区
2	002305	南国置业	BBB	湖北辖区
3	000553	沙隆达 A	BB	湖北辖区
4	600801	华新水泥	BB	湖北辖区
5	000826	桑德环境	BB	湖北辖区

数据来源：DIB 迪博内部控制与风险管理数据库 www.ic-erm.com

14. 湖南辖区

2013 年，湖南辖区纳入内部控制指数范围的上市公司样本总量为 71 家，其内部控制评级情况如下：BBB 级上市公司 2 家，占比 2.82%；BB 级上市公司 17 家，占比 23.94%；B 级上市公司 39 家，占比 54.93%；C 级上市公司 13 家，占比 18.31%。湖南辖区上市公司 2013 年内部控制等级整体分布情况如图 5-57 所示。

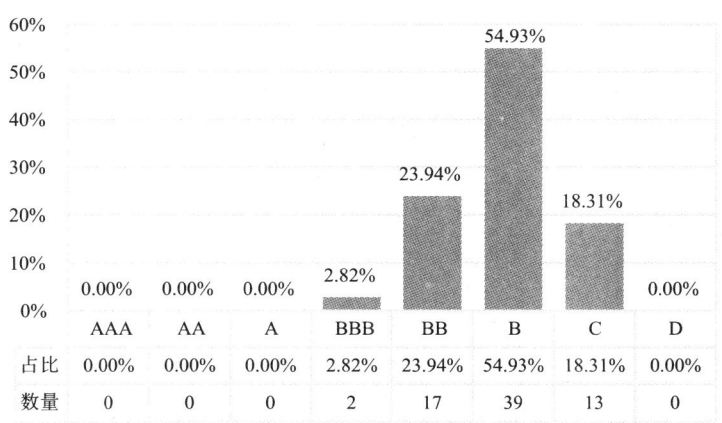

图 5-57　湖南辖区上市公司内部控制评级分布情况

数据来源：DIB 迪博内部控制与风险管理数据库 www.ic-erm.com

在 71 家湖南辖区上市公司中，内部控制水平排名前五的依次为：爱尔眼科（300015）、华菱钢铁（000932）、电广传媒（000917）、步步高（002251）和中航动控（000738），其内部控制评级情况如表 5-57 所示。

表 5-57　　　　湖南辖区内部控制前五强等级分布情况

行业排名	证券代码	证券简称	内部控制等级	辖区
1	300015	爱尔眼科	BBB	湖南辖区
2	000932	华菱钢铁	BBB	湖南辖区
3	000917	电广传媒	BB	湖南辖区
4	002251	步步高	BB	湖南辖区
5	000738	中航动控	BB	湖南辖区

数据来源：DIB 迪博内部控制与风险管理数据库 www.ic-erm.com

15. 吉林辖区

2013 年，吉林辖区纳入内部控制指数范围的上市公司样本总量为 37 家，其内部控制评级情况如下：A 级上市公司 1 家，占比 2.70%；BBB 级上市公司 1 家，占比 2.70%；BB 级上市公司 8 家，占比 21.62%；B 级上市公司 18 家，占比 48.65%；C 级上市公司 8 家，占比 21.62%；D 级上市公司 1 家，占比 2.70%。吉林辖区上市公司 2013 年内部控制等级整体分布情况如图 5-58 所示。

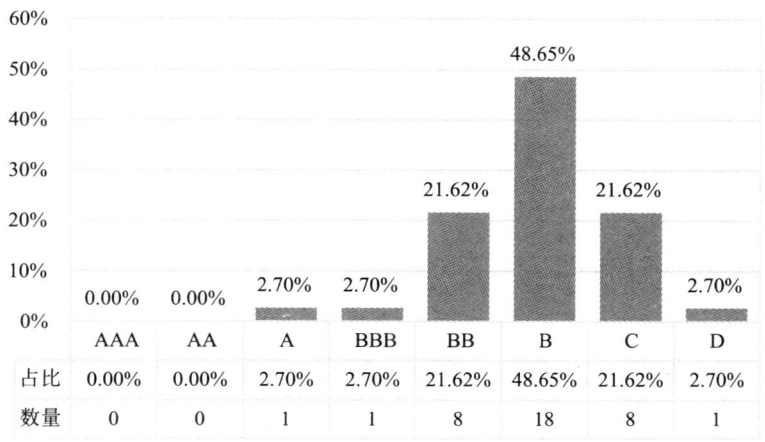

图 5-58 吉林辖区上市公司内部控制评级分布情况

数据来源：DIB 迪博内部控制与风险管理数据库 www.ic-erm.com

在 37 家吉林辖区上市公司中，内部控制水平排名前五的依次为：一汽轿车（000800）、吉林敖东（000623）、金浦钛业（000545）、欧亚集团（600697）和一汽富维（600742），其内部控制评级情况如表 5-58 所示。

表 5-58　　　　吉林辖区内部控制前五强等级分布情况

行业排名	证券代码	证券简称	内部控制等级	辖区
1	000800	一汽轿车	A	吉林辖区
2	000623	吉林敖东	BBB	吉林辖区
3	000545	金浦钛业	BB	吉林辖区
4	600697	欧亚集团	BB	吉林辖区
5	600742	一汽富维	BB	吉林辖区

数据来源：DIB 迪博内部控制与风险管理数据库 www.ic-erm.com

16. 江苏辖区

2013 年，江苏辖区纳入内部控制指数范围的上市公司样本总量为 233 家，其内部控制评级情况如下：A 级上市公司 1 家，占比 0.43%；BBB 级上市公司 4 家，占比 1.72%；BB 级上市公司 52 家，占比 22.32%；B 级上市公司 140 家，占比 60.09%；C 级上市公司 30 家，占比 12.88%；D 级上市公司 6 家，占比 2.58%。江苏辖区上市公司 2013 年内部控制等级整体分布情况如图 5-59 所示。

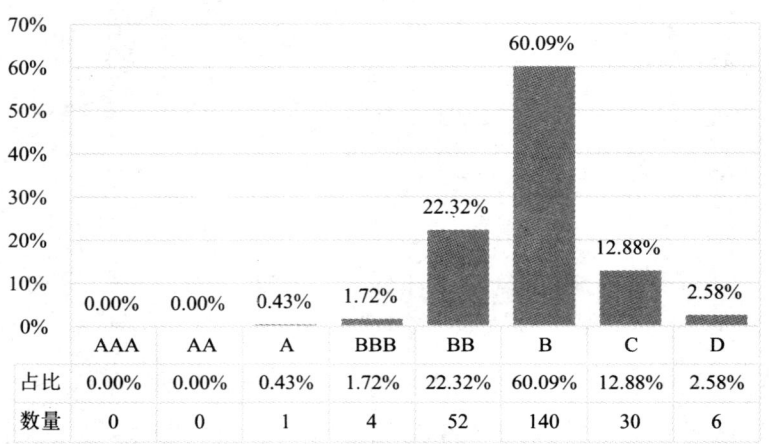

图 5-59　江苏辖区上市公司内部控制评级分布情况

数据来源：DIB 迪博内部控制与风险管理数据库 www.ic-erm.com

在 233 家江苏辖区上市公司中，内部控制水平排名前五的依次为：如意集团（000626）、悦达投资（600805）、国电南瑞（600406）、创元科技（000551）和舜天船舶（002608），其内部控制评级情况如表 5-59 所示。

表 5-59　　　　江苏辖区内部控制前五强等级分布情况

行业排名	证券代码	证券简称	内部控制等级	辖区
1	000626	如意集团	A	江苏辖区
2	600805	悦达投资	BBB	江苏辖区
3	600406	国电南瑞	BBB	江苏辖区
4	000551	创元科技	BBB	江苏辖区
5	002608	舜天船舶	BBB	江苏辖区

数据来源：DIB 迪博内部控制与风险管理数据库 www.ic-erm.com

17. 江西辖区

2013 年，江西辖区纳入内部控制指数范围的上市公司样本总量为 33 家，其内部控制评级情况如下：BBB 级上市公司 2 家，占比 6.06%；BB 级上市公司 8 家，占比 24.24%；B 级上市公司 21 家，占比 63.64%；C 级上市公司 1 家，占比 3.03%；D 级上市公司 1 家，占比 3.03%。江西辖区上市公司 2013 年内部控制等级整体分布情况如图 5-60 所示。

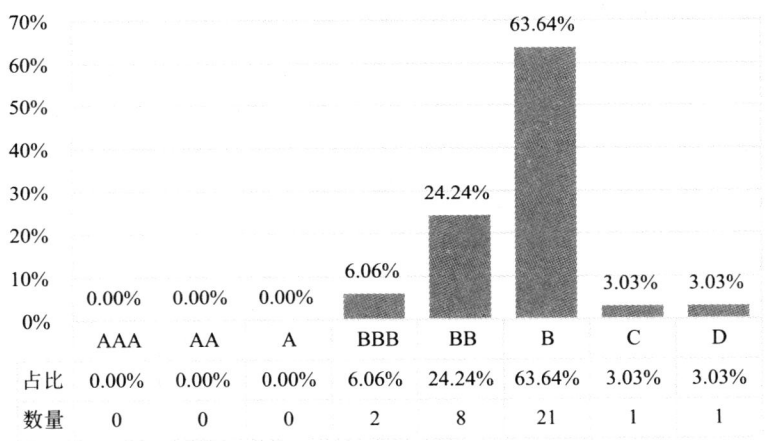

图 5-60　江西辖区上市公司内部控制评级分布情况
数据来源：DIB 迪博内部控制与风险管理数据库 www.ic-erm.com

在 33 家江西辖区上市公司中，内部控制水平排名前五的依次为：江铃汽车（000550）、江西铜业（600362）、方大特钢（600507）、仁和药业（000650）和中文传媒（600373），其内部控制评级情况如表 5-60 所示。

表 5-60　　　　江西辖区内部控制前五强等级分布情况

行业排名	证券代码	证券简称	内部控制等级	辖区
1	000550	江铃汽车	BBB	江西辖区
2	600362	江西铜业	BBB	江西辖区

续表

行业排名	证券代码	证券简称	内部控制等级	辖区
3	600507	方大特钢	BB	江西辖区
4	000650	仁和药业	BB	江西辖区
5	600373	中文传媒	BB	江西辖区

数据来源：DIB 迪博内部控制与风险管理数据库 www.ic-erm.com

18. 辽宁辖区

2013 年，辽宁辖区[①]纳入内部控制指数范围的上市公司样本总量为 42 家，其内部控制评级情况如下：BBB 级上市公司 1 家，占比 2.38%；BB 级上市公司 7 家，占比 16.67%；B 级上市公司 25 家，占比 59.52%；C 级上市公司 7 家，占比 16.67%；D 级上市公司 2 家，占比 4.76%。辽宁辖区上市公司 2013 年内部控制等级整体分布情况如图 5-61 所示。

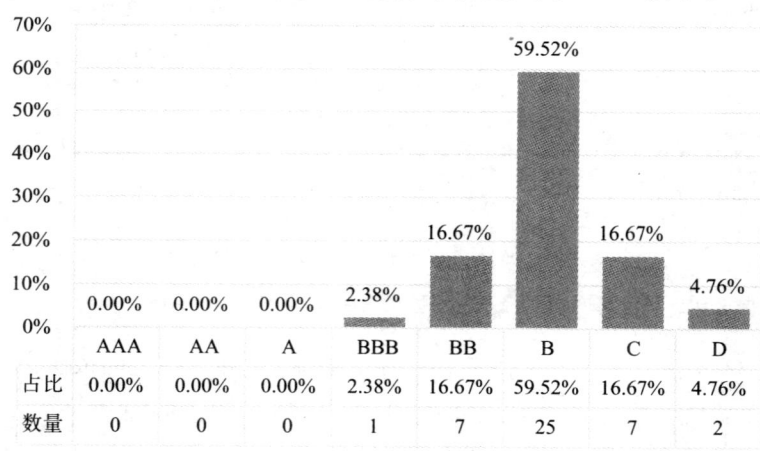

图 5-61 辽宁辖区上市公司内部控制评级分布情况

数据来源：DIB 迪博内部控制与风险管理数据库 www.ic-erm.com

---

① 大连被单独划分为一个证监会辖区，所以辽宁辖区的分析中不含大连市的上市公司。

在42家辽宁辖区上市公司中，内部控制水平排名前五的依次为：华锦股份（000059）、鞍钢股份（000898）、蓝英装备（300293）、本钢板材（000761）和山东路桥（000498），其内部控制评级情况如表5-61所示。

表5-61　　　　辽宁辖区内部控制前五强等级分布情况

行业排名	证券代码	证券简称	内部控制等级	辖区
1	000059	华锦股份	BBB	辽宁辖区
2	000898	鞍钢股份	BB	辽宁辖区
3	300293	蓝英装备	BB	辽宁辖区
4	000761	本钢板材	BB	辽宁辖区
5	000498	山东路桥	BB	辽宁辖区

数据来源：DIB迪博内部控制与风险管理数据库 www.ic-erm.com

19. 内蒙古辖区

2013年，内蒙古辖区纳入内部控制指数范围的上市公司样本总量为23家，其内部控制评级情况如下：A级上市公司1家，占比4.35%；BBB级上市公司2家，占比8.70%；BB级上市公司1家，占比4.35%；B级上市公司13家，占比56.52%；C级上市公司5家，占比21.74%；D级上市公司1家，占比4.35%。内蒙古辖区上市公司2013年内部控制等级整体分布情况如图5-62所示。

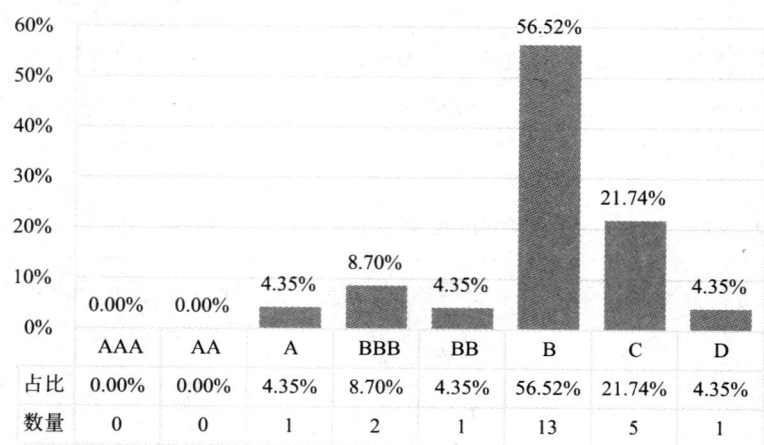

图 5-62　内蒙古辖区上市公司内部控制评级分布情况

数据来源：DIB 迪博内部控制与风险管理数据库 www.ic-erm.com

在 23 家内蒙古辖区上市公司中，内部控制水平排名前五的依次为：伊利股份（600887）、内蒙华电（600863）、西水股份（600291）、北方创业（600967）和福瑞股份（300049），其内部控制评级情况如表 5-62 所示。

表 5-62　内蒙古辖区内部控制前五强等级分布情况

行业排名	证券代码	证券简称	内部控制等级	辖区
1	600887	伊利股份	A	内蒙古辖区
2	600863	内蒙华电	BBB	内蒙古辖区
3	600291	西水股份	BBB	内蒙古辖区
4	600967	北方创业	BB	内蒙古辖区
5	300049	福瑞股份	B	内蒙古辖区

数据来源：DIB 迪博内部控制与风险管理数据库 www.ic-erm.com

20. 宁波辖区

2013 年，宁波辖区纳入内部控制指数范围的上市公司样本总量为 42

家，其内部控制评级情况如下：BBB 级上市公司 1 家，占比 2.38%；BB 级上市公司 9 家，占比 21.43%；B 级上市公司 22 家，占比 52.38%；C 级上市公司 9 家，占比 21.43%；D 级上市公司 1 家，占比 2.38%。宁波辖区上市公司 2013 年内部控制等级整体分布情况如图 5-63 所示。

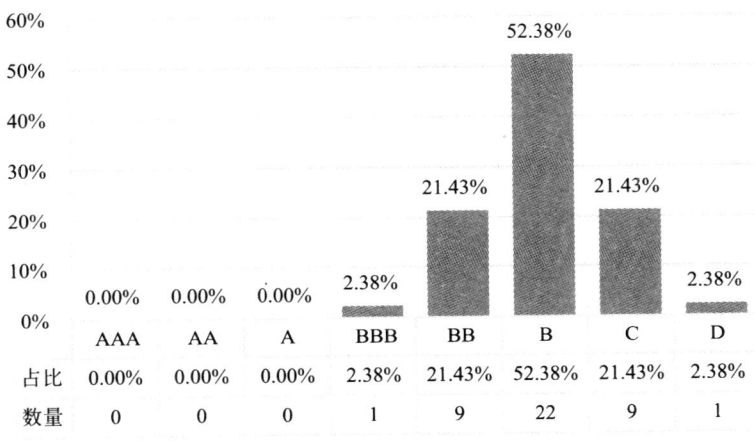

图 5-63　宁波辖区上市公司内部控制评级分布情况

数据来源：DIB 迪博内部控制与风险管理数据库 www.ic-erm.com

在 42 家宁波辖区上市公司中，内部控制水平排名前五的依次为：宁波港（601018）、宁波银行（002142）、雅戈尔（600177）、海伦钢琴（300329）和宁波华翔（002048），其内部控制评级情况如表 5-63 所示。

表 5-63　　　　宁波辖区内部控制前五强等级分布情况

行业排名	证券代码	证券简称	内部控制等级	辖区
1	601018	宁波港	BBB	宁波辖区
2	002142	宁波银行	BB	宁波辖区
3	600177	雅戈尔	BB	宁波辖区
4	300329	海伦钢琴	BB	宁波辖区
5	002048	宁波华翔	BB	宁波辖区

数据来源：DIB 迪博内部控制与风险管理数据库 www.ic-erm.com

21. 宁夏辖区

2013年,宁夏辖区纳入内部控制指数范围的上市公司样本总量为12家,其内部控制评级情况如下:B级上市公司5家,占比41.67%;C级上市公司6家,占比50.00%;D级上市公司1家,占比8.33%。宁夏辖区上市公司2013年内部控制等级整体分布情况如图5-64所示。

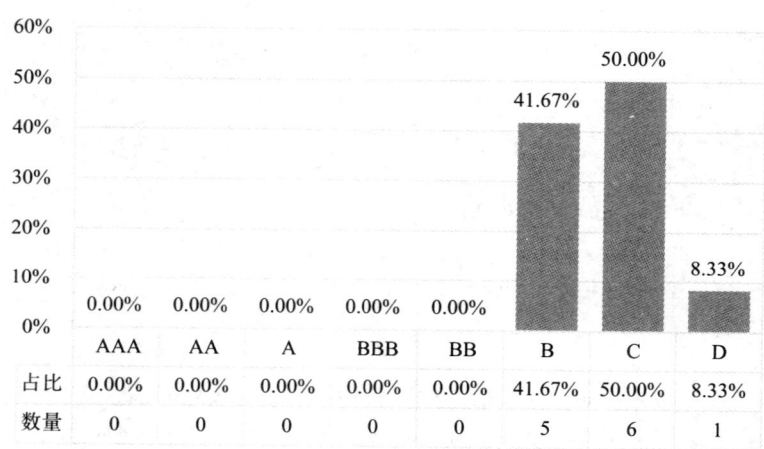

图5-64 宁夏辖区上市公司内部控制评级分布情况

数据来源:DIB迪博内部控制与风险管理数据库 www.ic-erm.com

在12家宁夏辖区上市公司中,内部控制水平排名前五的依次为:青龙管业(002457)、英力特(000635)、新华百货(600785)、中银绒业(000982)和宁夏建材(600449),其内部控制评级情况如表5-64所示。

表5-64　　　　宁夏辖区内部控制前五强等级分布情况

行业排名	证券代码	证券简称	内部控制等级	辖区
1	002457	青龙管业	B	宁夏辖区
2	000635	英力特	B	宁夏辖区
3	600785	新华百货	B	宁夏辖区

续表

行业排名	证券代码	证券简称	内部控制等级	辖区
4	000982	中银绒业	B	宁夏辖区
5	600449	宁夏建材	B	宁夏辖区

数据来源：DIB 迪博内部控制与风险管理数据库 www.ic-erm.com

22. 青岛辖区

2013 年，青岛辖区纳入内部控制指数范围的上市公司样本总量为 20 家，其内部控制评级情况如下：A 级上市公司 1 家，占比 5.00%；BBB 级上市公司 2 家，占比 10.00%；BB 级上市公司 1 家，占比 5.00%；B 级上市公司 14 家，占比 70.00%；C 级上市公司 2 家，占比 10.00%。青岛辖区上市公司 2013 年内部控制等级整体分布情况如图 5-65 所示。

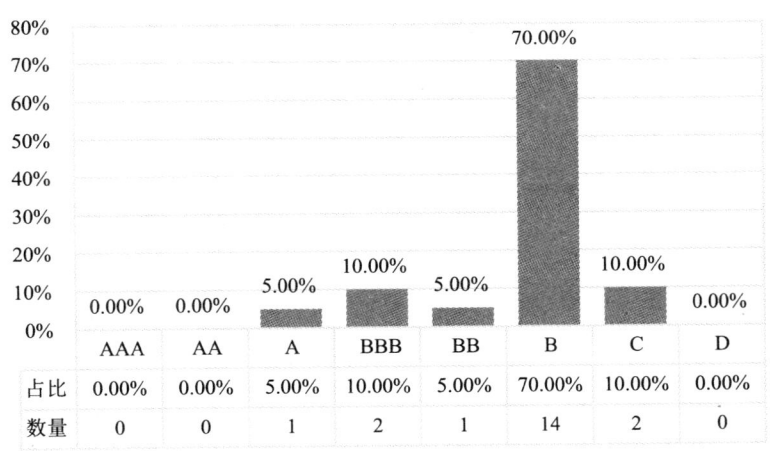

图 5-65　青岛辖区上市公司内部控制评级分布情况
数据来源：DIB 迪博内部控制与风险管理数据库 www.ic-erm.com

在 20 家青岛辖区上市公司中，内部控制水平排名前五的依次为：青岛海尔（600690）、青岛啤酒（600600）、海信电器（600060）、汉缆股份

（002498）和东软载波（300183），其内部控制评级情况如表5-65所示。

表5-65　　　　青岛辖区内部控制前五强等级分布情况

行业排名	证券代码	证券简称	内部控制等级	辖区
1	600690	青岛海尔	A	青岛辖区
2	600600	青岛啤酒	BBB	青岛辖区
3	600060	海信电器	BBB	青岛辖区
4	002498	汉缆股份	BB	青岛辖区
5	300183	东软载波	B	青岛辖区

数据来源：DIB迪博内部控制与风险管理数据库 www.ic-erm.com

23. 青海辖区

2013年，青海辖区纳入内部控制指数范围的上市公司样本总量为10家，其内部控制评级情况如下：B级上市公司4家，占比40.00%；C级上市公司4家，占比40.00%；D级上市公司2家，占比20.00%。青海辖区上市公司2013年内部控制等级整体分布情况如图5-66所示。

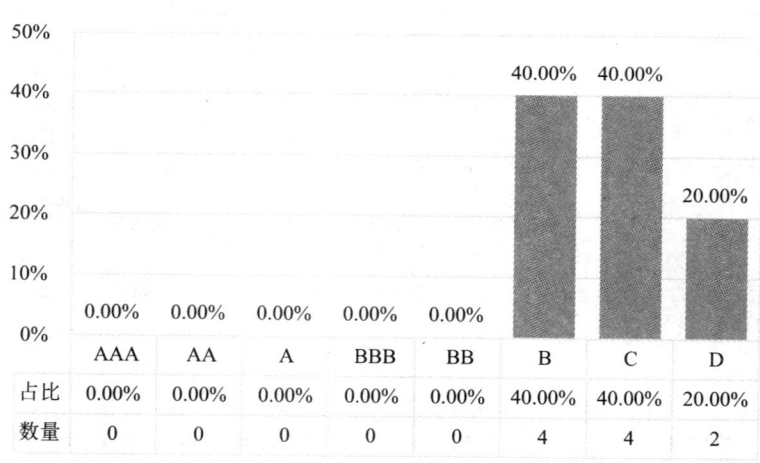

图5-66　青海辖区上市公司内部控制评级分布情况

数据来源：DIB迪博内部控制与风险管理数据库 www.ic-erm.com

在 10 家青海辖区上市公司中,内部控制水平排名前五的依次为:青青稞酒(002646)、盐湖股份(000792)、青海明胶(000606)、金瑞矿业(600714)和西宁特钢(600117),其内部控制评级情况如表 5-66 所示。

表 5-66   青海辖区内部控制前五强等级分布情况

行业排名	证券代码	证券简称	内部控制等级	辖区
1	002646	青青稞酒	B	青海辖区
2	000792	盐湖股份	B	青海辖区
3	000606	青海明胶	B	青海辖区
4	600714	金瑞矿业	B	青海辖区
5	600117	西宁特钢	C	青海辖区

数据来源:DIB 迪博内部控制与风险管理数据库 www.ic-erm.com

24. 厦门辖区

2013 年,厦门辖区纳入内部控制指数范围的上市公司样本总量为 26 家,其内部控制评级情况如下:A 级上市公司 2 家,占比 7.69%;BBB 级上市公司 2 家,占比 7.69%;BB 级上市公司 6 家,占比 23.08%;B 级上市公司 8 家,占比 30.77%;C 级上市公司 8 家,占比 30.77%。厦门辖区上市公司 2013 年内部控制等级整体分布情况如图 5-67 所示。

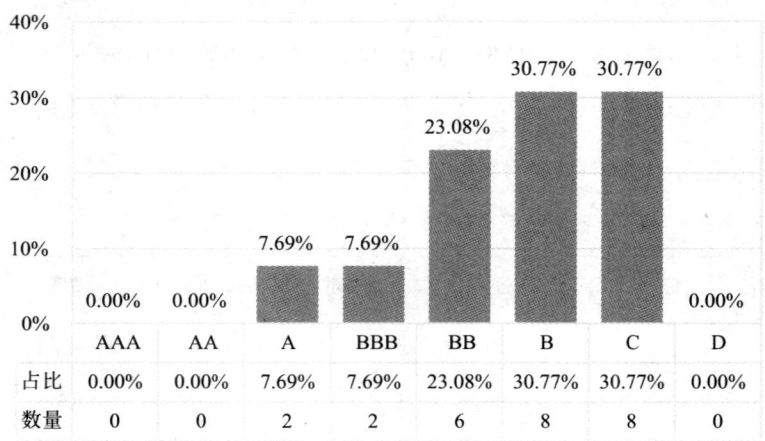

图 5-67 厦门辖区上市公司内部控制评级分布情况
数据来源：DIB 迪博内部控制与风险管理数据库 www.ic-erm.com

在 26 家厦门辖区上市公司中，内部控制水平排名前五的依次为：厦门信达（000701）、建发股份（600153）、象屿股份（600057）、厦门国贸（600755）和厦门港务（000905），其内部控制评级情况如表 5-67 所示。

表 5-67　　　　厦门辖区内部控制前五强等级分布情况

行业排名	证券代码	证券简称	内部控制等级	辖区
1	000701	厦门信达	A	厦门辖区
2	600153	建发股份	A	厦门辖区
3	600057	象屿股份	BBB	厦门辖区
4	600755	厦门国贸	BBB	厦门辖区
5	000905	厦门港务	BB	厦门辖区

数据来源：DIB 迪博内部控制与风险管理数据库 www.ic-erm.com

25. 山东辖区

2013年，山东辖区①纳入内部控制指数范围的上市公司样本总量为130家，其内部控制评级情况如下：A级上市公司2家，占比1.54%；BBB级上市公司3家，占比2.31%；BB级上市公司25家，占比19.23%；B级上市公司74家，占比56.92%；C级上市公司20家，占比15.38%；D级上市公司6家，占比4.62%。山东辖区上市公司2013年内部控制等级整体分布情况如图5-68所示。

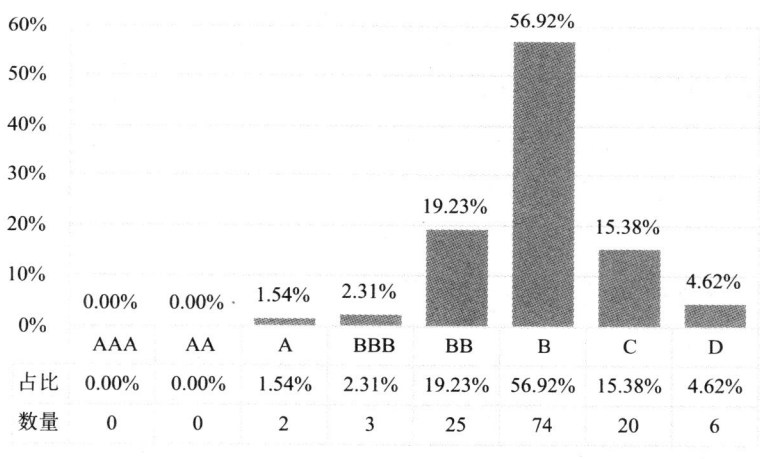

图5-68　山东辖区上市公司内部控制评级分布情况
数据来源：DIB迪博内部控制与风险管理数据库 www.ic-erm.com

在130家山东辖区上市公司中，内部控制水平排名前五的依次为：华电国际（600027）、潍柴动力（000338）、万华化学（600309）、中国重汽（000951）和晨鸣纸业（000488），其内部控制评级情况如表5-68所示。

---

① 青岛被单独划分为一个证监会辖区，所以山东辖区的分析中不含青岛市的上市公司。

表 5-68　山东辖区内部控制前五强等级分布情况

行业排名	证券代码	证券简称	内部控制等级	辖区
1	600027	华电国际	A	山东辖区
2	000338	潍柴动力	A	山东辖区
3	600309	万华化学	BBB	山东辖区
4	000951	中国重汽	BBB	山东辖区
5	000488	晨鸣纸业	BBB	山东辖区

数据来源：DIB 迪博内部控制与风险管理数据库 www.ic-erm.com

26. 山西辖区

2013 年，山西辖区纳入内部控制指数范围的上市公司样本总量为 34 家，其内部控制评级情况如下：AA 级上市公司 1 家，占比 2.94%；BBB 级上市公司 1 家，占比 2.94%；BB 级上市公司 3 家，占比 8.82%；B 级上市公司 20 家，占比 58.82%；C 级上市公司 6 家，占比 17.65%；D 级上市公司 3 家，占比 8.82%。山西辖区上市公司 2013 年内部控制等级整体分布情况如图 5-69 所示。

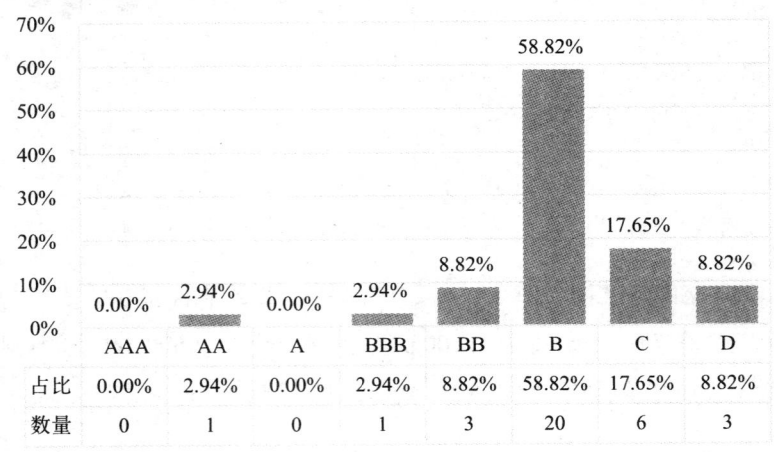

图 5-69　山西辖区上市公司内部控制评级分布情况

数据来源：DIB 迪博内部控制与风险管理数据库 www.ic-erm.com

在 34 家山西辖区上市公司中，内部控制水平排名前五的依次为：大秦铁路（601006）、太钢不锈（000825）、漳泽电力（000767）、西山煤电（000983）和同德化工（002360），其内部控制评级情况如表 5－69 所示。

表 5－69　　　　　　山西辖区内部控制前五强等级分布情况

行业排名	证券代码	证券简称	内部控制等级	辖区
1	601006	大秦铁路	AA	山西辖区
2	000825	太钢不锈	BBB	山西辖区
3	000767	漳泽电力	BB	山西辖区
4	000983	西山煤电	BB	山西辖区
5	002360	同德化工	BB	山西辖区

数据来源：DIB 迪博内部控制与风险管理数据库 www.ic－erm.com

27. 陕西辖区

2013 年，陕西辖区纳入内部控制指数范围的上市公司样本总量为 39 家，其内部控制评级情况如下：BB 级上市公司 6 家，占比 15.38%；B 级上市公司 23 家，占比 58.97%；C 级上市公司 9 家，占比 23.08%；D 级上市公司 1 家，占比 2.56%。陕西辖区上市公司 2013 年内部控制等级整体分布情况如图 5－70 所示。

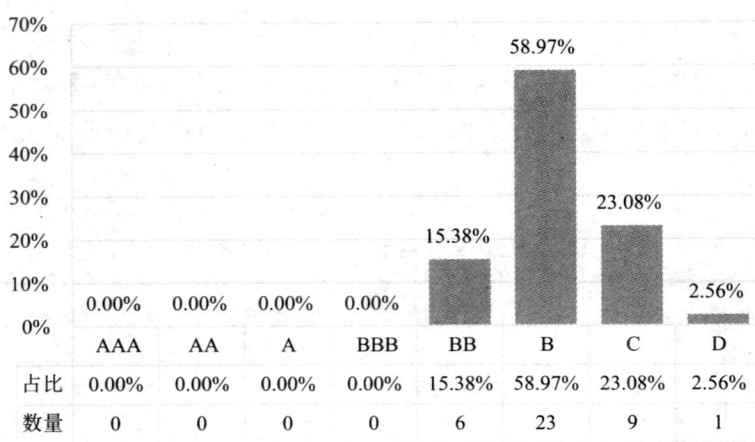

图 5-70　陕西辖区上市公司内部控制评级分布情况

数据来源：DIB 迪博内部控制与风险管理数据库 www.ic-erm.com

在 39 家陕西辖区上市公司中，内部控制水平排名前五的依次为：陕西金叶（000812）、中航飞机（000768）、陕天然气（002267）、中航电测（300114）和曲江文旅（600706），其内部控制评级情况如表 5-70 所示。

表 5-70　　　　陕西辖区内部控制前五强等级分布情况

行业排名	证券代码	证券简称	内部控制等级	辖区
1	000812	陕西金叶	BB	陕西辖区
2	000768	中航飞机	BB	陕西辖区
3	002267	陕天然气	BB	陕西辖区
4	300114	中航电测	BB	陕西辖区
5	600706	曲江文旅	BB	陕西辖区

数据来源：DIB 迪博内部控制与风险管理数据库 www.ic-erm.com

28. 上海辖区

2013 年，上海辖区纳入内部控制指数范围的上市公司样本总量为 197 家，其内部控制评级情况如下：AA 级上市公司 1 家，占比 0.51%；A 级上市公司7家，占比3.55%；BBB级上市公司19家，占比9.64%；BB级上市公司51家，占比25.89%；B级上市公司88家，占比44.67%；C级上市公司26家，占比13.20%；D级上市公司5家，占比2.54%。上海辖区上市公司2013年内部控制等级整体分布情况如图5-71所示。

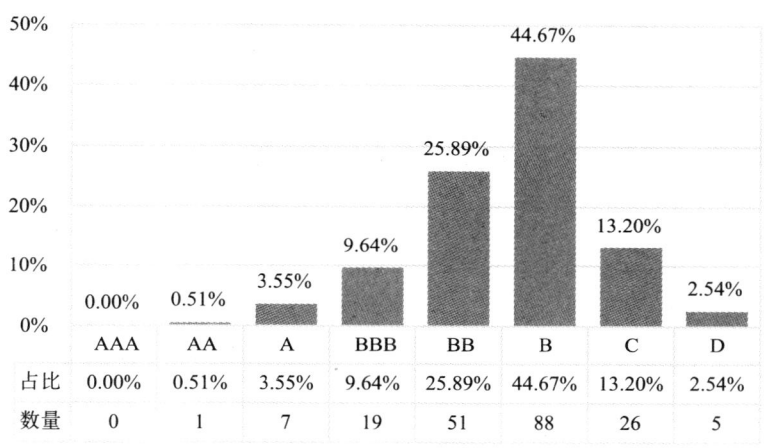

图5-71 上海辖区上市公司内部控制评级分布情况

数据来源：DIB迪博内部控制与风险管理数据库 www.ic-erm.com

在197家上海辖区上市公司中，内部控制水平排名前五的依次为：华域汽车（600741）、上汽集团（600104）、上港集团（600018）、老凤祥（600612）和中国太保（601601），其内部控制评级情况如表5-71所示。

表5-71　　　　上海辖区内部控制前五强等级分布情况

行业排名	证券代码	证券简称	内部控制等级	辖区
1	600741	华域汽车	AA	上海辖区
2	600104	上汽集团	A	上海辖区
3	600018	上港集团	A	上海辖区
4	600612	老凤祥	A	上海辖区
5	601601	中国太保	A	上海辖区

数据来源：DIB迪博内部控制与风险管理数据库 www.ic-erm.com

29. 深圳辖区

2013年,深圳辖区纳入内部控制指数范围的上市公司样本总量为183家,其内部控制评级情况如下:AA级上市公司4家,占比2.19%;A级上市公司3家,占比1.64%;BBB级上市公司10家,占比5.46%;BB级上市公司58家,占比31.69%;B级上市公司85家,占比46.45%;C级上市公司20家,占比10.93%;D级上市公司3家,占比1.64%。深圳辖区上市公司2013年内部控制等级整体分布情况如图5-72所示。

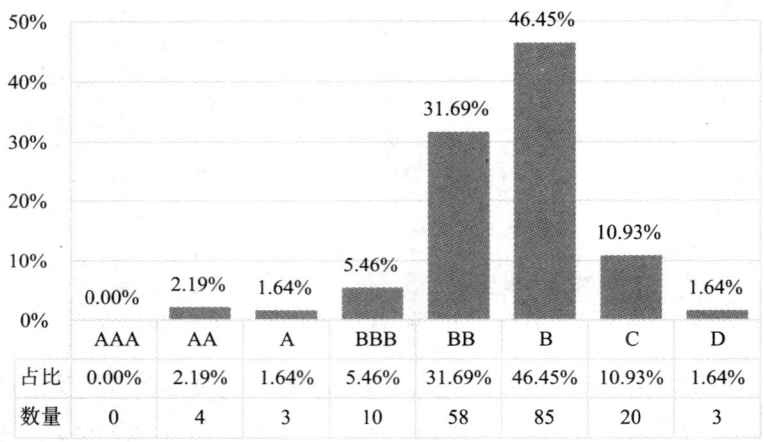

图5-72 深圳辖区上市公司内部控制评级分布情况
数据来源:DIB迪博内部控制与风险管理数据库 www.ic-erm.com

在183家深圳辖区上市公司中,内部控制水平排名前五的依次为:万科A(000002)、招商地产(000024)、金地集团(600383)、中国平安(601318)和招商银行(600036),其内部控制评级情况如表5-72所示。

表 5-72　　深圳辖区内部控制前五强等级分布情况

行业排名	证券代码	证券简称	内部控制等级	辖区
1	000002	万科 A	AA	深圳辖区
2	000024	招商地产	AA	深圳辖区
3	600383	金地集团	AA	深圳辖区
4	601318	中国平安	AA	深圳辖区
5	600036	招商银行	A	深圳辖区

数据来源：DIB 迪博内部控制与风险管理数据库 www.ic-erm.com

30. 四川辖区

2013 年，四川辖区纳入内部控制指数范围的上市公司样本总量为 91 家，其内部控制评级情况如下：AA 级上市公司 1 家，占比 1.10%；BBB 级上市公司 1 家，占比 1.10%；BB 级上市公司 9 家，占比 9.89%；B 级上市公司 51 家，占比 56.04%；C 级上市公司 26 家，占比 28.57%；D 级上市公司 3 家，占比 3.30%。四川辖区上市公司 2013 年内部控制等级整体分布情况如图 5-73 所示。

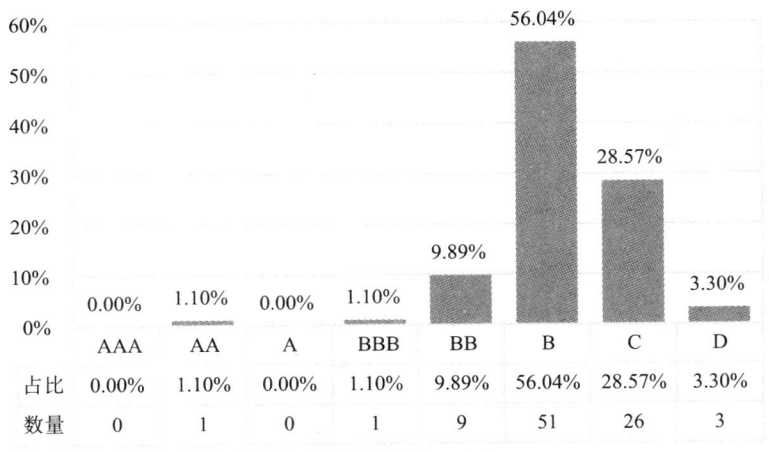

图 5-73　四川辖区上市公司内部控制评级分布情况

数据来源：DIB 迪博内部控制与风险管理数据库 www.ic-erm.com

在91家四川辖区上市公司中,内部控制水平排名前五的依次为:新希望(000876)、东方电气(600875)、中铁二局(600528)、鹏博士(600804)和成发科技(600391),其内部控制评级情况如表5-73所示。

表5-73　　　　四川辖区内部控制前五强等级分布情况

行业排名	证券代码	证券简称	内部控制等级	辖区
1	000876	新希望	AA	四川辖区
2	600875	东方电气	BBB	四川辖区
3	600528	中铁二局	BB	四川辖区
4	600804	鹏博士	BB	四川辖区
5	600391	成发科技	BB	四川辖区

数据来源:DIB迪博内部控制与风险管理数据库 www.ic-erm.com

31. 天津辖区

2013年,天津辖区纳入内部控制指数范围的上市公司样本总量为37家,其内部控制评级情况如下:BBB级上市公司5家,占比13.51%;BB级上市公司3家,占比8.11%;B级上市公司23家,占比62.16%;C级上市公司3家,占比8.11%;D级上市公司3家,占比8.11%。天津辖区上市公司2013年内部控制等级整体分布情况如图5-74所示。

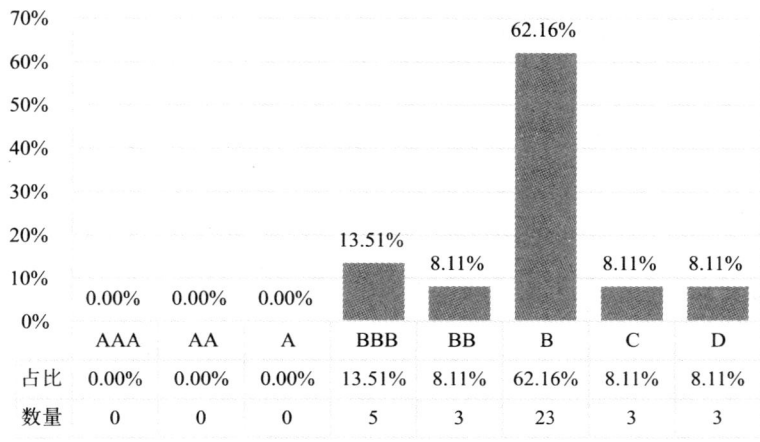

图 5-74 天津辖区上市公司内部控制评级分布情况

数据来源：DIB 迪博内部控制与风险管理数据库 www.ic-erm.com

在 37 家天津辖区上市公司中，内部控制水平排名前五的依次为：海油工程（600583）、国机汽车（600335）、中海油服（601808）、天津港（600717）和中国远洋（601919），其内部控制评级情况如表 5-74 所示。

表 5-74　　　　天津辖区内部控制前五强等级分布情况

行业排名	证券代码	证券简称	内部控制等级	辖区
1	600583	海油工程	BBB	天津辖区
2	600335	国机汽车	BBB	天津辖区
3	601808	中海油服	BBB	天津辖区
4	600717	天津港	BBB	天津辖区
5	601919	中国远洋	BBB	天津辖区

数据来源：DIB 迪博内部控制与风险管理数据库 www.ic-erm.com

32. 西藏辖区

2013 年，西藏辖区纳入内部控制指数范围的上市公司样本总量为 10

家，其内部控制评级情况如下：B级上市公司6家，占比60.00%；C级上市公司4家，占比40.00%。西藏辖区上市公司2013年内部控制等级整体分布情况如图5-75所示。

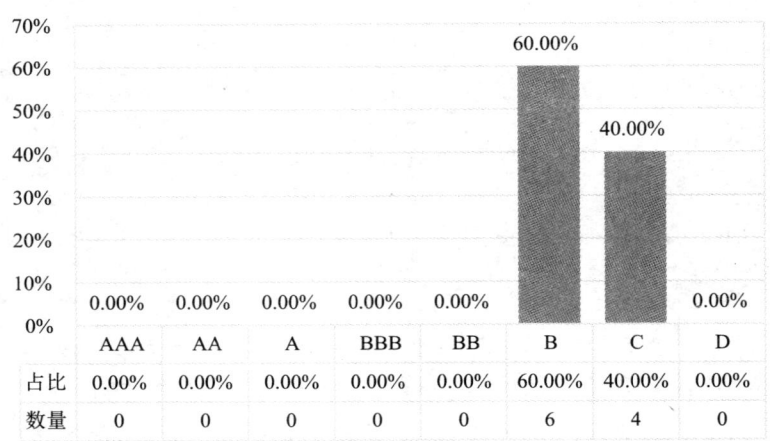

图5-75 西藏辖区上市公司内部控制评级分布情况

数据来源：DIB迪博内部控制与风险管理数据库 www.ic-erm.com

在10家西藏辖区上市公司中，内部控制水平排名前五的依次为：西藏发展（000752）、奇正藏药（002287）、西藏矿业（000762）、海思科（002653）和西藏药业（600211），其内部控制评级情况如表5-75所示。

表5-75 西藏辖区内部控制前五强等级分布情况

行业排名	证券代码	证券简称	内部控制等级	辖区
1	000752	西藏发展	B	西藏辖区
2	002287	奇正藏药	B	西藏辖区
3	000762	西藏矿业	B	西藏辖区
4	002653	海思科	B	西藏辖区
5	600211	西藏药业	B	西藏辖区

数据来源：DIB迪博内部控制与风险管理数据库 www.ic-erm.com

33. 新疆辖区

2013 年，新疆辖区纳入内部控制指数范围的上市公司样本总量为 39 家，其内部控制评级情况如下：BB 级上市公司 5 家，占比 12.82%；B 级上市公司 25 家，占比 64.10%；C 级上市公司 8 家，占比 20.51%；D 级上市公司 1 家，占比 2.56%。新疆辖区上市公司 2013 年内部控制等级整体分布情况如图 5-76 所示。

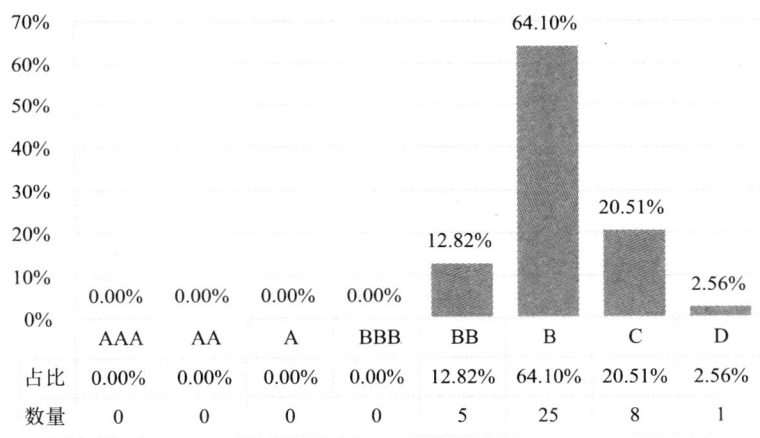

图 5-76 新疆辖区上市公司内部控制评级分布情况
数据来源：DIB 迪博内部控制与风险管理数据库 www.ic-erm.com

在 39 家新疆辖区上市公司中，内部控制水平排名前五的依次为：特变电工（600089）、渤海租赁（000415）、金风科技（002202）、天康生物（002100）和中泰化学（002092），其内部控制评级情况如表 5-76 所示。

表 5-76　　　　　新疆辖区内部控制前五强等级分布情况

行业排名	证券代码	证券简称	内部控制等级	辖区
1	600089	特变电工	BB	新疆辖区
2	000415	渤海租赁	BB	新疆辖区
3	002202	金风科技	BB	新疆辖区
4	002100	天康生物	BB	新疆辖区
5	002092	中泰化学	BB	新疆辖区

数据来源：DIB 迪博内部控制与风险管理数据库 www.ic-erm.com

34. 云南辖区

2013 年，云南辖区纳入内部控制指数范围的上市公司样本总量为 28 家，其内部控制评级情况如下：A 级上市公司 2 家，占比 7.14%；BB 级上市公司 4 家，占比 14.29%；B 级上市公司 15 家，占比 53.57%；C 级上市公司 6 家，占比 21.43%；D 级上市公司 1 家，占比 3.57%。云南辖区上市公司 2013 年内部控制等级整体分布情况如图 5-77 所示。

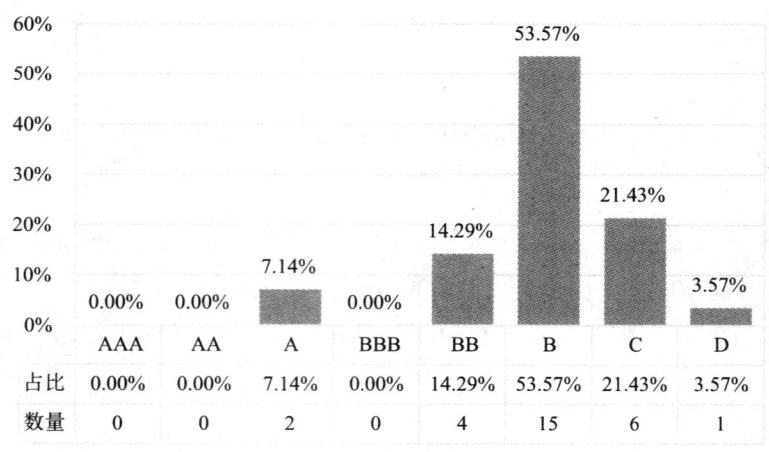

图 5-77　云南辖区上市公司内部控制评级分布情况

数据来源：DIB 迪博内部控制与风险管理数据库 www.ic-erm.com

在28家云南辖区上市公司中,内部控制水平排名前五的依次为:云天化(600096)、云南白药(000538)、云南铜业(000878)、丽江旅游(002033)和云南城投(600239),其内部控制评级情况如表5-77所示。

表5-77　云南辖区内部控制前五强等级分布情况

行业排名	证券代码	证券简称	内部控制等级	辖区
1	600096	云天化	A	云南辖区
2	000538	云南白药	A	云南辖区
3	000878	云南铜业	BB	云南辖区
4	002033	丽江旅游	BB	云南辖区
5	600239	云南城投	BB	云南辖区

数据来源:DIB迪博内部控制与风险管理数据库 www.ic-erm.com

35. 浙江辖区

2013年,浙江辖区①纳入内部控制指数范围的上市公司样本总量为202家,其内部控制评级情况如下:BBB级上市公司4家,占比1.98%;BB级上市公司40家,占比19.80%;B级上市公司125家,占比61.88%;C级上市公司32家,占比15.84%;D级上市公司1家,占比0.50%。浙江辖区上市公司2013年内部控制等级整体分布情况如图5-78所示。

---

① 宁波被单独划分为一个证监会辖区,所以浙江辖区的分析中不含宁波市的上市公司。

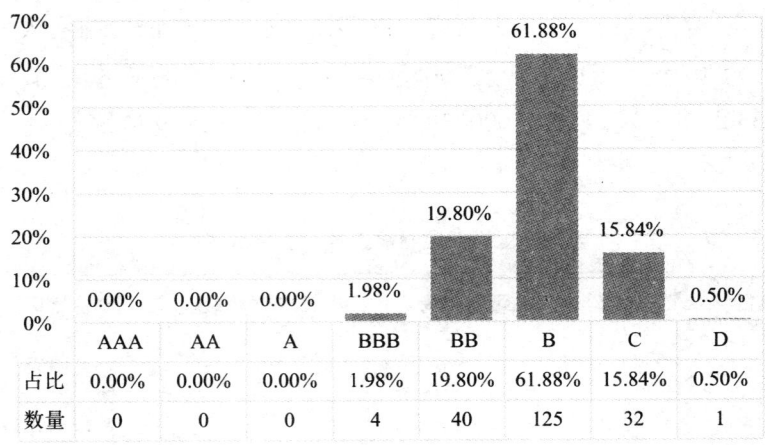

图 5-78 浙江辖区上市公司内部控制评级分布情况

数据来源：DIB 迪博内部控制与风险管理数据库 www.ic-erm.com

在 202 家浙江辖区上市公司中，内部控制水平排名前五的依次为：荣盛石化（002493）、大华股份（002236）、海康威视（002415）、华东医药（000963）和华谊兄弟（300027），其内部控制评级情况如表 5-78 所示。

表 5-78　　　　浙江辖区内部控制前五强等级分布情况

行业排名	证券代码	证券简称	内部控制等级	辖区
1	002493	荣盛石化	BBB	浙江辖区
2	002236	大华股份	BBB	浙江辖区
3	002415	海康威视	BBB	浙江辖区
4	000963	华东医药	BBB	浙江辖区
5	300027	华谊兄弟	BB	浙江辖区

数据来源：DIB 迪博内部控制与风险管理数据库 www.ic-erm.com

36. 重庆辖区

2013 年，重庆辖区纳入内部控制指数范围的上市公司样本总量为 35 家，其内部控制评级情况如下：A 级上市公司 1 家，占比 2.86%；BBB 级上市公司1家，占比2.86%；BB级上市公司6家，占比17.14%；B级上市公司18家，占比51.43%；C级上市公司9家，占比25.71%。重庆辖区上市公司2013年内部控制等级整体分布情况如图5-79所示。

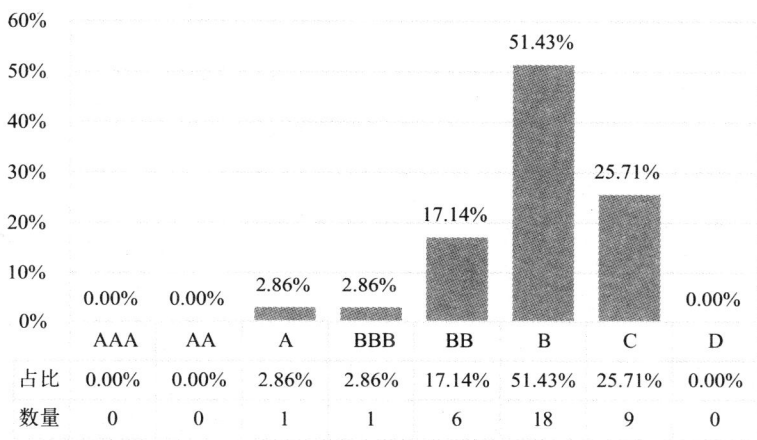

图5-79　重庆辖区上市公司内部控制评级分布情况

数据来源：DIB迪博内部控制与风险管理数据库 www.ic-erm.com

在35家重庆辖区上市公司中，内部控制水平排名前五的依次为：长安汽车（000625）、重庆百货（600729）、金科股份（000656）、中国汽研（601965）和西南证券（600369），其内部控制评级情况如表5-79所示。

表5-79　　　　重庆辖区内部控制前五强等级分布情况

行业排名	证券代码	证券简称	内部控制等级	辖区
1	000625	长安汽车	A	重庆辖区
2	600729	重庆百货	BBB	重庆辖区
3	000656	金科股份	BB	重庆辖区
4	601965	中国汽研	BB	重庆辖区
5	600369	西南证券	BB	重庆辖区

数据来源：DIB迪博内部控制与风险管理数据库 www.ic-erm.com

第六章

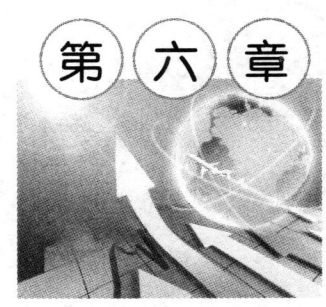

上市公司内部控制典型案例分析

 第六章 上市公司内部控制典型案例分析

2013年，无论是震惊资本市场的G公司的乌龙指事件，还是导致内部控制评价和内部控制审计双双非标的S公司人事内斗与"小金库"事件，抑或是因债务危机引发中国首例债券违约的C公司债券违约事件，无不是社会公众关注的热点和焦点。本章将选取G公司、S公司和C公司作为研究对象，对其2013年度内部控制实施情况进行分析，剖析其内部控制实施过程中存在的问题及内在原因，以便为企业实施内部控制提供警示。本报告中所有案例详细内容均已收录至DIB内部控制与风险管理数据库（www.ic‐erm.com），如有读者需要了解其他上市公司内部控制典型案例，可联系作者查阅。

一、G公司内部控制典型案例

（一）引言：G公司的"罪与罚"

作为券商IPO重启后的第一家上市公司、首批被批准进行创新业务试点的公司、首批获得承销保荐业务资格的证券公司，G公司也曾风光无限。然而，2013年G公司却因其自身的拙劣表现站到了舆论的风口浪尖：自营业务摆乌龙，"8·16事件"使公司获高达5.23亿元的A股史上最重罚单；保荐业务劣迹斑斑，因T公司IPO造假案再次挨罚，受罚次数居券商之首。半年内两遭证监会处罚，也让这家AA级券商面临着监管评级下调的风险。接连而出的事故，溯其根源是公司内部控制的缺失。因公司策略投资部策略交易存在重大内部控制缺陷、公司投资银行保荐业务质量控制存在重要缺陷，G公司2013年非财务报告内部控制无效。

（二）内控失效的代价

1. 乌龙之殇，领史上最大罚单

（1）"8·16乌龙指事件"回顾。2013年8月16日，一个原本平凡无常的日子，却因为G公司的"乌龙指事件"，在中国证券市场上留下浓墨重彩的一笔，定将载入中国资本市场历史（见表6-1）。

表6-1　　　　　　G公司"8·16乌龙指事件"概览

日期	时间	主要事件
2013-8-16	9:30	➢ G公司策略投资部核定8 000万ETF套利交易。
2013-8-16	9:41	➢ G公司策略投资部交易员判断180ETF套利机会出现，按照预定计划，发出第一组180ETF成分股买入订单（共177笔委托，委托金额合计不超过200万元）。
2013-8-16	10:13	➢ G公司策略投资部交易员发出第二组180ETF成分股买入订单（共102笔委托，委托金额合计不超过150万元）。
2013-8-16	11:02	➢ G公司策略投资部交易员发起第三组180ETF成分股买入订单（共117笔委托，委托金额合计不超过200万元），其中有24只个股股票下单不成功。
2013-8-16	11:05	➢ 交易员向程序员请教尝试使用"重下"功能对第三组交易买入订单中未能成交的24只股票进行自动补单。11:05:08，程序员在交易员的电脑上演示并按下"重下"按钮，因程序存在严重错误，补单买入24只股票被执行为"买入24组ETF一篮子股票"，瞬间生成26 082笔预期外委托订单，并报送至订单执行系统。 ➢ 11:05:31—11:05:57，A股金融、地产、石油等股均出现了诡异的直线飙升，中石化、工商银行、农业银行等多个蓝筹股瞬间涨停。

续表

日期	时间	主要事件
2013-8-16	11:06	➢ 上证指数开始飙升,在不到一分钟时间内,逾飙升100点,涨幅愈5%。 ➢ 沪深300成分股中,包括"两油"及众多银行在内的共71只股票瞬间触及涨停。 ➢ 期指跟随上证指数暴涨态势也开始飙升,期指主力合约一分钟上涨42点。
2013-8-16	11:07	➢ 交易员通过系统监控模块发现成交金额异常,迅速批量撤单,并终止套利策略订单生成系统运行。 ➢ 为对冲股票持仓风险,G公司开始卖出股指期货IF1309空头合约。截至午间收盘,股票成交金额约为72.7亿元,用于对冲而卖出的股指期货IF1309空头合约累计253张。
2013-8-16	11:44	➢ 上交所通过官方微博发布了"截至目前,上交所系统运行正常"的信息。
2013-8-16	11:47	➢ 21世纪网发布消息称,A股暴涨源自G公司自营70亿元的乌龙指。
2013-8-16	11:59	➢ 在对事件不知情的情况下,时任G公司董秘的梅某否认了自营70亿元乌龙指传闻,该误导信息于12:27分被各大门户网站纷纷转载。
2013-8-16	12:42	➢ 因存在重大事项未公布,G公司申请临时紧急停牌。
2013-8-16	13:00	➢ 8月16日13:00开盘后,G公司开始通过卖空股指期货合约、转换并卖出ETF对冲上午买入股票的风险。截至14:22分,G公司共卖空6 240张IF1309、IF1312股指期货合约,转换并卖出2.63亿份180ETF基金、6.89亿份50ETF基金,累计获利和避损达8 721万元。

续表

日期	时间	主要事件
2013-8-16	14:22	➢ G 公司发布公告，承认当天上午公司自营业务在使用其独立的套利系统时出现问题。
2013-8-16	15:01	➢ 上交所发布公告，称"本所今日交易系统运行正常，已达成的交易将进入正常清算交收环节"，G 公司当日交易有效。
2013-8-16	16:00	➢ 中金所盘后公布的持仓数据显示，G 期货（G 公司全资子公司）持有股指期货主力合约 IF1309 卖单量为 10 194 手，较前一交易日大幅增加 7 023 手空单。
2013-8-16	16:17	➢ 证监会召开新闻发布会表示，上交所和上海证监局正在对 G 公司错误交易导致大盘异动的原因进行调查。
2013-8-18		➢ 证监会发布 G 公司乌龙盘初步核查情况公告，称 G 公司自营业务内部控制存在明显缺陷。随后，G 公司亦发布公告阐述事件全过程。 ➢ 8 月 18 日晚间，证监会下发对 G 公司进行立案调查的通知书，同时上海证监局发布了关于在 2013 年 8 月 19 日至 2013 年 11 月 18 日期间暂停 G 公司策略投资部证券自营业务活动的事先告知书。
2013-8-19	07:59	➢ 中国金融期货交易所发布公告，宣布自 2013 年 8 月 19 日起将对 G 公司自营业务股指期货交易限制开仓。
2013-8-21		➢ 上海证监局下发《关于对 G 公司股份有限公司采取责令限期改正、限制业务活动监管措施的决定》，于 2013.8.19-2013.11.18 期间暂停 G 公司策略投资部证券自营业务。
2013-8-22		➢ 受乌龙指事件影响，G 公司总裁徐浩明引咎辞职，申请辞去公司董事、总裁职务。

第六章 上市公司内部控制典型案例分析

续表

日期	时间	主要事件
2013-8-31		➢ 中国证监会对 G 公司下发《关于对 G 公司股份有限公司采取限制业务活动、停止批准新业务以及责令整改并处分有关责任人员措施的决定》、《行政处罚及市场禁入事先告知书》及《行政处罚事先告知书》。 ➢ 公司助理总裁杨赤忠、董事会秘书梅键提交辞职报告，申请辞去公司助理总裁、公司董事会秘书职务。
2013-11-14		➢ G 公司收到证监会下发的《行政处罚决定书》和《市场禁入决定书》，认定 G 公司"8·16事件"为内幕交易，没收 G 公司 ETF 内幕交易和股指期货内幕交易违法所得，并处以 5.23 亿元罚款，同时对内幕交易直接负责人处以罚款和警告处分；并认定内幕交易行为相关责任人徐浩明、杨赤忠、沈诗光、杨剑波为终身证券市场禁入者、期货市场禁止进入者。

（2）产生原因。

①诱因——策略交易系统存缺陷。根据中国证监会的调查结果显示，G 公司策略投资部自营业务使用的策略交易系统包含前端订单生成系统和后端订单执行系统，这两个系统都存在严重的程序设计错误。首先，订单生成系统 ETF 套利模块中用于未成交股票重新申报的功能（即"重下"功能），在设计时错误地将"买入个股函数"写成"买入 ETF 一篮子股票函数"，导致 G 公司在使用"重下"功能对第三组买入订单中未能成交的 24 只股票进行自动补单时，被错误地执行为"买入 24 组 ETF 一篮子股票"；其次，订单执行系统错误地将市价委托订单的股票买入价格默认为"0"，导致系统无法对市价委托订单是否超出账户授信额度进行正确校验，以致错误生成的订单陆续通过校验进入上交所系统并成交 72.7 亿元。

②根源——内部控制缺失。首先，公司内部控制体系不完善。"8·16"事件的责任部门G公司策略交易投资部门未被纳入到公司风控系统中，策略投资部的交易、IT、风控都只依赖本部门自我控制。

其次，公司信息系统内部控制失效。G公司"8·16事件"中使用的套利策略交易系统从正式上线到8月16日发生重大异常事故，实际运行不足15个交易日，订单"重下"功能更是从未在实盘中测试过。

再次，资金监管存漏洞。在8月16日乌龙指事件中，系统累计下单金额高达234亿元，远远超过了G公司115亿元自营资本投资规模要求的限制。

此外，信息沟通与传递失效。乌龙指事发当时，时任G公司董事会秘书的梅某在对市场大幅波动的原因不知情的情况下，随意否认了自营盘70亿元乌龙指的传闻，对投资者造成了严重误导。

最后，乌龙指事件折射出公司社会责任意识缺失。当发现公司策略交易系统出错后，G公司高层紧急商议的结果不是迅速公布事实，而是通过卖空股指期货合约、转换并卖出ETF进行自救，自买自卖误导股民，全然不顾及投资者的利益。

(3) 处罚结果。2013年11月14日G公司收到中国证监会下发的行政处罚决定书（〔2013〕59号），对G公司和相关责任人员作出"顶格"处罚：没收G公司ETF内幕交易和股指期货内幕交易违法收入所得8 721余万元，并处以5倍的罚款，处罚金额总计5.23亿元；对G公司内幕交易相关责任人徐某、杨某、沈某、杨某等四人分别处以60万元罚款，并认定该四人为终身证券市场禁入者、期货市场禁止进入者；同时，因存在信息误导行为，对时任公司董事会秘书的梅某处以20万元罚款。G公司为其内控失效付出了巨大代价，收到了中国证券史上最大最严的"顶格"处罚罚单。

2. 保荐之痛，处罚次数居券商之首

屋漏偏逢连夜雨，继"8·16乌龙指"事件遭证监会处罚后，因"T公司IPO造假案"，2013年12月16日，G公司再收罚单，这也使得G公司成为2004年实行保荐制以来监管受罚次数最多的券商。

(1) T公司IPO造假案简介。2012年4月12日，G公司为T公司报送了中小板IPO。2013年4月，T公司"不幸"被抽中核查，并很快被现场检查发现存在问题。2013年6月，证监会正式通报对T公司及相关中介机构进行立案调查，"IPO财务核查第一案"逐渐浮出水面。

中国证监会的调查结果显示，T公司IPO申报文件存在严重虚假陈述。2010—2012年，T公司通过虚增销售收入、虚增固定资产、虚列付款、隐瞒关联交易等多种手段，累计虚增收入9 256万元，虚增固定资产和在建工程2 792万元，累计虚增利润3 439万元，虚列付款达2 944万元，累计规避关联交易资金共57 761万元，同时，公司在独立性方面也存在严重缺陷。2013年12月，中国证监会下发行政处罚决定书，T公司及相关负责人受到警告及罚款处分。因在T公司IPO申报过程中未履行勤勉尽责职责，中介机构利安达会计师事务所、北京市竞天公诚律师事务所及保荐机构G公司也分别受到监管机构的严惩。

(2) 保荐项目顶风造假，G公司难辞其咎。作为T公司IPO申报的保荐机构，保荐项目存在财务造假，G公司难辞其咎。事实上，T公司某些造假手法十分拙劣低级，如在会计凭证上直接将关联方篡改成非关联方、为保持母公司资产负债表中货币资金余额与公司实际货币资金余额一致，伪造高达3 000万元的银行对账单、虚构海关合同、虚构大量客户等。但因为保荐机构G公司在T公司IPO材料核查以及进行财务自查过程中未勤勉尽责，敷衍了事，未认真核对银行账单，未充分核查发行人与关联方关系，未执行独立函证等，导致其出具的《发行保荐书》和《G公司股份有

限公司关于T公司报告期财务报告专项检查的自查报告》在货币资金、固定资产、销售、采购、关联交易、独立性、现金回款等七个方面存在虚假记载。

（3）"荐而不保"，G公司遭重罚。因未勤勉尽责，为T公司IPO申报出具的申报文件存在虚假记载，2014年3月4日，G公司再收罚单，被中国证监会予以警告处分，没收业务收入215万元，并处以430万元罚款；保荐代表李某、水某也被给予警告以及30万元罚款处罚。这也是自2004年保荐制实施以来，G公司第11次被采取监管措施，成为受罚次数最多的券商（见表6-2）。

表6-2　　　　2004年实施保荐制以来G公司受罚信息统计[①]

监管对象	监管类型	服务对象	受罚原因	监管措施	生效时间
G公司	保荐机构	T公司	未能勤勉尽责，出具的发行保荐书及相关文件存在虚假记载，反映出G公司的尽职调查制度和内部控制制度存在一定的缺陷。	责令改正	2013-12-16
熊某	保荐业务负责人	T公司	未能严格依据《证券发行上市保荐业务管理办法》第四十二条规定，切实履行监督、执行保荐业务各项制度的职责。	出具警示函	2013-12-16
朱某	内核负责人	T公司	未能严格依据《证券发行上市保荐业务管理办法》第四十二条规定，切实履行监督、执行保荐业务各项制度的职责。	出具警示函	2013-12-16

---

① G公司受罚信息根据中国证券监督管理委员会官网上公开披露的信息整理，统计截止日期为2014-05-31。

续表

监管对象	监管类型	服务对象	受罚原因	监管措施	生效时间
G公司	保荐机构	K公司	K公司于2012年3月30日刊登招股说明书,2012年4月13日刊登上市公告书并在上市公告书中披露了2012年1至3月营业利润同比下降39.27%的情况,对发行人刊登招股说明书前经营业绩出现较大幅度下滑的事项,G公司未向证监会书面说明,也未督促发行人在招股过程中作相应的补充说明。	出具警示函	2013-1-22
王某	保荐代表人	K公司	对K公司刊登招股说明书前经营业绩出现较大幅度下滑的事项,未向证监会书面说明,也未督促发行人在招股过程中作相应的补充说明。	3个月内不受理保荐代表人负责的推荐	2013-1-22
张某	保荐代表人	K公司	对K公司刊登招股说明书前经营业绩出现较大幅度下滑的事项,未向证监会书面说明,也未督促发行人在招股过程中作相应的补充说明。	3个月内不受理保荐代表人负责的推荐	2013-1-22
刘某	保荐代表人	H公司	H公司申请文件制作粗糙,保荐代表人未能做到勤勉尽责。	谈话提醒	2006-11-2
邱某	保荐代表人	H公司	H公司非公开发行申请文件制作粗糙,保荐代表人未能做到勤勉尽责。	监管谈话	2006-11-13
G公司	保荐机构	H公司	H公司申请文件制作粗糙,保荐人对质量控制不严。	谈话提醒	2006-11-27
税某	保荐代表人	F公司	在明知F公司不符合基本发行上市条件的情况下,仍坚持上报申请文件。	监管谈话	2004-11-8
任某	保荐代表人	F公司	在明知F公司不符合基本发行上市条件的情况下,仍坚持上报申请文件。	谈话提醒	2004-11-8

3. 双重打击，经营业绩严重下滑

（1）证券投资业务。G公司策略投资部于2010年成立，2012年实现投资业务收入1.65亿元，成为公司新的盈利点。然而，2013年，受"8·16事件"事件影响，公司除固定收益证券自营外的自营业务受限、资产流动性不足、"权益类证券及证券衍生品/净资本"指标远超100%的监管红线。为此，G公司集中处置了部分权益类可供出售的金融资产，造成了7.1亿元的巨额亏损。受此影响，公司2013年投资业务收入亏损高达12 565万元。

（2）投行业务。2013年，受T公司案影响，G公司成为继平安证券、民生证券、国信证券和南京证券之后，第五家被暂停受理IPO申请的券商，也是第一家被暂停受理IPO申请的上市券商。受累T公司IPO造假，G公司于2013年3月审核通过的公司70亿元再融资计划被迫搁浅，并于2013年11月15日批复自动失效。同时，G公司在2013年年报中坦承，T公司事件使公司声誉受到严重损害，可能导致客户流失、公司信用评级与授信额度下调等情形。2013年，G公司承销与保荐业务收入仅为1.9亿元，与IPO暂停的2012年业务收入相差无几。

（3）公司总体经营业绩。2013年，乌龙指和T公司事件不仅让G公司承受了累计高达529 450万元的巨额罚款，公司还因此声誉严重受损、业务受限，经营业绩明显下滑。在券商业绩普遍转暖的大背景下，G公司上半年经营业绩如期好转，然而，在"8·16事件"和T公司事件双重打击之下，2013年三季度G公司业绩逆势下滑，成为19家上市券商中唯一业绩下滑的券商。截至2013年12月31日，公司实现归属上市公司股东的净利润仅为2.06亿元，同比下降79.48%。

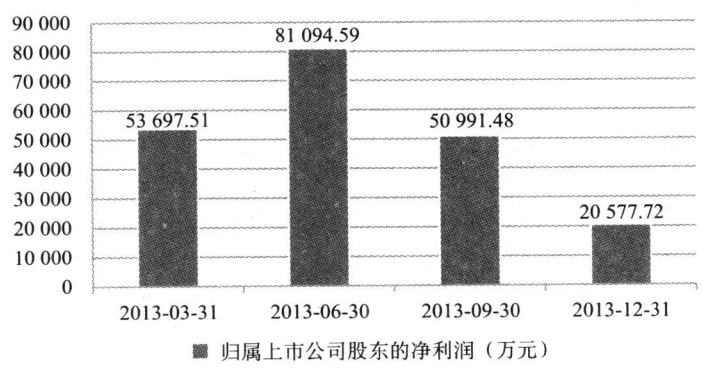

图6-1 2013年各季度 G 公司归属上市公司股东净利润情况

从整个行业来看,根据中国证券业协会公布的数据显示,2013年全行业共115家证券公司,全行业全年实现平均营业收入为13.84亿元,同比增长21.92%;全行业全年实现平均净利润3.83亿元,同比增长32.52%。而 G 公司2013年度实现营业收入40.20亿元,同比增长10.07%;净利润2.84亿元,同比下降72.56%,营业收入和净利润增长率均低于行业平均增长水平,同时净利润水平低于行业平均净利润(见图6-1)。

此外,"8·16乌龙指事件"和"T 公司案"对 G 公司经营活动的长期影响或难消弭,公司未来还将面临诉讼风险、声誉风险、监管评级下调及业务资格恢复等风险。

(三)内部控制信息披露情况

1. 内部控制评价报告

自2009年上市以来,G 公司历年都出具了内部控制评价报告,除2013年 G 公司内部控制评价结论为财报有效,非财报无效外,其他年度的公司内部控制评价结论均为有效。

从近三年内部控制评价报告披露情况来看，虽然 G 公司内部控制评价报告格式的规范性逐年提升，但是在评价报告内容上却存在流于形式的嫌疑。如 G 公司 2011 年度内部控制评价报告中表示，公司制订并有效执行一系列与信息系统有关的管理制度、操作流程、岗位手册和风险控制制度；公司 2012 年度内部控制评价报告又指出，公司建立了"董事会——投资决策委员会——自营部门"的三级决策体系以及以净资本为核心的动态监控体系。而乌龙指事件的发生，正是由于策略投资部自营业务信息系统操作风险引发的，证监会的调查也明确指出 G 公司信息系统管理问题较多。2013 年，G 公司出具了规范的内部控制评价报告，披露了公司策略投资部存在的 1 项非财报重大设计缺陷、公司保荐业务存在 1 项非财报重要运行缺陷，并披露了具体缺陷的整改措施，截至内部控制评价报告基准日，上述内部控制缺陷均已整改完毕。

2. 内部控制审计报告

自 2009 年上市以来，G 公司每年都聘请外部审计机构对公司内部控制实施情况进行审计，并发表内控审计意见。2011 - 2013 年，外部审计机构对 G 公司出具的都是标准无保留的内部控制审计意见，其中，在 2011、2012 年内部控制审计报告中并未体现出非财报缺陷相关内容，在一定程度上反映了内部控制审计工作的不足。2013 年，毕马威华振会计师事务所对 G 公司出具了标准无保留意见的内部控制审计报告，并披露了一项非财报内部控制重大缺陷，缺陷内容与内部控制评价报告中所披露的非财报重大缺陷内容一致。毕马威华振会计师事务所同时指出，G 公司对存在上述缺陷的内部控制环节进行了整改，但截至评价报告基准日，整改后的控制尚未运行足够长的时间。

(四) 案例反思

我国要求上市公司按照《企业内部控制基本规范》和配套指引建立健全自身内部控制体系的目的在于提高上市公司的风险防范能力、提升资本市场规范化运作水平与加强对投资者的保护力度。G 公司的"8·16 乌龙指事件"与 T 公司"IPO 财务核查第一案"都是由于内部控制体系不完善所导致的。从 G 公司的事件可以看出，内部控制体系的失效给公司高管、公司本身、资本市场和投资者带来重大不利影响。

1. 公司高管：作为 8·16 内幕交易的相关责任人，时任 G 公司总裁的徐某、助理总裁的杨某、计划财务部总经理兼办公室主任的沈某、策略投资部总经理的杨某除被给予警告和罚款处分外，还被认定为终身证券市场禁入者、期货市场禁止进入者。原董事会秘书梅某也因存在信息误导行为受到行政处罚。受乌龙指事件影响，G 公司策略投资部负责人杨某被停职，原总裁徐某引咎辞职；前董事会秘书梅某、前助理总裁杨某也主动请辞。此外，2014 年 3 月，G 公司对公司核心岗位进行重大人事调整，G 公司投行高管也发生变动，投行总监改由徐某担任。建立健全并有效实施内部控制是公司董事会及管理层的责任，公司管理层应切实树立风险管理理念，健全内部控制制度，落实内部控制责任，强化内部监督，实现内部控制体系的设计与运行有效。

2. 公司本身：因"8·16 乌龙指事件"，G 公司吃 5.23 亿元 A 股史上最大罚单，同时，公司证券自营业务（固定收益证券自营除外）被暂停，业务资格恢复存风险；而受 T 公司事件影响，G 公司再领 645 万元罚单，70 亿元再融资计划也因此而泡汤。双重打击之下，G 公司 2013 年度经营业绩出现严重下滑，归属上市公司股东的净利润较去年同期大幅下降 79.48%。同时，公司还面临着巨额索赔的诉讼风险以及监管评级下调的风险，公司声誉和企业形象受到严重破坏。在未来较长一段时间内，上述违规事项给 G 公司带来的负面影响将难以消除，并将进一步影响公司的业务收入，增加公司经营运作成本。

3. 资本市场：2013 年 8 月 16 日，A 股市场诡异集体暴涨，71 只大蓝筹股瞬间涨停，一时之间，"推出优先股、实施 T+0 交易、交易所交易系统出错、出现乌龙指"等市场传闻不断，这一切都是因 G 公司的乌龙指事件而引起的。而在事发后长达两个小时的时间里，G 公司置投资者利益于不顾，通过转换并卖出 ETF 基金、卖空股指期货合约对冲风险进行自救，其内幕交易行为更是严重扰乱资本市场正常秩序，对证券期货市场造成了极其恶劣的负面影响。除此之外，因未勤勉尽责，G 公司保荐项目 T 公司 IPO 申报材料中存在大量虚假记载，一旦上市，T 公司或成万福生科，以保荐机构 G 公司为代表的中介机构难辞其咎。

4. 投资者：乌龙指事件引发的股市飙升行情使得大量投资者跟风买进。根据证监会调查显示，2013 年 8 月 16 日早盘共有 45.7 万户个人投资者跟风买入，买入金额约 330 亿元；有 1 613 户机构投资者跟风买入，买入金额约 65 亿元。而这些由"乌龙指"带来的虚假利好在午盘后全部缩水甚至下跌。这些投资者的损失能否得到赔偿目前尚是未知数。投资者是证券市场的重要组成部分，保护投资者尤其是中小投资者的利益是维护资本市场健康运行、维持社会公平正义的有效途径。"8·16 乌龙指事件"暴露的问题值得上市公司和监管机构深思。而作为投资者本身，也应强化市场风险意识，树立正确的投资理念，理性投资，完善自我保护措施，保护自身合法权益。

G 公司内部控制失效事件也给其他上市公司、中介服务机构敲响了警钟。上市公司、中介服务机构应以 G 公司作为前车之鉴，不断完善自身内部控制体系建设从而合理保证上市公司可持续发展。监管机构也应加强对上市公司内部控制监管力度，使内部控制真正成为维护资本市场的繁荣与稳定、保护我国投资者利益的有效手段。

二、S 公司内部控制典型案例

（一）引言：内控混乱，佳话不再

S 公司是中国国内化妆品行业首家上市公司，拥有诸多著名品牌，被誉为本土日化行业的标杆企业。然而，2013 年 S 公司却被打上了"内斗、小金库、信披违规……"等一系列标签，在经历了高层内斗，"教父"葛某出走、关联交易东窗事发、遭证监会立案稽查等变数之后，S 公司作为民族日化旗舰的光芒渐渐褪去。因内部控制存在重大缺陷，S 公司成为 2014 年首家内部控制审计报告被出具否定意见的上市公司，也是境内第一家被"四大"会计师事务所出具否定意见的上市企业。

（二）S 公司主要财务数据

诚如 S 公司 2013 年年度报告中所述："2013 年是公司历史上特别不寻常的一年"，在经历了高层人事变动、关联交易、信披违规等多种风波后，虽然公司仍然取得了销售和利润的双增长，但与之前年度相比，此前持续高增长的 S 公司已初显疲态。

1. 高层动荡，控股权之争拖累公司业绩

2011 年 9 月，S 公司完成国企改制，平安信托成功入驻 S 公司，成为第一大股东。然而强强联合却未能实现"双赢"，完美联姻依然结出苦果。S 公司与平安信托在海鸥手表投资项目上的分歧被公认为是双方矛盾的"导火索"，"小金库"事件使双方矛盾进一步激化。2013 年 5 月，执掌 S 公司 28 年的"灵魂人物"葛某遭大股东平安信托"罢免"，正式宣告双方流于表面的合作关系的决裂。随后公司控股权之争持续升级，创始人葛某卸任，总经理王某遭解职，总会计师兼财务总监丁某离职，葛氏班底高层已悉数离开。受累于公司内斗，公司经营业绩增速放缓。2013年S公司实现营业收入44.69亿元，归属于上市公司股东净利润8亿元，较去年同期同比增长28.76%及11.74%，增速均为近三年来最低。尽管营业收入和净利润增速双双放缓，S公司管理层仍表示前期披露的2013年经营计划已经实现①。然而，分季度来看，S公司的经营业绩远没有年度报表上那么光鲜靓丽，如图6-2所示，2013年公司营业收入和净利润的增速总体上呈逐季下滑趋势。

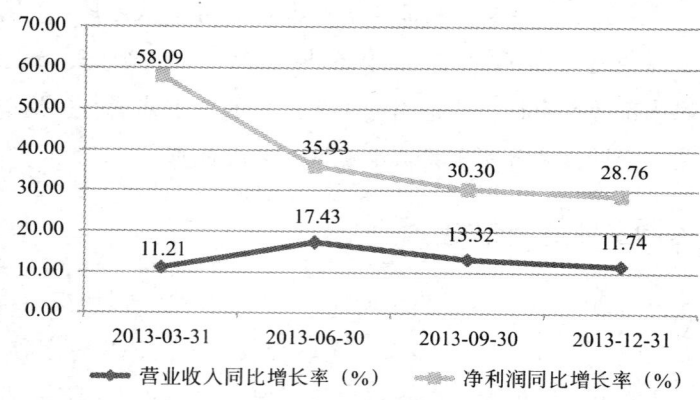

图6-2　S公司2013年各季度营业收入及净利润同比增长情况

2. 关联交易违规，引发前期重大会计差错更正

因S公司内斗风波中牵出的"小金库"问题，S公司受到证监会的立案调查。2013年12月18日，S公司公布《关于上海证监局行政监管措施

---

① S公司在2012年年度报告中披露的2013年度的经营计划是"2013年公司管理层力争实现营业收入不低于49.5亿元，其中产品销售收入不低于两位数增长，归属母公司的净利润（扣除非经常性收益）增长幅度不低于20%，确保经营业绩持续增长"。

决定书相关问题的整改报告》（以下简称《整改报告》），首次承认与 J 公司为关联方关系，并详细披露了 2008 年以来公司与 J 公司间的销售、采购以及资金拆借等关联交易信息明细，资料显示，二者之间近年来的交易金额竟高达 24 亿元。

（1）关联方身份揭秘。J 公司究竟是谁的 J 公司？这一问题一直是外界争议的焦点。2008 年以来，J 公司与 S 公司资金往来频繁，2009－2011 年 J 公司主要是作为其预付账款的供应商，2011 年起 J 公司应收款额占 S 公司应收款比重逐年增加，并于 2013 年上半年一跃成为 S 公司第一大应收款客户。然而 S 公司在 2008－2013 年上半年历年披露的年报中，都将 J 公司视为非关联方。

事实上，S 公司派驻了包括副总经理宣某、资产管理部副总监王某等在内的公司高管参与到 J 公司管理委员会中，同时 S 公司退休职工管理委员会对 J 公司持股并参与分红，其账户直接挂靠在 S 公司旗下。上海证监局在《行政监管措施决定书》明确表示，在 2008 年 4 月到 2013 年 7 月期间，S 公司与 J 公司发生了"采购销售、资金拆借等关联交易"，为 S 公司与 J 公司的关系作了明确定论。

（2）关联交易信息披露。根据 S 公司《整改报告》披露的信息显示，2008 年 4 月以来，S 公司股份公司及子公司同 J 公司累计发生高达 24.16 亿元的关联交易。其中，向 J 公司累计采购金额为 14.35 亿元，累计销售金额为 9.80 亿元。5 年期间二者的关联交易逐年攀升，2008 年 4 月－2013 年 7 月，S 公司与 J 公司发生的关联交易金额分别为 2.16 亿元、3.04 亿元、4.27 亿元、5.41 亿元、5.54 亿元、3.74 亿元。历年来 S 公司向 J 公司销售、采购金额占净资产比重如图 6－3 所示。

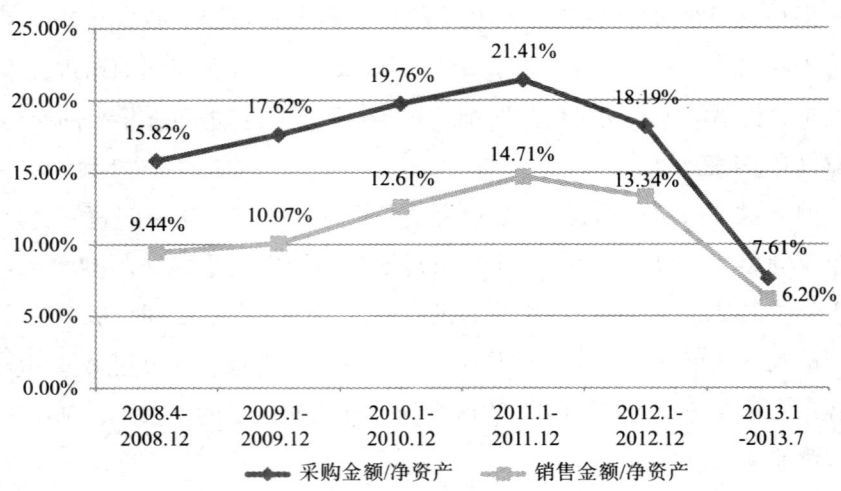

图6-3 S公司及子公司与J公司历年采购销售金额占净资产比重

除与J公司发生采购销售关联交易外，S公司还于2009年向J公司提供3 000万元的低息借款，以缓解其厂房改造的资金周转问题。直至2011年J公司才将借款事宜支付完毕，上述资金拆借活动亦未按关联交易履行决策程序及信息披露。

（3）前期重大会计差错更正数据。在公布2013年年度报告的同时，S公司也公布了《关于前期会计差错更正的公告》，对前期会计差错进行了更正并对2012年度合并及公司财务报表进行了追溯调整。调整事项涉及对外加工、销售返利、运输费用及金融资产分类等事项。相关专业人士指出，S公司的此次会计差错更正与前期未将J公司作为关联方的会计处理有很大关系。根据公司披露的会计差错更正公告，上述重大会计差错更正事项对S公司财务数据的影响汇总为：调减2012年公司营业收入43 891.07万元，调减2012年12月31日未分配利润677.48万元，调减2012年12月31日归属母公司的净利润269.42万元。

（三）S 公司市场行情数据

S 公司的人事内讧及关联交易违规事项，在股市上掀起惊涛骇浪，引发资本市场动荡。2013 年 5 月以来，S 公司的股份屡屡下跌，昔日 A 股市场上风光无限的蓝筹股地位难保（见图 6-4）。2013 年 5 月 13 日，对葛某被动的"杯酒释兵权"事件，S 公司股价以放量大跌予以回应，盘中一度跌逾 8%，成交金额达到 12.7 亿元，为上市以来第三大单日成交量。5 月 14 日，股票停牌。15 日，复牌跌停。据统计，在 2013 年 5 月 13 日 -15 日的下跌中，S 公司市值累计蒸发 48.96 亿元；而在葛某"辞官归故里"的次日（2013 年 9 月 18 日），S 公司股价更是一字跌停；2013 年 11 月 20 日，S 公司因关联交易信披违规遭立案调查，再次引发股价下滑，全天大跌 5.35%，流通盘市值蒸发约 14.5 亿元；2014 年 5 月 14 日，S 公司宣布解聘总经理王某，公司股价随即下跌 2.25%，次日续跌 4.83%。

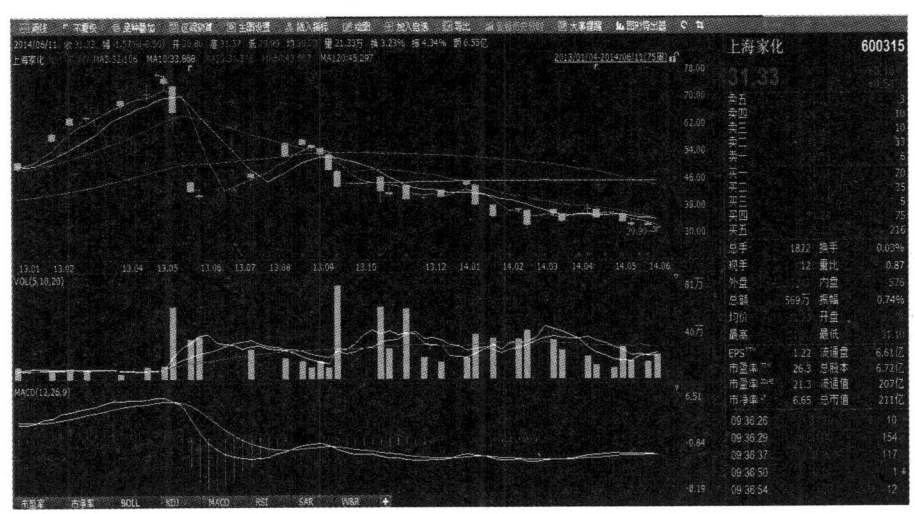

图 6-4　S 公司 2013 年度市场行情数据

（四）内部控制信息披露情况

2011 年 S 公司经改制后成为非国有控股企业，故在 2013 年以前 S 公司并未被纳入到内控规范体系强制实施范围内。2013 年，依据《企业内部控制基本规范》、《企业内部控制配套指引》和《关于 2012 年主板上市公司分类分批实施企业内部控制规范体系的通知》等规范文件要求，S 公司推进企业内部控制规范体系的实施，并在披露 2013 年年度报告的同时首次披露了内部控制评价报告和内部控制审计报告。

1. 内部控制评价报告

2010 – 2012 年，虽然 S 公司未披露内控评价报告，但其历年年报中均披露公司董事会按照相关规定对公司内部控制进行了自我评价，且评价结论均为有效。事实上，S 公司与 J 公司的关联交易从 2008 年开始，由来已久，但 S 公司董事会 2010 – 2012 年进行内控自我评价均认为公司内部控制设计与运行都是有效的，在一定程度上反映了 S 公司董事会责任的缺失，导致其内部控制自评流于形式。

2013 年，S 公司按照相关监管要求，对截至 2013 年 12 月 31 日公司内部控制情况进行了评价，出具了规范的内部控制评价报告，详细披露了公司财报内控、非财报内控以及定性、定量的缺陷认定标准，并在评价报告中披露了公司在关联交易、财务报告及人员培训三个领域存在财报重大缺陷，对缺陷整改情况及拟采取的整改措施进行了详细说明。

2. 内部控制审计报告

2014 年 3 月，S 公司披露上市以来的第一份内部控制审计报告，即被新任审计机构——普华永道中天会计师事务所出具了否定意见，这也是"四大"会计师事务所第一次给境内上市公司出具否定意见的内控审计报告。导致否定意见的事项如S公司内部控制评价报告中所述，公司财务报告内部控制存在三项重大缺陷：关联交易管理中缺少主动识别、获取及确认关联方信息的机制；部分子公司尚未建立在会计期末对当期应付但未付的销售返利和运输费等费用总金额进行统计和预提的内部控制；对财务人员的专业培训尚不够充分。

有效的内部控制能够为财务报告及相关信息的真实完整提供合理保证，企业内控审计意见与财务报表审计意见存在有很强的关联性，由于财务报告内部控制存在重大缺陷，S公司已对2012年度合并及公司财务报表进行了追溯调整，并更正了所涉及的会计科目前期重大会计差错。然而，在对S公司2010－2012年的财务报表审计中，前任审计机构安永华明会计师事务所出具的都是标准无保留意见。审计机构更换伊始，即曝出前期重大会计差错更正，安永华明会计师事务所的独立性及专业胜任能力受到质疑。

（五）案例小结

作为曾经的国企改革典范、本土日化行业标杆、A股超级牛股，S公司自2013年以来却负面消息不断。完美联姻悲情落幕、信披违规被查、内部控制报告被否，折射的是S公司在公司治理、关联交易管理以及信息披露方面存在的内控缺陷。

1. 平安系与葛氏班底的控股权之争反映了S公司股权结构存在不足。稳健有效的公司治理是企业健康发展的基石，而合理的股权结构则是建立健全公司治理的关键。企业在转型过程中应积极构建多赢股权结构，平衡大股东与自我的关系，形成决策权、经营权和监督权三权分立、相互制衡的公司治理机制。同时，上市公司应始终将股东利益放在第一位，避免因公司内部人事争斗而给企业经营和品牌形象带来伤害。对S公司而言，当务之急是尽快完善公司组织架构、稳定军心、增强员工的归属感，将公司注意力转向经营业绩增长方面。

2. 公司关联交易管理存在缺陷。2008年4月至2013年7月，S公司与J公司发生的关联交易金额高达24亿元，销售、采购金额占净资产比重大都在10%以上，金额不可不谓之重大。对如此重大的关联交易，S公司既未按规定进行决策审批程序，也未履行信息披露义务，S公司原董事长葛某表示"我只能承认学习不够，但不是有意而为之"，也反映出S公司管理层及相关责任人对关联交易认识不足，对信息披露重视不够，规范运作意识薄弱。上市公司作为公众企业，更应认真学习并严格遵守相关监管规定，本着诚信原则，积极履行信息披露义务，确保信息披露的及时、准确性，维护中小股东的利益。

3. 健全有效的内部控制可以为企业经营管理合法合规、资产安全、财务报告及相关信息真实完整提供合理保证，为保护投资者利益提供重要保障。2013年以前，S公司未公开披露内部控制评价及审计报告，并不代表公司不存在内部控制缺陷，事实上，公司关联交易自2008年4月以来一直存在。2013年按照内部控制规范体系的实施方案，S公司第一次披露了内部控制自我评价报告和内部控制审计报告，才将公司的内部控制重大缺陷公之于众。因此，内部控制信息披露为投资者了解公司经营管理状况提供了较好的途径，上市公司应积极主动且详细地披露内部控制信息，增强上市公司透明度，为投资者提供更多有效信息，降低其所面临的不确定性。

内部控制不仅仅关注结果，更注重过程控制。虽然经营情况相对不错的S公司内控审计被出具"否定意见"引起了各种争议，但对于S公司来说，经营业绩的增长并不能掩盖其内部控制存在重大缺陷的实质，而且从推动上市公司内控规范体系建设的角度上来看，设定更为严格的内控缺陷认定标准、保持必要谨慎，对于上市公司来说显然有着更加积极的意义。

值得肯定的是，尽管内部控制部分失效，但是S公司能直面内控建设中存在的不足，虚心听取外部审计机构提出的改正意见，有弥补措施、修正措施来确保财务报表准确有效。从长远看，若 S 公司能积极整改、完善公司内控体系建设，内部控制被出具否定意见不仅不是坏事，还能为公司的进一步良性发展打下基础。

三、C 公司内部控制典型案例

（一）引言：C 公司的陨落

2010 年年底，C 公司成功在深圳证券交易所挂牌上市，成为中小板第一光伏企业，并被投资机构冠以"崛起的光伏产业新星"、"光伏产业新力军"、"高成长光伏企业"等美称。然而好景不长，2011 年起，公司开始债台高筑，陷入亏损漩涡。2014 年 3 月 7 日，因流动性危机未化解，无法全额支付公司债券到期利息，"××债"（C 公司于 2012 年 3 月 7 日发行的债券）成为国内首例违约债券。此外，由于 C 公司 2011－2013 年连续三个会计年度净利润为负值，公司股票已于 2014 年 5 月 28 日起暂停上市，"××债"自 2014 年 5 月 30 日起终止上市。连年亏损的背后，除受到光伏行业萧条等宏观因素影响外，很大程度上是由于公司缺乏行之有效的内部控制。2013 年度 C 公司内部控制评价与内部控制审计意见双双非标，因在销售业务控制、投资管理控制、财务报告控制、部分重要事项决策程序及信息披露控制等方面存在重大缺陷，C 公司内部控制评价意见为整体无效，内部控制审计报告被出具否定意见。此外，因公司持续经营能力存在重大不确定性，2013 年度 C 公司被审计机构出具无法表示意见的财务报表审计报告。

(二)"××债"违约的背后

"××债"违约,打破了中国债券市场零违约的神话,成为国内债券市场首单公募债券违约事件。从上市之初的百亿身家到现在的资不抵债,C 公司仅用了三年的时间。在中国债市首单付息违约事件的背后,既与光伏行业产能过剩的大环境有关,更是公司无序扩张、内控失效结出的苦果。

1. 外部原因——光伏行业产能过剩

成也光伏,败也光伏。在经历了 2004–2010 年光伏行业快速发展期后,产业无序扩张导致行业供需失衡、产能过剩的弊端开始凸显,过多的产能积压终于在 2011 年爆发,中国光伏行业步入"寒冬"。

祸不单行,2011 年下半年,欧债危机加剧并迅速扩散至欧元区核心国家。欧债危机的爆发,一方面导致欧元贬值,使得作为上游原材料供应商的中国光伏企业外汇损失严重;另一方面,也使得欧洲各国政府纷纷下调太阳能补贴,以欧洲为主战场的中国光伏企业面临的市场需求萎缩,利润下滑。与此同时,国际贸易保护主义抬头,美国于 2011 年年底开始对中国光伏企业开展反倾销和反补贴调查,欧盟也于 2012 年对中国光伏企业展开反倾销调查。在诸多外部不利因素的影响之下,C 公司陷入经营困境,2011 年起公司开始连年亏损。

2. 直接原因——过度融资

(1)融资模式分析。2010 年 11 月,C 公司登陆中小板,以每股 36 元的发行价募集资金总额为 23.76 亿元;2012 年 3 月,C 公司通过发行公司债券,募集资金 10 亿元。除了股权融资和债券融资,C 公司第一大股东与第二大股东还通过信托融资,将所持股权几乎全部质押。截至 2013 年 12

 上市公司内部控制典型案例分析

月31日,第一大股东倪某所持股权的99.9%都用于质押融资,而第二大股东①名下的股权也全部质押,连大股东苏某、张某的股权也被质押给信托公司用于申请贷款。通过信托融资,C公司获得约8亿元融资额。除此之外,C公司还大举向银行借款,截至2013年12月31日,C公司银行短期借款约13.80亿元,长期借款8.68亿元。股权融资、债券融资、信托融资、银行借贷,上市短短三年多的时间里,第一大股东倪某和其控制下的C公司几乎用遍了所有的融资模式,通过各种渠道累计对外融资超过60亿元。手握巨额融资款,却走向巨亏泥潭,C公司的钱都去哪里了?

(2)资金去向。2011年起,C公司开始加快对外投资步伐,进行全新的产业链布局,由中游的组件生产向上游硅料和下游电站领域延伸。其中,海外电站是C公司进行产业链转型升级的重中之重。为此,C公司特意投资设立了香港分公司,用以开拓海外太阳能市场及投资海外太阳能电站项目。2011年度,C公司投资建设了44家境外全资或控股项目公司,对境外投资公司实际出资额累计高达4.95亿元。

在投资设立海外电站的同时,C公司还开拓式地创立了"海外电站直销模式",通过与境外合作方共同投资设立光伏电站,并要求合作方采购该电站规模所需的组件,待电站项目取得贷款或股权转让后再收回组件销售回款的方式应对光伏行业不景气带来的组件销量下滑困境。

此外,C公司还对外提供了巨额担保。2011年度,C公司累计为境外投资公司及投建电站提供共计46亿元人民币的银行贷款担保额度。截至2013年12月31日,C公司累计对外担保额高达13.88亿元,并且已有部分逾期未履行的担保事项进入到法律程序,C公司为此需承担连带清偿责任。

---

① 第一大股东倪某与第二大股东为父女关系,第二大股东是C公司实际控制人倪某的一致行动人。

大肆对外投资和担保的同时，C公司股票上市时承诺的几大募投项目却纷纷亏损。"年产50MW单晶硅太阳能电池片项目（从硅片到电池片）"中切片环节的建设计划被取消，"年产2 000吨多晶硅项目"处于完全停工状态，另有部分募投资金被变更为永久补充流动资金。截至2013年12月31日，C公司股权融资募集所得的22.87亿元资金净额仅剩6.10万元，公司通过债权融资所得的9.85亿元资金净额也已全部使用完毕，其中，4亿元用于偿还银行贷款，5.85亿元用于补充流动资金。

（3）无度融资的后果。

①应收账款黑洞。融资无度使得C公司应收账款规模开始迅速增长且居高不下。2010年上市之初，C公司的应收账款总额为6.50亿元，然而，2011年度公司应收账款规模迅速上升达到22.11亿元，较2010年同比增长240.16%；2012年，公司应收账款额仍高达21.40亿元；2013年公司应收账款额为14.74亿元，略有下降也系计提坏账准备大幅增加所致。

应收账款的突飞猛涨，很大程度上是受公司海外电站建设及"海外电站直销模式"的影响。截至2013年12月31日，C公司前五大客户均为其海外客户，前五大客户应收账款额占应收账款总额的比例已高达78.28%。与此同时，因海外应收账款规模大、回收周期长，海外应收账款面临着巨大的坏账风险。2011年度，C公司对境外客户应收账款余额为165 208.15万元，已计提坏账准备16 847.10万元；2012年度，公司对境外客户应收账款239 650万元，已计提坏账准备48 619万元；2013年度，公司应收包括Solarprojekte GmbH Andreas Damm在内的38户境内外客户款项总额238 597万元，已计提坏账准备92 522万元。截至2013年年末，该等应收款项多数已逾期，公司2013年度仅收回11 525万元应收款。

②贷款逾期。过度融资还使得C公司的银行借款尤其是短期借款迅速增长。截至2011年年末，C公司短期借款总额达22.08亿元，较2010年同期增长了105.27%。C公司流动性危机令多家银行贷款陷入泥沼。2012

年开始，公司的银行贷款开始陆续出现逾期情况。截至 2013 年年报出具日，C 公司累计有 14.75 亿元银行贷款，共涉及 12 家银行，其中有 13.25 亿元银行贷款逾期，涉及 11 家银行。

另外，根据"××债"募集说明书，广发银行上海分行和中信银行苏州分行与 C 公司就"××债"签订共计 8 亿元的专项偿债流动资金支持协议，以在公司债券付息和本金兑付发生临时资金流动性不足时，分别给予 3 亿元和 5 亿元的流动性支持贷款额度。然而，两家银行均认为 C 公司的财务问题是长期性亏损而非流动性资金短缺，拒绝执行支持协议，导致××债利息兑付失去保障。与此同时，多家银行对 C 公司的紧急抽贷则成了压垮 C 公司的最后一根稻草。

③巨额诉讼。因到期债务未能如期偿还，C 公司面临着债权人大量的法律诉讼。2012 年起，C 公司陆续被债权人起诉。截至 2013 年年报出具日，C 公司被诉案件达 114 宗，总涉案金额约为 23.76 亿元。其中，截至 2013 年 12 月 31 日，C 公司及其子公司因未能偿还逾期贷款，被中国农业银行奉贤支行等 15 家金融机构起诉，上述涉诉事项均已判决 C 公司败诉或已经调解，涉诉金额共计 13 3227.03 万元，尚未偿还贷款本金共计 116 712.84 万元，利息 5 223.69 万元；此外，2013 年度，因买卖合同纠纷，C 公司及子公司被东方日升新能源股份有限公司等 78 家供货商或其他单位起诉，该等涉诉事项也均判决 C 公司败诉，诉讼涉及的金额共计 6 888 259 万元，尚未偿还欠款共计 64 389.14 万元，违约金 3 608.95 万元，利息 3 176.84 万元。

④破产重整。2014 年 4 月 3 日，C 公司债权人上海毅华金属材料有限公司以其无法清偿到期债务，且资产不足以清偿全部债务、明显缺乏清偿能力为由，向上海市第一中级人民法院提出对 C 公司进行破产重整的申请。受债券违约、涉诉案件以及被债权人申请破产重整等事件影响，C 公司客户认为公司持续经营能力受限，公司的计划订单被取消，C 公司上海

总部生产线也已全部停产。2014 年 6 月 26 日，上海市第一中级人民法院作出《民事裁定书》及《决定书》，裁定受理上海毅华金属材料有限公司对 C 公司的重整申请。

3. 根本原因——内部控制失效

（1）投资管理存缺陷。2011 年，在光伏行业整体进入低迷状态、欧债危机加剧等情形下，C 公司背道而驰，加剧对外扩张，导致投资规模过大，投、筹资现金流无法在时间和规模上保持一致，引发流动性危机，公司的投资管理尤其是对海外电站的投资管理内部控制上存在严重欠缺。同时，公司重大投资决策也未按规定履行相应的审批程序，如 2011 年 C 公司通过与合作方共同开发海外电站项目，对境外投资公司实际出资额达 4.95 亿元。上述海外投资项目既未按规定履行审议程序，也未履行及时信息披露义务。

此外，因海外投资管理不善，公司大笔海外应收账款不断增加。巨额海外应收款长期无法回收，导致公司应收账款坏账风险不断增加，对运营资金造成了巨大的影响，也在一定程度上反映出 C 公司在应收账款回收管理上存在的不足。

（2）财务报告存漏洞。

①业绩大变脸。2011 - 2013 年，C 公司累计修正经营业绩达 10 次，成为当之无愧的"变脸王"。其中，C 公司四次修正 2011 年度经营业绩预告，由最初预计的盈利，同比增长 50% - 70% 到盈利且同比下降 35% - 65%，再到最终实际亏损 5 478.88 万元，同比下降 124.85%，预计的 2011 年度净利润与经审计的净利润之间的差异可谓重大，公司也因此受到深圳证券交易所的通报批评。然而 C 公司对此并未引起足够的重视，2012、2013 年仍频频修正经营业绩，财务报告内部控制漏洞可见一斑。

②重大前期会计差错更正。除了业绩频繁变更外，C 公司还连续两次

更正重大前期会计差错，对 2011、2012 年度财务报表进行了追溯调整。其中，因 2011 年度未将 44 家境外全资或控股项目公司纳入合并财务报表的合并范围，对 2011 年度财务报表进行追溯调整，直接将 C 公司 2011 年度归属于上市公司股东的净利润由亏损 5 478.88 万元变更为亏损 11 029.77 万元，调整后公司 2011 年度经营业绩亏损额较调整前翻倍增长；因在电站资产售后租回以及境外电站政府补助等会计处理上存在差错，C 公司对公司 2012 年度财务报表进行调整，使得公司负债总额由 637 941.57 万元变更为 662 769.04 万元。

（3）内控问题重重频受罚。自上市以来，因公司内部控制信息披露、对外投资、关联担保、募集资金使用等方面存在缺陷，C 公司累计 5 次受到监管部门的通报批评处分、行政监管等处罚，并遭到中国证监会的立案调查。此外，因公司公告信息披露不详细、公司持续经营能力存疑，C 公司还两度收到深圳证券交易所出具的问询函。

（三）2010－2013 年主要财务数据

上市融资本可以改善企业的资本结构和现金流，然而，上市却成了 C 公司流动性恶化的魔咒。2011 年起，C 公司流动性危机不断加剧。截至 2014 年 3 月 31 日，C 公司公司账面资产总额为 35.17 亿元，负债合计为 43.01 亿元，所有者权益合计为 -7.83 亿元。因公司已资不抵债，无法按期偿还债务，债权人提出对 C 公司进行破产重整申请并被上海市第一中级人民法院受理。

1. 现金流量

2010 年上市以来，因产能扩张、投资规模过大，C 公司后续经营开支不断上升。与此同时，公司主营业务不断亏损，非但不能通过主营业务补充流动性，反而加剧现金消耗，最终导致公司的现金流断裂（如表 6-3 所示）。

表 6-3　　　　2010-2013 年 C 公司现金流量净额　　　（单位：万元）

	经营活动产生的现金流量净额	投资活动产生的现金流量净额	筹资活动产生的现金流量净额	现金及现金等价物净增加额
2010 年	-45 966.09	-21 281.86	310 072.62	242 824.68
2011 年	-98 753.11	-202 671.75	107 405.97	-194 018.89
2012 年	-9 102.26	-166 100.89	135 337.16	-39 865.99
2013 年	15 010.02	1 619.06	-22 576.66	-5 946.46

2. 资产负债

自上市以来，C 公司负债规模不断扩大，同时资产规模总体呈下滑趋势，公司资产负债率直线上升。截至 2013 年年末，公司资产总额为 626 970.91 万元，负债总额为 654 781.13 万元，资产负债率高达 104.44%，公司已陷入资不抵债的困境，资产质量严重下滑（见图 6-5）。

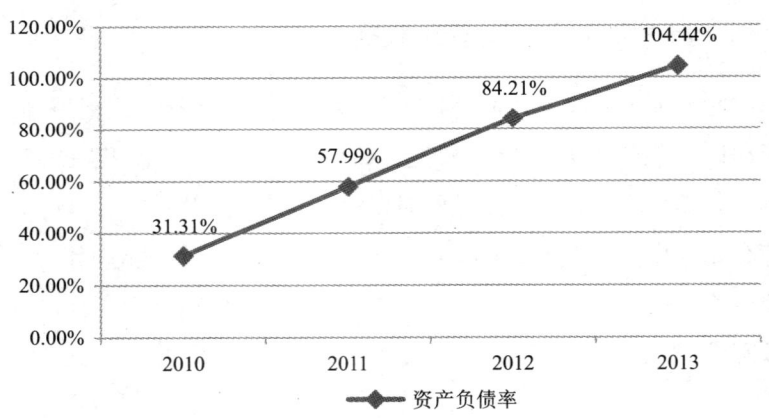

图 6-5　2010-2013 年 C 公司资产负债率变化趋势图

3. 利润水平

自 2010 年上市以来，C 公司营业收入逐年下降，归属于上市公司股东的净利润也呈逐年下滑趋势（见图6-6）。2011年，C公司上市后首度亏损，2012年公司亏损额度进一步扩大，2013年，公司再度亏损。因2011-2013连续三个会计年度公司经营业绩持续亏损，C公司股票已于2014年5月28日起暂停上市，"××债"自2014年5月30日起终止上市。

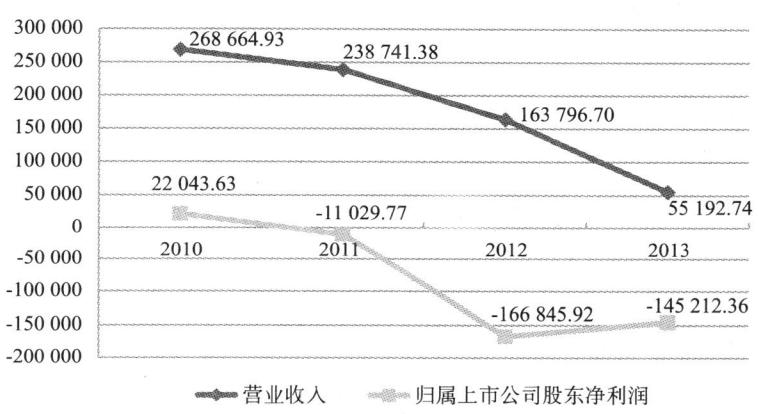

图6-6　2010-2013年C公司营业收入和净利润变化趋势图（单位：万元）

4. 财务报表审计情况

2010年度天健会计师事务所对C公司财务报表出具了标准无保留的审计意见，2011-2013年，C公司财务报表审计意见均为非标意见，其中，2011、2012年度，因未能提供适当的审计条件，外部审计机构对C公司出具了保留意见财务报表审计意见；2013年度，因C公司持续经营能力存在重大不确定性，大信会计师事务所对公司出具了无法表示意见的财务报表审计意见。

（四）内部控制信息披露

1. 内部控制评价报告

2010-2013年，C公司披露了内部控制评价报告，其中2010-2012年度内部控制自我评价的结论均为有效,公司 2013 年度内部控制自我评价报告结论为内部控制整体无效。

2010－2013 年度,C 公司内部控制评价报告均有披露内部控制缺陷。除 2013 年度外,其余年度披露的内部控制缺陷均为一般缺陷。其中,公司销售管理、境外电站投资管理、信息披露、对外担保等内部控制缺陷在 2010－2013 年度评价报告中多次出现,也从侧面反映了 C 公司对上述内部控制缺陷未引起足够重视,导致上述缺陷未得到有效整改而长期存在。

2013 年度,C 公司内部控制评价报告中披露了公司存在 4 项财报内部控制缺陷和 1 项非财报内部控制缺陷,并披露了缺陷整改情况。值得注意的是,C 公司 2013 年度内部控制评价报告内容上存在前后不符的情况,在评价结论段中称公司存在 1 项非财报重大缺陷,而在具体的缺陷描述时,披露的是存在非财报重要缺陷。评价报告内容上存在重大不一致,导致公司内部控制信息披露质量大打折扣,且容易对投资者形成误导。

2. 内部控制审计报告

因 2010 年 C 公司股票发行上市时聘请外部审计机构对公司内部控制有效性出具审计报告,故 2010 年度公司在披露年度报告的同时未单独披露内部控制审计报告。2011 年,外部审计机构对 C 公司出具了标准无保留意见的内部控制审计报告;2012 年,公司未聘请外部审计机构对公司内部控制有效性进行认定;2013 年,因在销售业务控制、资产管理控制、财务报表控制以及部分重要事项决策程序及信息披露等四个方面存在重大缺陷,大信会计师事务所对公司出具了否定意见的内部控制审计报告。

(五) 案例小结

从 2010 年 10 月上市至今,在短短的不到四年的时间里,C 公司不仅败光百亿身家,而且负债累累,官司缠身;××债违约,首开国内债券违约的先河；同时连续三个会计年度累计亏损 30 多亿元，公司股票被暂停上市，公司债券也被终止上市；因在投资管理、销售管理、财务报告内部控制以及信息披露等方面存在重大内部控制缺陷引发流动性危机，资不抵债，无法清偿全部债务，C 公司债权人提出对其进行破产重整申请，这是第一次发行债券的公司被申请破产重整；2014 年 6 月，C 公司破产重组进入司法程序，成为沪上首家破产重整民营上市公司。

"××债"债券付息违约，给缺乏责任担当的中介服务机构敲响警钟。事实上，2013 年 8 月 2 日，评级机构鹏元就因未在债券发行主体 C 公司的经营环境和财务状况发生重大变化时及时出具不定期跟踪评级报告等被深圳证监局出具警示函，这也是深圳证监局首次公开警示资信评估公司。

此外，中国债券市场的刚性兑付预期的打破，也给监管机构敲响了警钟。C 公司公司债违约事件出现后，证监会及交易所逐步完善交易所债券市场规则，2012 年 6 月 17 日，上交所和深交所分别发布《关于对公司债券实施风险警示相关事项的通知》和《关于对公司债券交易实行风险警示等相关事项的通知》，拟从 2014 年 9 月 1 日开始对未达标公司债实施风险警示，受到风险警示的公司债名称前将冠以"ST"头衔。

中国债市首宗债权违约事件，在给债权人带来了实质性的损失的同时，也使得投资者、中介机构、上市公司正视和重估债市信用风险，从某种意义上来说有利于资本市场的健康发展。不管是债券还是股票，都是为了改善实体企业的资本结构和现金流，为了给实体经济带来活力。然而，融资是一把双刃剑，在融资过程中，只有始终坚持规模适度和风险可控原则，构建行之有效的内部控制体系，才能将融资变为助力企业做大做强的利器。

第七章

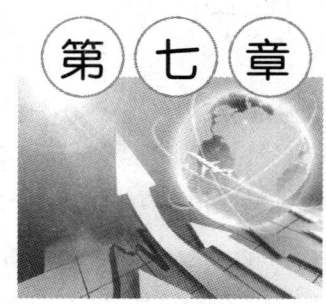

上市公司实施内部控制存在的问题及政策建议

第七章 上市公司实施内部控制存在的问题及政策建议

2013年度中国上市公司内部控制规范体系建设与实施工作得到稳步推进，强制实施范围不断扩大，披露内部控制信息的上市公司数量逐年增长，内部控制评价结论与内部控制审计意见呈现出差异化，内部控制报告的可读性、可理解性以及信息的有用性明显提升。但是，我们仍然发现企业内部控制体系建设和信息披露方面存在一些问题，下文将基于迪博"一个过程、两个保障"的风控方法论视角，对上市公司实施内部控制存在的问题进行深入分析，并提出合理的政策建议。

一、对企业内部控制的认识

传统的内部控制五要素框架模型不利于企业董事会、管理层在企业管理实践中理解和使用。迪博认为，内部控制，旨在保障和促进企业目标实现的过程，开始于对目标的分析，通过对影响目标实现的风险的评估，综合运用组织、程序、制度、数据和技术等要素管理风险。简而言之，迪博对内控的理解就是企业通过"一个过程、两个保障"来实现经营有序和管理规范。

如图7-1所示：我们认为企业内控的核心就在于所有重要的业务和管理活动过程中，能够实现"事前有标准、事中有执行、事后有评价、持续有改进"。而达到这一状态必须具备一系列保障条件，包括完善的公司治理、恰当的组织和授权、有效的人力资源配置、公平公正的绩效考核以及良好的企业文化等基础保障，以及科学的风险评估、顺畅的信息沟通等机制保障。

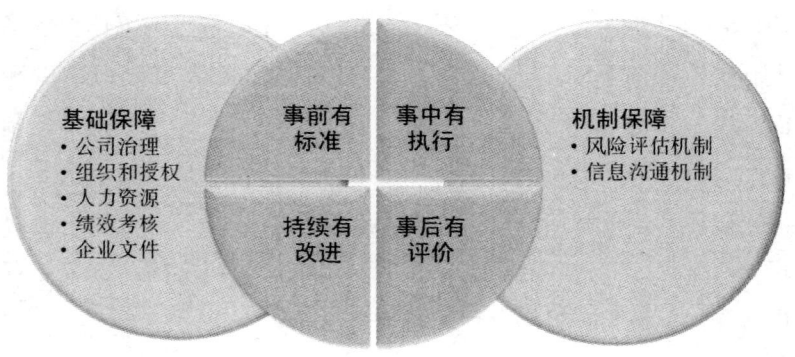

图 7-1　内部控制的过程及保障

二、上市公司内部控制建设和运行过程中存在的问题

上市公司内部控制的"一个过程、两个保障"同等重要。从 2013 年上市公司披露的内部控制缺陷内容来看，迪博发现，上市公司内部控制披露的内部控制缺陷中，有 291 项归属于基础保障层面，占比 38.29%；82 项内部控制缺陷与风险评估和信息沟通机制有关，占比 10.79%；而业务和管理活动过程存在 387 项缺陷，占比 50.92%，如图 7-2 所示。

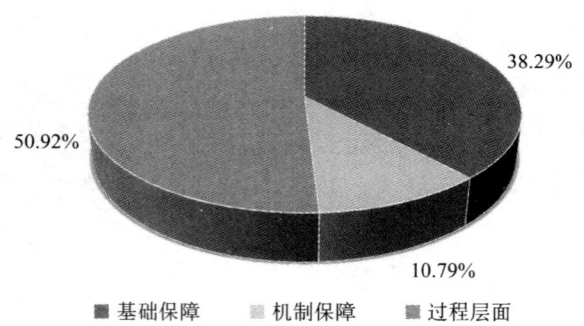

图 7-2　上市公司 2013 年已披露内部控制缺陷类型分析
数据来源：DIB 迪博内部控制与风险管理数据库 www.ic-erm.com

根据2013年度上市公司内部控制实施情况，分析上市公司在业务和管理活动过程中存在的问题，迪博发现：

1. 控制措施设计方面。因上市公司事前标准的设计不健全或不合理导致的内部控制缺陷共256项，占到全部披露缺陷的比例为33.68%；

2. 执行层面。因上市公司事中执行不到位的问题导致的内部控制缺陷共591项，占到全部披露缺陷的比例为77.76%；

3. 监督层面。事后评价主动披露缺陷的积极性和质量值得关注。从我国上市公司内控强制合规前三年和国际上其他主体（以美国为例）内控强制合规前三年数据对比分析，从上市公司内部控制无效的比例来看，我国上市公司内部控制评价无效的比例平均约为美国上市公司的六十分之一，如图7－3所示；从上市公司披露内部控制重大缺陷的比例来看，美国上市公司披露内部控制重大缺陷的比例平均为中国上市公司的49倍，如图7－4所示。

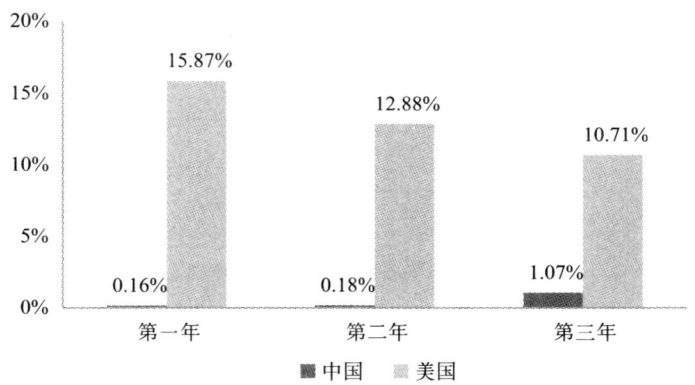

图7－3 中美强制实施内部控制前三年内部控制无效的公司比例对比分析
数据来源：DIB迪博内部控制与风险管理数据库 www.ic-erm.com
美国 Audit Analytics 数据库

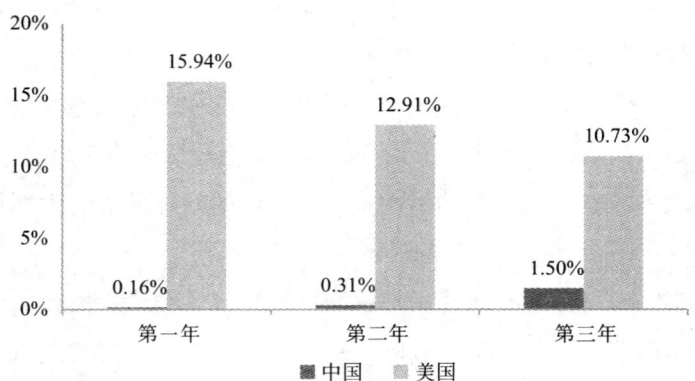

图7-4 中美强制实施内部控制前三年披露内部控制重大缺陷的公司比例对比分析
数据来源：DIB迪博内部控制与风险管理数据库 www.ic-erm.com
美国 Audit Analytics 数据库

4. 整改层面。从持续改进来看，截至上市公司内部控制评价报告披露日，在已披露的760项内部控制缺陷中，283项内部控制缺陷已完成整改且整改后运行有效，缺陷整改有效的比例仅为37.24%；仍有63%的缺陷未得到有效的改进，其中247项内部控制缺陷未开始整改，占比32.50%。任何一家企业的管理都没有完美状态，上市公司存在内部控制缺陷并不可怕，关键是企业能否采取正确的方式正视这些问题，并且以积极的态度去落实改进（见表7-1）。

表7-1 上市公司内部控制缺陷整改情况

序号	内部控制缺陷整改情况	缺陷数量	占比
1	缺陷有效整改	283项	37.24%
2	缺陷未开始整改	247项	32.50%
3	缺陷还在整改中①	230项	30.26%

数据来源：DIB迪博内部控制与风险管理数据库 www.ic-erm.com

① 含已开始整改但未完成整改/未运行足够长时间以及未披露缺陷整改有效性情况。

三、上市公司内部控制信息披露方面存在的问题

上市公司内部控制信息披露性上存在的问题主要体现在以下四个方面：

1. 内部控制评价报告格式不规范。2013年，规范披露内部控制评价报告的上市公司为1 762家，占比75.43%；未按规范的格式披露内部控制评价报告的上市公司占比为24.57%。其中，按照"以前的格式"披露的有339家，占比14.51%；按照"其他的格式"披露的为235家，占比10.06%。

2. 内部控制审计报告信息披露格式不规范。2013年，1 118家上市公司披露了规范的内部控制审计报告，占比62.04%；684家上市公司采用其他格式报告，占比为37.96%。内部控制审计报告的各种类型从审计的依据、审计对象和审计类目都存在很大的差异。

3. 内部控制信息披露不恰当。一是内部控制评价范围披露方面，因未考虑内部交易抵销的影响，有29家上市公司在披露的纳入评价范围单位资产总额和营业收入金额占合并财务报表中资产总额和营业收入金额的比例大于100%；二是在内部控制缺陷认定方面，个别公司确定的内部控制缺陷认定标准基准不恰当，如资产密集型企业以资产总额为基准确定财务报告重大缺陷，导致计算出来的重大缺陷标准明显偏大；或个别公司以上年度财务数据为基准，而忽略经营环境的重大变化，导致缺陷认定标准不适用；三是内部控制审计报告强调事项段信息披露不恰当。部分注册会计师出具的非标内部控制审计意见未按照《企业内部控制审计指引》等规范要求披露内控缺陷的性质、等级及其影响。个别事务所出具的内部控制审计报告中披露的被强调事项明显与财务报告内控相关，但在强调事项段只说明事项结果，未说明该事项的缺陷等级以及是否认定为财报内控缺陷；个

别审计报告强调事项段中提及上市公司遭立案稽查,但未具体说明导致立案稽查事项是否与财报或非财报内部控制相关以及其影响。

4. 内部控制结论信息披露不准确:一方面表现在内部控制审计意见和内部评价结论,有4家公司的内部控制审计意见与内部控制评价结论存在严重差异,内部控制审计意见是否定的,而其内部控制评价结论认为是有效的,这说明内部控制评价过程是很不严谨的;另一方面是内部控制审计意见与财务报告审计意见不一致,2013年共62家上市公司的两种审计意见不一致,占出具内部控制审计报告上市公司总量的3.44%,其中有30.65%(19家)上市公司财务报表审计意见为非标准无保留意见,但内部控制审计意见为标准无保留意见。企业内控审计意见与财务报表审计意见存在有很强的关联性,有效的内部控制能够为财务报告及相关信息的真实完整提供合理保证,两种审计意见的不一致一定程度上反映了上市公司的内部控制信息披露准确性仍存在较大问题。

四、中小板、创业板上市公司内部控制建设和运行存在的问题

从上市公司内部控制评价结论非整体有效、内控存在重大、重要缺陷以及非标准内部审计意见三项指标看,创业板、中小板的内部控制明显优于主板上市公司,如图7-5所示。但从另外的指标来看,创业板、中小板的上市公司违法违规比例分别是主板上市公司的2.3倍、1.6倍;创业板、中小板的上市公司高管违法违规比例分别是主板上市公司的1.3倍、1.2倍,如图7-6所示。这两组矛盾的数据说明中小板、创业板上市公司的内部控制信息披露还并未真正反映出其真实的内部控制水平。

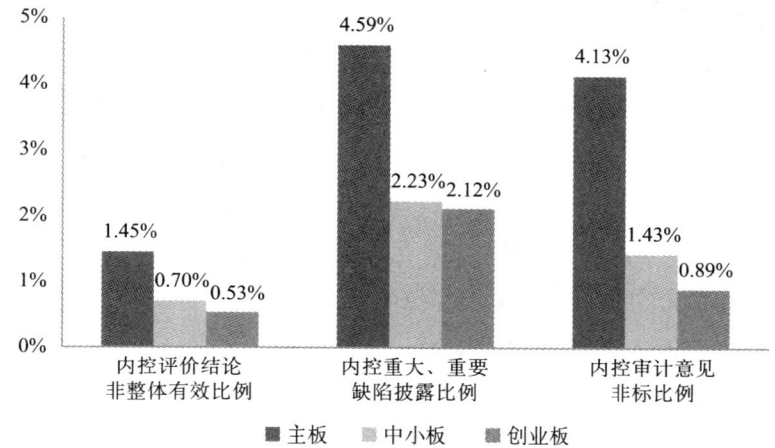

图7-5　主板、中小板、创业板内部控制指标对比分析
数据来源：DIB迪博内部控制与风险管理数据库 www.ic-erm.com

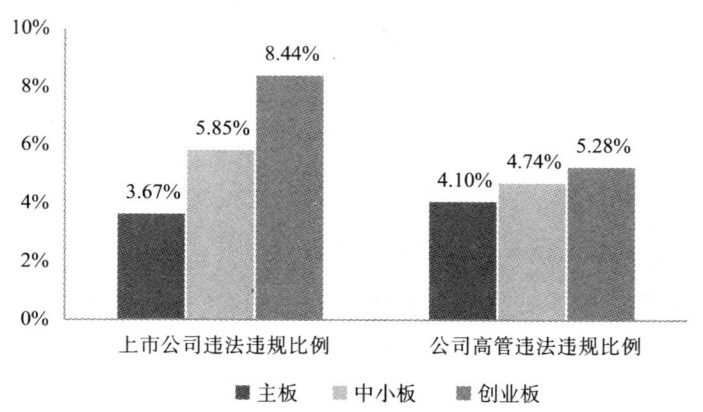

图7-6　主板、中小板、创业板违法违规情况对比分析
数据来源：DIB迪博内部控制与风险管理数据库 www.ic-erm.com

五、政策建议

迪博认为，上市公司内部控制之所以出现上述这些问题和现象，主要是因为目前相关各方对内部控制存在种种理解和认识上的误区：一是有相当一部分企业认为内部控制规范就是交作业，满足监管的要求；二是部分企业甚至监管机构认为内部控制规范只适用于大公司，中小型公司不需要；三是部分公司认为开展了内部控制体系建设项目，可还是出事，有和没有是一样；四是认为建立内部控制，就是把制度重新整理汇编成一本手册，根本没什么用；五是认为内部控制就是强调程序、签字，影响客户情绪，降低经营效率；六是认为公司总部有了内控手册，下属单位做好经营就行。此外，投资者对于上市公司内部控制有效性关注不够。

针对上述问题，迪博提出如下建议：

1. 上市公司要正确认识内部控制在管理中的定位，抓住内部控制的本质和关键。首先要重视内控的基础建设，包括公司治理、组织与授权、人才的选用育留、绩效考核、企业文化等；其次要着力建设好风险评估、内外部信息沟通的机制；最后，要围绕着重要的管理和业务活动，通过风险评估，确定业务边界，制定业务程序和标准；严格按照既定程序和标准执行，适时监测执行的情况，及时报告并处理偏差；独立评价执行结果，客观提出问题和不足，落实责任追究和考核；明确问题整改计划，不断优化程序和标准，配置合理的资源，持续发现和改进问题。

2. 上市公司要明确期望，客观评估能力，科学规划，选择合适的风控体系。一般建议上市公司可以从合规型风控开始，以外部监管要求为目标，发现合规差异，改进管理。但是外部监管要求是普适、通用性的，企业风控体系不能永远停留在合规型。需要逐步地将风控体系与企业自身管理模式、管理特点和已有的管理制度和程序相结合，推动合规型风控向管理型风控转型,并最终趋向价值型的风控,实现基于数据挖掘和量化建模的数量化、价值化风控。如何从合规型风控到管理型风控,再到价值型风控是央企和上市公司值得思索和探索的话题。

同时,我们也向监管机构提出如下几个建议:严格执行规范内部控制信息披露格式,提高内部控制信息披露的质量;加强内部控制法治建设,加大上市公司内部控制监管力度,逐步在中小板,创业板上市公司实施内部控制规范体系,提升其内部控制整体水平;完善内部控制缺陷信息披露,加强内部控制缺陷整改的监管;加强关于内部控制咨询机构的信息披露,确保内部控制审计机构的独立性;完善内部控制审计信息披露,提高内部控制审计意见的客观、恰当性;加强关于内部控制审计费用信息披露,提高内部控制信息披露的全面性。

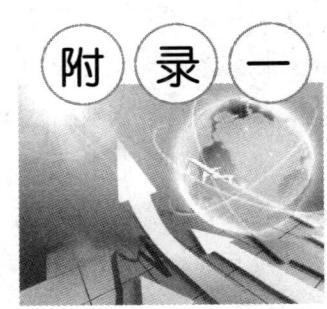

关于 2012 年主板上市公司分类分批实施企业内部控制规范体系的通知

财办会〔2012〕30 号

 关于2012年主板上市公司分类分批实施企业内部控制规范体系的通知

各省、自治区、直辖市、计划单列市财政厅（局），新疆生产建设兵团财务局，中国证监会各省、自治区、直辖市、计划单列市监管局，中国证监会上海、深圳专员办，各主板上市公司：

根据财政部、证监会、审计署、银监会、保监会联合印发的《关于印发企业内部控制配套指引的通知》（财会〔2010〕11号）规定，自2012年1月1日起在上海证券交易所、深圳证券交易所主板上市公司开始实施《企业内部控制基本规范》（财会〔2008〕7号）和《企业内部控制配套指引》（财会〔2010〕11号）（以下简称企业内部控制规范体系）。为稳步推进主板上市公司有效实施企业内部控制规范体系，确保内控体系建设落到实处、取得实效，防止出现走过场情况，财政部会同证监会在充分考虑上市公司的公司治理基础、市值规模、业务成熟度、盈利能力等方面差异的情况下，决定在主板上市公司分类分批推进实施企业内部控制规范体系。现将有关事项通知如下：

一、总体要求

所有主板上市公司都应当自2012年起着手开展内控体系建设。各相关上市公司要高度重视，成立或指定专门工作机构，健全风险评估机制，梳理风险管控流程，完善各项经营管理制度，优化内部信息系统，建立内控责任与员工绩效考评挂钩机制，推进企业内部控制规范体系稳步实施。

二、具体实施

（一）中央和地方国有控股上市公司，应于2012年全面实施企业内部控制规范体系，并在披露2012年公司年报的同时，披露董事会对公司内部控制的自我评价报告以及注册会计师出具的财务报告内部控制审计报告。

（二）非国有控股主板上市公司，且于2011年12月31日公司总市值（证监会算法）在50亿元以上，同时2009年至2011年平均净利润在

3 000 万元以上的，应在披露 2013 年公司年报的同时，披露董事会对公司内部控制的自我评价报告以及注册会计师出具的财务报告内部控制审计报告。

（三）其他主板上市公司，应在披露 2014 年公司年报的同时，披露董事会对公司内部控制的自我评价报告以及注册会计师出具的财务报告内部控制审计报告。

（四）特殊情况：一是主板上市公司因进行破产重整、借壳上市或重大资产重组，无法按照规定时间建立健全内控体系的，原则上应在相关交易完成后的下一个会计年度年报披露的同时，披露内部控制自我评价报告和审计报告，且不早于参照上述（一）至（三）原则确定的披露时间；二是新上市的主板上市公司应于上市当年开始建设内控体系，并在上市的下一年度年报披露的同时，披露内部控制自我评价报告和审计报告，且不早于参照上述（一）至（三）原则确定的披露时间。

在上述规定时间范围内，鼓励公司在自愿的基础上提前执行企业内部控制规范体系的披露要求。

财政部办公厅
证监会办公厅
2012 年 8 月 14 日

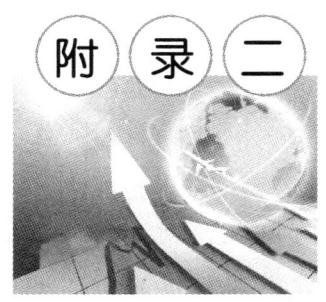

附录二

公开发行证券的公司信息披露编报规则第 21 号——年度内部控制评价报告的一般规定

第一条　为规范公开发行证券的公司内部控制信息披露行为，保护投资者的合法权益，依据《公司法》、《证券法》、《企业内部控制基本规范》及其配套指引，以及中国证券监督管理委员会有关规定，制定本规则。

第二条　凡在中华人民共和国境内公开发行证券并在证券交易所上市的股份有限公司（以下简称公司），按照有关规定需要披露年度内部控制评价报告或需要参照年度内部控制评价报告披露有关内部控制信息时，应遵循本规则。

第三条　本规则是对年度内部控制评价报告披露的最低要求。不论本规则是否有明确要求，凡对投资者投资决策有重大影响的内部控制信息，公司均应充分披露。

第四条　公司应当以内部控制评价工作获取的测试、评价证据为基础，如实编制和对外提供年度内部控制评价报告，不得含有虚假的信息或者隐瞒重要事实。公司董事会及全体董事应保证提供的年度内部控制评价报告不存在虚假记载、误导性陈述或重大遗漏，并就年度内部控制评价报告的真实性、准确性、完整性承担个别和连带的法律责任。

第五条　公司编制的年度内部控制评价报告经董事会审议通过，并按定期报告相关要求审核后，与年度报告一并对外披露。

第六条　公司内部控制评价结论认定公司于内部控制评价报告基准日存在内部控制重大缺陷，或者公司内部控制被会计师事务所出具了非标准内部控制审计报告，以及标准内部控制审计报告披露了非财务报告内部控制重大缺陷的，公司应当在年度报告"重要提示"中对以上情况作出声明，并提示投资者注意阅读年度报告内部控制相关章节中内部控制评价和审计的相关信息。

第七条　公司年度内部控制评价报告应包括以下要素：

（一）标题

（二）收件人

（三）引言段

（四）重要声明

（五）内部控制评价结论

（六）内部控制评价工作情况

（七）其他内部控制相关重大事项说明

第八条　年度内部控制评价报告标题统一为"××股份有限公司××年度内部控制评价报告"。

第九条　年度内部控制评价报告收件人统一为"××股份有限公司全体股东"。

第十条　年度内部控制评价报告引言段应当说明评价工作主要依据、内部控制评价报告基准日等内部控制评价基本信息。

第十一条　年度内部控制评价报告重要声明应当说明董事会、监事会及董事、监事、高级管理人员对内部控制及年度内部控制评价报告的相关责任，以及内部控制的目标和固有的局限性。

第十二条　年度内部控制评价报告内部控制评价结论应当分别披露对财务报告内部控制有效性的评价结论，以及是否发现非财务报告内部控制重大缺陷，并披露自内部控制评价报告基准日至内部控制评价报告发出日之间是否产生影响内部控制有效性评价结论的因素。

公司对财务报告内部控制有效性的评价结论与注册会计师对财务报告内部控制有效性的审计意见存在差异的，以及公司与注册会计师对非财务报告内部控制重大缺陷的披露存在差异的，公司应在年度报告内部控制的相关章节中予以说明，并解释差异原因。

第十三条　年度内部控制评价报告内部控制评价工作情况应当披露内部控制评价范围、内部控制评价工作依据及内部控制缺陷认定标准，以及内部控制缺陷认定及整改情况。

第十四条　内部控制评价范围应当从纳入评价范围的主要单位、业务和事项以及高风险领域三个方面进行披露,并对评价范围是否存在重大遗漏形成明确结论。如果评价范围存在重大遗漏或法定豁免,则应当披露评价范围重大遗漏的具体情况及对评价结论产生的影响以及法定豁免的相关情况。

第十五条 内部控制评价工作依据及缺陷认定标准应当披露公司开展内部控制评价工作的具体依据以及进行缺陷认定的具体标准及其变化情况。公司应当区分财务报告内部控制和非财务报告内部控制,分别披露重大缺陷、重要缺陷和一般缺陷的认定标准。

第十六条 内部控制缺陷认定及整改情况应当区分财务报告内部控制和非财务报告内部控制,分别披露报告期内部控制重大缺陷和重要缺陷的认定结果及缺陷的性质、影响、整改情况、整改计划等内容。

第十七条 公司应当在年度内部控制评价报告其他内部控制相关重大事项说明段中披露可能对投资者理解内部控制评价报告、评价内部控制情况或进行投资决策产生重大影响的其他内部控制信息。

第十八条 本规则自发布之日起施行。

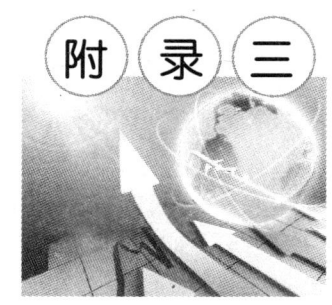

证监会和财政部《公开发行证券的公司信息披露编报规则第 21 号——年度内部控制评价报告的一般规定》参考格式

××股份有限公司××年度内部控制评价报告

××股份有限公司全体股东：

根据《企业内部控制基本规范》及其配套指引的规定和其他内部控制监管要求（以下简称企业内部控制规范体系），结合本公司（以下简称公司）内部控制制度和评价办法，在内部控制日常监督和专项监督的基础上，我们对公司20××年12月31日（内部控制评价报告基准日）的内部控制有效性进行了评价。

一、重要声明

按照企业内部控制规范体系的规定，建立健全和有效实施内部控制，评价其有效性，并如实披露内部控制评价报告是公司董事会的责任。监事会对董事会建立和实施内部控制进行监督。经理层负责组织领导企业内部控制的日常运行。公司董事会、监事会及董事、监事、高级管理人员保证本报告内容不存在任何虚假记载、误导性陈述或重大遗漏，并对报告内容的真实性、准确性和完整性承担个别及连带法律责任。

公司内部控制的目标是合理保证经营管理合法合规、资产安全、财务报告及相关信息真实完整，提高经营效率和效果，促进实现发展战略。由于内部控制存在的固有局限性，故仅能为实现上述目标提供合理保证。此外，由于情况的变化可能导致内部控制变得不恰当，或对控制政策和程序遵循的程度降低，根据内部控制评价结果推测未来内部控制的有效性具有一定的风险。

二、内部控制评价结论

根据公司财务报告内部控制重大缺陷的认定情况，于内部控制评价报告基准日，不存在财务报告内部控制重大缺陷（由于存在财务报告内部控制重大缺陷），董事会认为，公司已按照企业内部控制规范体系和相关规定的要求在所有重大方面保持了有效的财务报告内部控制（公司未能按照企业内部控制规范体系和相关规定的要求在所有重大方面保持有效的财务报告内部控制)。

根据公司非财务报告内部控制重大缺陷认定情况,于内部控制评价报告基准日,公司未发现(发现个)非财务报告内部控制重大缺陷。

自内部控制评价报告基准日至内部控制评价报告发出日之间未产生影响内部控制有效性评价结论的因素(若产生影响内部控制有效性评价结论的因素,则需描述相关因素的性质、对评价结论的影响及董事会拟采取的应对措施)。

三、内部控制评价工作情况

(一)内部控制评价范围

公司按照风险导向原则确定纳入评价范围的主要单位、业务和事项以及高风险领域。纳入评价范围的主要单位包括:(若单位或级次众多,可以考虑按照层级、业务分部、板块等形式披露)纳入评价范围单位资产总额占公司合并财务报表资产总额的百分比,营业收入合计占公司合并财务报表营业收入总额的百分比;纳入评价范围的主要业务和事项包括:(具体描述纳入评价范围的主要业务和事项);重点关注的高风险领域主要包括(具体描述重点关注的高风险领域)。

上述纳入评价范围的单位、业务和事项以及高风险领域涵盖了公司经营管理的主要方面,不存在重大遗漏。(如存在重大遗漏)公司本年度由于(原因)未能对构成内部控制重要方面的(具体描述应纳入而未纳入评价范围的主要单位/业务/事项/高风险领域的名称)进行内部控制评价,由于上述评价范围的重大遗漏,(描述对内部控制评价范围完整性及对评价结论的影响)。(如存在法定豁免)本年度,公司根据(法律法规的相关豁免规定),未将(具体描述未纳入评价范围的缘由及涉及单位/业务/事项/高风险领域的名称)纳入内部控制评价范围。

（二）内部控制评价工作依据及内部控制缺陷认定标准

公司依据企业内部控制规范体系及（具体描述除企业内部控制规范体系之外的其他内部控制评价的依据）组织开展内部控制评价工作。

公司董事会根据企业内部控制规范体系对重大缺陷、重要缺陷和一般缺陷的认定要求，结合公司规模、行业特征、风险偏好和风险承受度等因素，区分财务报告内部控制和非财务报告内部控制，研究确定了适用于本公司的内部控制缺陷具体认定标准，并与以前年度保持一致（作出调整的，应描述调整原因，具体调整情况，及调整后标准）。公司确定的内部控制缺陷认定标准如下：

1. 财务报告内部控制缺陷认定标准

公司确定的财务报告内部控制缺陷评价的定量标准如下：

（按照重大缺陷、重要缺陷和一般缺陷分别描述公司财务报告内部控制缺陷的定量标准，若定量标准包括多个量化指标，需指出具体如何应用这些指标，如孰低原则或分别情形适用）

公司确定的财务报告内部控制缺陷评价的定性标准如下：

（按照重大缺陷、重要缺陷和一般缺陷分别描述公司财务报告内部控制缺陷的定性标准）

2. 非财务报告内部控制缺陷认定标准

公司确定的非财务报告内部控制缺陷评价的定量标准如下：

（按照重大缺陷、重要缺陷和一般缺陷分别描述公司非财务报告内部控制缺陷的定量标准，若定量标准包括多个量化指标，需指出具体如何应用这些指标，如孰低原则或分别情形适用）

公司确定的非财务报告内部控制缺陷评价的定性标准如下：

（按照重大缺陷、重要缺陷和一般缺陷分别描述公司非财务报告内部控制缺陷的定性标准）

（三）内部控制缺陷认定及整改情况

1. 财务报告内部控制缺陷认定及整改情况

根据上述财务报告内部控制缺陷的认定标准，报告期内公司存在（不存在）财务报告内部控制重大缺陷（数量个）、重要缺陷（数量个）（若适用）（含上年度末未完成整改的财务报告内部控制重大缺陷、重要缺陷）。

具体的重大和重要缺陷分别为（若适用，重大缺陷与重要缺陷分别披露）：

缺陷1：

（1）缺陷性质及影响。（具体描述重大缺陷的具体内容，缺陷分类（设计缺陷/运行缺陷），发生时间、产生原因及对实现控制目标的影响）

（2）缺陷整改情况。（整改开始时间、已采取的整改措施、整改后运行时间、整改后运行有效性的评价结论）

（3）整改计划（适用于内部控制评价报告基准日未完成整改的情况）：（拟采取的具体整改计划、整改责任人、预计完成时间）

经过上述整改，于内部控制评价报告基准日，公司发现（未发现）未完成整改的财务报告内部控制重大缺陷（数量个）、重要缺陷（数量个）。

2. 非财务报告内部控制缺陷认定及整改情况

根据上述非财务报告内部控制缺陷的认定标准，报告期内发现（未发现）公司非财务报告内部控制重大缺陷（数量个）、重要缺陷（数量个）（若适用）（含上年度末未完成整改的非财务报告内部控制重大缺陷、重要缺陷）。

具体的重大和重要缺陷分别为（若适用，重大缺陷与重要缺陷分别披露）：

缺陷1：

（1）缺陷性质及影响。（具体描述重大缺陷的具体内容，缺陷分类（设计缺陷/运行缺陷），发生时间、产生原因及对实现控制目标的影响）。

（2）缺陷整改情况。（整改开始时间、已采取的整改措施、整改后运行时间、整改后运行有效性的评价结论）。

（3）整改计划（适用于内部控制评价报告基准日未完成整改的情况）。（拟采取的具体整改计划、整改责任人、预计完成时间）

经过上述整改，于内部控制评价报告基准日，公司存在（不存在）未完成整改的非财务报告内部控制重大缺陷（数量个）、重要缺陷（数量个）。

四、其他内部控制相关重大事项说明

（若适用，需披露可能对投资者理解内部控制评价报告、评价内部控制情况或进行投资决策产生重大影响的其他内部控制信息。与内部控制无关的重大事项不需要在此披露）

董事长（已经董事会授权）：（签名）
（公司签章）
××股份有限公司
20××年××月××日